读史有心得

吕叔春/编著

中国电影出版社

图书在版编目（CIP）数据

读史有心得 / 吕叔春编著 . —北京：中国电影出版社，2005.1
ISBN 978-7-106-02223-5

Ⅰ . 读…　Ⅱ . 吕…　Ⅲ . 史学—文集　Ⅳ . K0-53

中国版本图书馆 CIP 数据核字（2004）第 121718 号

责任编辑：纵华跃

读史有心得

吕叔春　编著

出版发行　中国电影出版社（北京北三环东路 22 号）邮编 100013
电话：64299917（总编室）　64216278（发行部）
E-mail：Jsja@netchina.com.cn

经　　销　新华书店

印　　刷　北京星月印刷厂

版　　次　2005 年 1 月第 1 版　　2021 年 9 月第 2 次印刷

规　　格　开本 / 710×1000 毫米　1/16
印张 / 15.5　字数 / 300 千字

印　　数　1-5000 册

书　　号　ISBN 978-7-106-02223-5

定　　价　48.00 元

前　言

处处留心皆智慧，处处留心皆学问，时时品味皆心得。

古人不见今时月，今月曾经照古人，说的是与时推移，时间变了，但为人处世之道却是亘古不变。本书从历史的各个角度分析，观点新颖，并没有被某些历史结论和历史现象蒙蔽，重新分析、实事求是地总结出自己的心得。

领悟其意，获得觉醒，旨在说明要从中学到东西，悟出其中的道理。然而现实生活中难免会因自身的精力、心思用尽但收效甚微。对待某些问题仁者见仁，智者见智，深人探究需要天生资质和学识修养，宏大的志向，广博的学识，敏锐的感觉和深邃的目光，还需要有丰富曲折的社会阅历。因此，每个人的思想、观念可能会与众不同，但只要努力，就能有所收获，识别人所不识，察别人所不察的东西，从中悟出显而易见的为人处世之理。

总之，中国历史如一部智慧天书，我们只要懂得充分利用，五千年的历史沉淀肯定会给你带来意想不到的收获。

目 录

第一章

中国历史中的谜团

翻开中国历史，当我们带着无数疑团回溯曾经发生的故事，每每让我们感慨万千。一些故事内容也许仅是当时的人为了达到某种个人目的而谣设的“佳作”，但留给后人的却是永远解不开的谜。

不懈地揭开历史人物的谜团，是我们开启中国历史大门的途径之一。先人的恩怨权夺，给历史留下无数谜题；皇权里的血迹斑斑，给后人颇多反思：人生除了名利权力还有生命更值得去珍惜。

1. 秦始皇生父之谜：史家的谣传还是吕不韦的弥天大谎？

秦始皇的生父到底是谁？异人还是吕不韦？一贯的观点是：秦始皇为吕不韦所生。然而在现在的考证中，似乎又站不住脚。难道是史家的谣传，或是吕不韦的弥天大谎？

在历史的长河中，曾有无数个解不开的谜，有些到现在，还在引发争论。秦始皇是不是吕不韦的私生子？这是众多的历史学家争论不休的问题。在司马迁的《史记·吕不韦列传》中如是说：

吕不韦取邯郸诸姬绝好善舞者与居，知有身。子楚从不韦饮，见而说之，固起为寿，请之。吕不韦怒，念业已破家为子楚，欲以钓奇，乃遂献其姬。姬自匿有身，至大期时，生子政。

秦始皇

要了解这件事，还得从吕不韦到邯郸经商说起。

吕不韦是阳翟（今河南禹县）大商人，到赵国首都邯郸经商，路遇一位王孙，姓嬴，名叫异人——他就是子楚，子楚是他后来改的名。异人的祖父是秦国国王昭襄王，父亲是太子嬴柱。秦赵结盟，互派人质，异人被送到邯郸。不久，秦国撕毁盟约，出兵攻打赵国，赵国虽然没有杀死异人，但从此不再礼遇，异人生活窘困，形同乞丐。吕不韦到邯郸不久，就听人说起异人的情况。蓦然，他心头一亮：此人不正是一件奇货吗？他决定利用异人搞一次政治投机。

一天，吕不韦登门拜访异人。寒暄过后，吕不韦单刀直入：“鄙人能让你的门第高大起来。”

“哈哈……”异人笑了起来，“还是先去高大你自己的门第吧。”他有点看不起这个鬼头鬼脑的商人。

吕不韦也不恼，两眼盯着异人，说：“鄙人的门第需等您的门第高大了以后，才能高大起来。”

异人一听吕不韦话里有话，就把他拉到身边坐下。

“秦王老了，太子最宠爱的是华阳夫人。华阳夫人没有儿子，日后谁能成为太子接班人，就看华阳夫人喜欢谁了。您兄弟20多人，您排行居中，又不得宠，还长期在赵国做人质。日后太子即位，您是没有条件与兄长们争夺太子之位的。”吕不韦娓娓道来。

吕不韦

对此，异人自然明白，他连能否活着回国都感到渺茫，对储君之位就不敢有非分之想了。他点点头，沮丧地说：“是的。可这又有什么办法呢？”

吕不韦道：“鄙人虽穷，但愿出千金去秦游说，让您成为储君。”

异人惊喜不已，叩首拜谢：“苟如是，愿与先生共有秦国。”

吕不韦等的就是这句话。

事后，吕不韦拿出500金给异人，让他在赵国活动；又拿出500金购买了大量的珍宝，自己带着，西去秦国。到了秦国都城咸阳，他登门拜见华阳夫人的姐姐，请她把珍宝呈给华阳夫人，并让她捎话给华阳夫人：“异人聪睿，结交的都是天下英俊，他常对人讲：‘我的终身依靠就是夫人了，日夜都在思念夫人。每当想起夫人，不禁泪下。’”华阳夫人接了礼物，深为异人的孝心所感动。吕不韦闻讯，料定可以说动华阳夫人，他面授机宜，让华阳夫人的姐姐以她自己的身份出面，再去游说：“我听说，凭姿色而得宠的，年老色衰，就会失宠。夫人备受太子宠爱，可惜没有儿子，何不从别的妃子生的孩子中选一个贤孝的，立为您的儿子。这样，太子在，您可以富贵；太子不在了，收养的儿子即位，也不致失去权势。您现在一句话，就可以永保富贵。若不趁现在得宠时打好基础，待容颜衰退，想进一言，都没机会了。”华阳夫人点头称是。姐姐见状，亮出了吕不韦交给她的底牌：“异人孝顺，人也聪明，他知道自己排行居中，他的生母又不得宠，按说接班人没他的份。若您立他为嗣，他肯定感恩戴德，你一生富贵就无虞了。”这话虽是为了异人，但表面上却字字句句都是替华阳夫人着想。华阳夫人被说动了，答应劝说太子，立异人为嗣。

几天后，趁着嬴柱高兴，华阳夫人委婉地谈起在赵国做人质的异人，夸他贤明。说着说着，就哭了起来：“妾有幸列位后宫，可不幸无子。恳求殿下立异人为嗣，使妾有个依靠。”嬴柱一向对爱妃百依百顺，当即便答应了，怕华阳夫人不信，还刻了五符作为凭证。

吕不韦大喜，急忙赶回邯郸，告诉异人，异人更是欢天喜地。

吕不韦请异人到他在邯郸的家吃酒，异人欣然而往。

于是，便发生了司马迁在《史记·吕不韦列传》中记述的那一幕。

司马迁

“大期”，《史记集解》援引徐广的解释，说是12个月。十月怀胎，如果那个孩子也是10个月降生，异人又不是傻瓜，屈指一算，就会知道是吕不韦的孩子。如今12个月才出生，异人会认为，那是吕不韦的妾来他这儿以后才怀上的，自然是他的孩子了。孩子是正月出生的，就取名叫“政”，他就是后来的秦始皇。那个女人也有了一个名分——姬，因她是赵国人，人称“赵姬”。

司马迁的《史记》是一部严谨的历史著作，他编写这部皇皇巨著，主要依据先秦以来的文献和档案两方面的文字材料。据《史记》研究专家考证，这两方面的材料至少在80种以上。对于各种材料，他也不是拿来就用，而是作了认真的考证，去伪存真。对此，他在《史记》开篇文章《五帝本纪》中，作了说明。他的《史记》，堪为实录。

郭沫若认为司马迁生于公元前135年左右。司马迁写《史记》，从公元前108年准备材料，公元前104年以后才动笔。

吕不韦死于公元前235年。司马迁写《史记》时，距吕不韦死才100多年。对这段时间发生的事情，司马迁有条件获得珍贵的第一手材料。

当然，这只是我们的推测。

《史记》篇幅浩大，有十二本纪、十表、八书、三十世家、七十列传，计526500余字。这样一部鸿篇巨制，缺憾、错误在所难免。例如，《苏秦张仪列传》说苏秦与张仪是同时代的人，一个搞合纵，一个搞连横，苏秦先于张仪而死。然而，从1973年在湖南长沙马王堆3号汉墓出土的《战国纵横家书》中，我们知道，苏秦的年辈要比张仪晚得多，当张仪在秦国当权时，苏秦还是个年轻后生，张仪死于公元前310年，又过了二三十年，苏秦才死。

《史记》中有些事情是司马迁从民间收集的，夹杂着不少传说。这些传说经过民众的不断加工，与事实已相去甚远。例如，《史记·高祖本纪》说，一天，一个叫刘媪的妇女在湖边休息，梦见与神人相遇。不久，雷电大作，刘媪的丈夫刘太公来寻妻子，看见妻子身上压着一条蛟龙。刘媪从此有了身孕，生下了儿子刘邦。现在江苏丰县城北2.5公里处的泡河之上，横卧着一座石桥，名“龙雾桥”，乡老指点说，那就是刘媪遇龙妊娠的地方。

那么，秦始皇是吕不韦的私生子之说，是不是也系民间传说？这也完全有可能。

于是，秦始皇的生身父亲成为一桩历史悬案，古往今来，围绕这个问题，人们打了不少笔墨官司。

司马迁是在被处以宫刑之后，忍辱负重完成《史记》的。《史记》直言当朝天子汉武帝之过，正因为如此，在很长一个时期，司马迁及其后人把《史记》秘不示人，直到武帝曾孙汉宣帝坐天下时，才由司马迁的外孙杨恽公布于世。对《史记·吕不韦列传》中吕不韦与秦始皇的父子关系，汉人深信不疑。

班固是继司马迁之后的又一个大史学家，他编写的120卷《汉书》，计80余万言，是我国历史上第一部断代史。《汉书》中的武帝太初以前部分，多照抄《史记》，旧史家讽刺班固剽窃。但在抄袭过程中，对《史记》中的错误，班固也作了修正。例如，《史记·魏其武安侯列传》说武安侯田蚡官拜丞相，权倾朝野，举行家宴时，自己坐在西方上席，让同母异父的哥哥王信坐在北边次席。这里，司马迁就搞错了，汉朝尚右，右为上，左为下。坐西朝东是上席，次席应是坐南朝北，不是司马迁说的坐北朝南。班固写《汉书·窦田灌韩传》，就改了过来。连这样细小的错误，班固都注意纠正，但对秦始皇是吕不韦的私生子这样的大事，班固却认同司马迁的说法。他写过一篇《秦纪论》，文中竟把秦始皇叫做“吕政”，连始皇的姓都改回来了。

直到唐宋时期，人们对始皇的私生子身份还深信不疑。

司马光主持编写的《资治通鉴》是这样记述的：

吕不韦娶邯郸诸姬绝美者与居，知其有娠，异人从不韦饮，见而请之。不韦佯怒，既而献之，孕期年而生子政。《资治通鉴》的说法，不同于司马迁：异人遇见赵姬，为她的美貌所倾倒，向吕不韦索要。这点与司马迁的《史记》相同。但司马迁说，吕不韦不知赵姬有了身孕，开始还很生气，后来才忍痛割爱。而《资治通鉴》却说吕不韦已知道赵姬怀孕，异人一开口，他就来了个顺水推舟，只是把戏演得很逼真：先装作生气的样子，不想割爱，后来又极不情愿地让出。也就是说，吕不韦玩了一个诡计。从这一点上看，《资治通鉴》把吕不韦写得更加阴险。

《资治通鉴》中的这段文字，可以算作继司马迁之后的又一种“版本”。

司马光

司马光等人编写《资治通鉴》是极为严谨的，从搜集史料到全书定稿，分为编写丛目、长编和定稿几个步骤。丛目，就是长编的提纲。长编，就是《资治通鉴》的草稿，依照丛目顺序，把同一事项下的资料全部检出，相互参照比较，错综铨次，修饰文字，用大字写成正文；至于歧异不同的记载，则用小字附注于正文之下，并说明所以取舍的原因。长编要求宁繁勿略，要充分占有史料。最后对长编删削繁冗，考订异同，锤炼文字，写成定稿。

对于秦始皇是吕不韦私生子这件事，《资治通鉴》没有照抄司马迁的说法，写出了“新意”。这种“新意”不可能是司马光等人杜撰的，想必是他们总结了前人的记述，采用了一种他们认为更接近史实的写法。

到了明代，有人对《史记》的记载发生了怀疑。

第一个持怀疑论者，是王世贞。

王世贞，字元美，号风洲，又号弇州山人，太仓（今属江苏）人。年方19岁就金榜题名，考中进士，官至南京刑部尚书。王世贞才学过人，是继李攀龙之后的文坛盟主，名盖海内，谁人若能得到他片言褒奖，便身价百倍。王世贞一生勤于笔耕，著作等身。在《读史后辨》一文中，他认为吕不韦为嬴政生父之说，是伪造的。造伪者，第一个可能是吕不韦本人，他编造这个谎言，目的是想长保富贵；第二个可能是吕不韦的门客，他们编造这个弥天大谎，目的是欲侮辱嬴政。

要理解王氏此说，吕不韦与嬴政的那一段恩怨，需交代一下。

秦昭襄王在他君临秦国第五十六年（公元前251年）病死，太子嬴柱即位，是为孝文王。嬴柱仅仅做了3天秦王，王位还没坐热，就一命归天了。异人接过大好河山，是为庄襄王。按照从前与吕不韦的约定，异人登基后颁布的第一道诏令，就是以吕不韦为丞相，封文信侯，以蓝田（今属陕西）12个县为食邑。异人也是个短命的国王，做了3年秦王就病死了。嬴政继承大位，年方13岁。吕不韦以“仲父”（即叔父）的身份，继续辅政。

岁月如梭。转眼间，嬴政长大成人，要举行冠礼了。

冠礼，就是成人礼。按照当时的礼制，男子到了20岁，举行冠礼。从此以后，他就是个成人了。作为国王，加冠之后就要亲领国政。吕不韦不愿交出权柄，嬴政的冠礼一拖再拖，过了21岁，还没举行，朝野议论纷纷。吕不韦怕惹起众怒，只好宣布第二年为嬴政加冠。

之所以定在第二年，是因为有几桩事，吕不韦要抢在嬴政加冠前办完。

最重要的一桩，是公布《吕氏春秋》一书。

这部由161篇论文构成的巨著，是吕不韦主编、他的门客分头编写的。这年的一天，吕不韦让人把《吕氏春秋》悬挂在咸阳的市门上，宣布：有能增、损一字者，赏千金。谁知，挂了多日，竟无人能挑出一个错、指出一点不妥。这倒不是秦国没有才士，更不是《吕氏春秋》完美无瑕，东汉末的大学者高诱注释《吕氏春秋》，就指出11处错误。之所以没人敢去领那一堆黄澄澄的金子，主要还是慑于吕不韦的权势，没人敢出头。

吕不韦在向年轻的国王示威。他要告诉嬴政，他的权位是多么稳固、强大。

但是，这一手能否吓倒嬴政，他心中也没数。

正因为如此，他又炮制了他是嬴政生父的谎言，以便进一步稳定他的权位——如果王世贞之说成立的话。

第二年四月，嬴政加冠，亲政。

嬴政才能过人，权力欲极强，他要做一个名副其实的国王，要把属于他的权力收回来。

吕不韦最担心的事终于发生了。他没有什么表示，采取以静制动的策略，坐以待变。因为他知道，另一个人肯定会有大的动作。

这个人就是“大阴人”嫪毐。

自从异人死后，赵姬就独守空房。她还年轻，人又风骚，耐不住寂寞，就与吕不韦重续前缘。吕不韦担心让嬴政发现，就找了“大阴人”嫪毐，拔去他的胡子，谎言已将他的外生殖器割了，把他送进宫中，侍奉赵姬。嫪毐床上功夫高，深得赵姬欢心。嫪毐这个假太监胆子忒大，竟让赵姬给他生了两个儿子!

嬴政加冠，亲政，嫪毐寝食不安，担心嬴政找他算账，思前想后，终于横下一条心，铤而走险，先下手除掉嬴政，立他和赵姬生的儿子为王。

参与叛乱的，有嫪毐的心腹20多人。他们当中，有朝廷重臣卫尉、内史等。

嬴政毅然发兵镇压，嫪毐兵败被杀，他的势力被全部剪除。

在嫪毐叛乱过程中，吕不韦的行止是一个谜。

郭沫若说，奉嬴政之命统兵镇压叛乱的昌平君、昌文君中的“昌文君”就是吕不韦。在金文中，“吕不韦”与“昌文君”写法相近，“昌文君”是“吕不韦”三字的讹误。但是，1975年12月在湖北云梦睡虎地一座编号为M11的秦墓出土的竹简《编年纪》上，在秦始皇二十三年（公元前224年）下记有：“四月，□文君死。”竹简整理者认为，被时光磨损了的那个字，应是

“昌”。此时，吕不韦已死13年，断不会死而复活，再死一次。

很有可能，吕不韦在坐山观虎斗。

大概也正因为如此，嬴政彻底剪除了嫪毐的势力后，就回头收拾吕不韦。第二年，嬴政下令褫夺吕不韦的相国官位。不久，又把他流放蜀地。吕不韦知道，自己的人生旅途已到了终点，饮鸩自杀。

吕不韦的门客不是被免爵流放，就是被驱逐出秦国。

为了发泄怒气，门客们编造了吕不韦为嬴政生父的故事——这是王世贞第二个推测的背景。

王世贞乃学界巨擘，一言九鼎，他的观点一亮出来，从者如流。

在王世贞的“怀疑论”影响下，又出现了一些新的观点。

洪亮吉提出，赵姬不是嬴政生母。

洪亮吉出生于阳湖（今江苏常州），是乾隆年间的进士，一生官位不显，但著作等身，尤精于中国历史与地理沿革。他认为，异人在赵国做人质时，有一位明媒正娶的夫人，后来看上了吕不韦的妾，讨了过来。《史记》说的赵姬，是异人的原配夫人，不是吕不韦转手送给异人的那个女人。

梁玉绳则对“大期”二字提出质疑。

祖籍浙江钱塘（今浙江杭州）的梁玉绳，家世显贵却淡于功名，潜心学术，对《史记》、《汉书》研究尤为专精，积20年之功，撰成《史记志疑》36卷。他援引《左传》僖公十七年疏，说“大期”就是10个月，不是12个月。司马迁特地写明嬴政“大期”而生，旨在别嫌明疑，告诉人们，嬴政出生的月份是正常的，不是民间传说的12个月才出生。后人误读《史记》，没弄清司马迁的本意。

心得

随着时代的发展，嬴政是吕不韦的儿子的观点越来越受人怀疑。其结果无论如何，可以肯定的是吕不韦为了政治利益，为了能够控制秦始皇，把与嬴政的关系通过门客散布出来，其目的是用以暗示秦始皇，使他将吕认作亲父，以便永保富贵。

政治是一场弥漫着谎言与诡计的战争。为了个人的利益，某些人不惜使出浑身解数以瞒天过海。但是从另一个角度来看，游走于政治并想有一番作为，有些谎却也是不得不说。正如人在江湖身不由己，所以一旦当政治中的某个重要人物想做出维护自己私利的事情，又不敢于公布于众时，他的最佳手段就是用似真似假的谎言说出来或隐瞒起来。

2.“桃园结义”可信吗？

“桃园结义”是许多人熟知并推崇的一个故事。罗贯中在《三国演义》中有精彩的描写：汉灵帝中平元年（公元184年）春天，刘备、关羽、张飞在涿郡（今河北省涿州市）不期而遇。三人志趣相投，相约结为兄弟，遂在张飞庄后的桃园里备了乌牛白马作为祭礼，焚香跪拜天地，立下铮铮誓言：“不求同年同月同日生，只愿同年同月同日死”，立志要“上报国家，下安黎庶”，干番大的事业。从此，他们靠着三百人的队伍起家，有声有色地登上了中国历史舞台。三人食则同桌，寝则同床，公为君臣，私为兄弟，其友谊毕生无隙，演出了中国古代最值得称道的结义故事。

刘备

这段故事是真是假，还是半真半假，或是完全虚构，引起了无数人的兴趣。有人认为“桃园结义”的故事是真实的。且看陈寿在《三国志·关羽传》中的记载：“先生（刘备）与二人寝则同床，恩若兄弟；而稠人广坐，侍立终日，随先生周旋，不避艰险。”《张飞传》里也有类似的说法：“少与关羽俱事先主，羽年长数岁，飞兄事之。”这里，一个是“恩若兄弟”，一个是“飞兄事之”，都可说明三人之间的关系非同寻常。此外，在有些史料中，还可找到“桃园结义”仪式的记载，不再一一列举。

东汉时期，确有杀白马结盟的做法。比如，汉献帝建安十年（公元205年）正月，曹操率军攻克南皮县（今属河北省），杀掉了袁谭，其弟袁熙的部将焦触、张南倒戈降曹，曾经杀白马歃血而盟（事见《三国志·袁绍传》）。还有，元末红巾军领袖刘福通等人起事，也是“杀白马乌牛，誓告天地，欲同起兵为乱。”（事见《元史·顺帝本纪》）由此可见刘关张三人的“桃园结义”仪式原有所本，而他们欲图大事，也确实需要结盟，因此认为“桃园结义”确有其事。

曹操

对于这种看法，有人不以为然：陈寿写了刘关张三人“恩若兄弟”的亲密关系，但未说过他们正式结拜，更没表明在桃园里的那番折腾，所谓“桃园结义”，当为罗贯中的小说需要，不可信以为真。假若真有这件事情，陈寿不会放弃这种绝好的材料不用，而只是干干巴巴地强调什么“恩若兄弟”，至少应该说到结盟一事。为何不予记载？可见并无“桃园结义”之事。在我国历史上确有杀白马结盟的做法，但这只是盟誓仪式，并不一定就是结拜，况且结拜也不一定称兄道弟。史书于此既无记载，便不能认为确有其事。

然而，也不能轻易否定“桃园结义”之事。史书作者的水平再高，不可能全知全觉，仍有漏掉好的素材或重要史实的可能。刘关张结义故事在民间流传久远而且广泛，绝非只是罗贯中的杜撰，应该有其一定依据。据龚学孺先生在《三国遗迹探秘》中考证，在故事的发源地涿州，不仅认为“桃园结义”真实可信，而且还说刘关张在此地先后三次结义：

第一次即《三国演义》上说的“桃园结义”，妇孺皆知，不再赘述。

“桃园结义”之后，萍水相逢的友谊没有经过考验，不久出现了裂痕，起因由涿州一个地痞引发。此人名叫姚宾，专爱干些招摇撞骗的勾当。虽然他的行为卑劣，却有相貌堂堂的仪表和凛凛不可小视的身材，很像关羽的模样。一次，姚宾胡作非为，并打出了关羽的招牌，这事传入张飞耳中，信以为真，当即怒冲冲地质问二哥。关羽感到莫名其妙，三言两语就吵闹起来，由此伤了感情，意欲分道扬镳。细心的刘备及时加以劝阻，并很快查明事情的真相，为了和解关、张关系，刘备又和他俩二次结义。

经过姚宾事件的考验，三人之间进一步加深了了解，相互的信任日渐增强。可是就在投军的时候，兄弟之间又一次闹翻。这次是由张飞发难。原来，张飞的哥哥已经参加了张角领导的黄巾军，他不愿意手足相杀，故而踟蹰不前。再说，他认为皇帝昏庸无能，不愿为朝廷卖力。后来经过刘备的反复劝说，关羽也极力跟着鼓动，这才说动了张飞。兄弟三人投军的前天，两次焚香盟誓，从此生死相依，决不再言分离，这就是极其重要的第三次结义。

张飞

龚先生进而又认为，第三次结义的说法似乎不合情理，因为第一次结义时已经言明，今后的行动宗旨是“上报国家，下安黎庶”，怎能不去投军干番轰轰烈烈的大事业呢？何况，当时封建正统观念束缚着人们头脑，与黄巾军作战被看做是报效国家的正当举动，又怎么可能磨蹭着不去呢？张飞就是真有哥哥参加了黄巾军，凡有志于成大事者，也不会为手足亲情而改变志向，所以第三次结义的理由令人怀疑。

民间传说注重结义之举，很少推敲其中情节，似也不必苛求。不过，在刘备、张飞故里确有不少“桃园结义”的遗迹。刘备的老家在旧涿州城南七公里处“大树楼桑村”，该村西北四公里处，有建于唐代乾宁四年的汉昭烈帝庙，规模颇为壮观。庙内几块石碑上特意写了“桃园结义”之事，内容类似罗贯中的说法。可惜这些石碑除明代的九龙碑外，其余荡然无存，无法查清结义的具体记载。又据《涿县县志》载：张飞故里“在（涿）县西南桃庄”后来改为“忠义店”。桃庄里面有座三四米高的砖台，台中有一黑咕隆咚的枯井，即为当年张飞储肉的“仓库”。枯井以西，就是刘、关、张结义的“桃园”。可惜这座真假难定的桃园也早已消失。据这里的老人讲，桃庄自张飞成名之后，便公议改成了“张飞店”，这一称呼一直喊了一千多年。清康熙三十九年（公元1700年），时任涿州知州的佟国翼来此凭吊“桃园结义”遗址，发了一通感慨以后，认为“张飞店”的名称不雅，遂决定改为“忠义店”。他同时也做了一件好事，即出资立碑并修复了张飞枯井遗址，在“汉张桓侯古井碑”（桓侯为张飞的封号）碑文里，也记载了“桃园结义”之事，并且照例给了很高的评价，佟国翼遵从的是罗贯中的说法，当然也难以此为据。

关于刘、关、张结义的地点，在涿州一带还有另一种说法，认为不在张飞庄后的桃园，而是在涿县旧城南大街水门沟旁。这里早先曾有一座“三义庙”，建筑规格甚为奇特，其长、宽、高皆为九尺，以“三三见九”之数，暗寓“三义”之意。不过这种说法似乎经不起推敲，此处建庙并不一定就是结义的地点，果真这种说法属实，那就不叫“桃园结义”，应叫别的什么结义了。

除了“桃园结义”的地点、次数、仪式有不同说法外，关于刘、关、张三人年龄大小也有争论。《三国演义》按年龄排的位序是：“玄德为兄，关羽次之，张飞为弟。”罗贯中这种排法，看来合情合理。后来三位弟兄把事情做大，建立了蜀汉政权，需要有人面南称孤，刘备谦让了一番，但还是坐上了皇帝的位置，没见关、张二人闹什么意见，这似乎也验证了三兄弟长幼排列的正确。《三国演义》虽系小说，但罗贯中的描写颇具权威性质，几百年来已成定论，很少有人提出异议。其实，看看有关记载，刘、关、张三位究竟何人居长，确实是个令人怀疑的问题。

元人杂剧中曾涉及此事。如《刘关张桃园三结义》一剧有两个情节值得注意：一是张飞与关羽先在涿州相识，经过叙谈，关羽做了哥哥。二是关、张二人到酒店饮酒，遇见了当地人刘备，通过交谈很投脾气，遂在一起多喝了几杯。不想刘备因为困倦睡起觉来，张飞发现他的脸上有条小赤练蛇来往于七窍，认定此人必定大贵，遂与关羽说好“等他睡醒时，不问年纪大小，拜他为兄。”坐等刘备醒后，二人倒地便拜，口中齐呼兄长，刘备不好意思地说：“量某有何德能，着两位兄弟如此相敬也！”关羽回道：“兄弟拜德不拜寿也。”这就说明，刘备年龄未必在三人之中最大。这是有关三人排列长幼的较早记载。后来，罗贯中创作《三国演义》，把刘备推为老大，主要是看他的政治地位和统率驾驭才能，忽视了三人的实际年龄，这是大家都不经意的一个问题。

他们的实际年龄有多大呢？先来看看刘备的岁数：按照《三国演义》所写，“桃园结义”的时候“已二十八岁矣”。在《三国志》刘备本传中，没有载明他的生年，但却说其死于章武三年（公元223年），“时年六十三”。照此前推，刘备应生于东汉桓帝延熹四年（公元161年），至结义时的中平元年，应为二十四岁（虚岁），不是罗贯中说的二十八岁。

再看关羽的年龄。《三国志》中同样也无记载，仅有“羽年长数岁，飞兄事之”的模糊说法（引见《张飞传》），他在哪年出生，却没有写明。后来关羽成了神仙，有人费心为他编写了年谱，但也只是约定关羽生于汉桓帝延熹三年，死时为六十岁。如果这一年谱属实，“桃园结义”时，关羽实为二十五岁，长刘备一年，大哥应是关羽，而非刘备。

这种推断是否可信？有两条资料可以说明。据清代鉴藏家宋荦的《筠廊随笔》载：康熙十七年（公元1678年），山西解州庙塔发现关羽祖先的墓砖，上记关羽祖父名审，父亲关毅，于汉桓帝延熹三年生羽，娶妻胡氏，生子曰平。钱静方的《小说丛考》中也提到了这事，并详细写明关羽生于汉桓帝延熹三年六月二十四日，第二条资料见于《关帝圣迹图谱》，在卷一中记述关羽十九岁时，夫人胡氏生了儿子关平，时在汉灵帝光和元年。其后关羽与关平分离，汉献帝建安五年（公元200年）古城相会，关平自此随父转战各地，建安二十四年与关羽同时遇害，时年四十一岁。据此一算，关羽死时恰为六十岁，他确实为三人之中的大哥。

张飞年龄，陈寿没写。《三国演义》说他死于蜀汉章武元年（公元221年），终年五十五岁（虚岁）。《关公年谱》认为“张飞小刘备四岁”，死时应为五十七岁。这样一算，张飞在“桃园结义”时仅有二十岁，确属三人中的小弟了。

关羽年龄为长，可是他为什么隐瞒自己年龄，甘心屈居第二呢？有人认为关羽极重义气，有谦谦君子之风，他看出刘备的才智远在自己之上，又是汉室的后裔，且生一副贵相，可为自己的靠山，故意说小了自己的年龄，甘愿坐第二把交椅。这种说法于史无据，只是想当然的猜测而已。据李殿元、李绍先在《三国演义中的悬案》介绍，民间确有桃园结义时争论年龄大小的传说：刘、关、张结拜之前，商定以年龄大小来排座次，三人都想称兄而不愿称弟。你报哪年哪月哪日生，我也同样这般说，三人年龄大小自然无法分出。刘备灵机一动，建议“按生辰早迟来排兄弟”，张飞心急口快，抢先说他生于天亮之时；关羽则说他生于鸡鸣时分；刘备不慌不忙说自己出生在半夜子时。张飞听罢，知道自己上了大当，连连摇手反悔。刘备问他还有什么法子，张飞转念一想，手指不远处的大树说，谁在树上爬得最高，谁就是老大。说罢，不等刘备关羽回答，抢先爬到了树顶。关羽也不示弱，接着去追张飞，可是张飞在上面压着，他不能爬得更高，遂在树上打住，做个中间的老二。刘备瞅瞅他俩，不慌不忙抱住了树根。爬到最高处的张飞得意洋洋，鼻孔朝天大喊：“下面的二位，快快叫声大哥吧！”刘备哈哈一笑，摇了摇头：“别忙，别忙。我且问你，是先有树根还是先长树梢。”张飞想也没想地答道：“当然先有树根！”“对了，对了！”刘备说罢昂首肃立：“既然如此，那就是先有我，次生关羽，最后才是张飞！”关、张听了哑口无言，觉得还是刘备足智多谋，理当做个兄长，于是兄弟三人再拜，排好刘、关、张顺序，至死也没变易。

这些民间传说可谓绘声绘影，活灵活现。不过，传说只是传说，缺乏史料根据。然而，不可否认的是，这些民间传说很早就产生了。元朝至治年间，“桃园结义”的故事已经写进《三国志评话》，有了很完整的情节，语言也很感人。到了无名氏杂剧《刘关张桃园结义》中，其情节虽然与《评话》有些出入，但无大的不同，最后结局都是宰白马乌牛祭告天地，同行同坐同眠誓同生死。关汉卿作为戏剧大家，当然也很熟悉这个故事，在他的杂剧“赵盼儿风月救风尘”中，有这样一句唱词：“你做的个见死不救，可不羞杀桃园中杀白马、宰乌牛。”可见“桃园结义”故事在元代中叶以前就很流行了。

那么，“桃园结义”的故事是如何形成的呢？有人作了这样的分析：宋代出现了“说书”这种艺术形式，随着说书人的逐渐增多，亟须寻找历史上有益的素材供其创作和评说。当时，边患是社会普遍关注的热点，需要张扬团结御边的精神和忠君事国的义气，于是刘、关、张亲如兄弟的情谊被说书人相中，拿来进行了重新创作，形成了“桃园结义”故事雏形。故事传开以后，得到人们的认可。进入元代社会，民族矛盾日趋激烈，人民起义斗争此起彼伏，其中有许多造反者为了巩固自己的组织，不断扩充队伍，遂用“结义”的形式服务于自身斗争，桃园兄弟的故事进一步拓宽了市场。到了罗贯中写《三国演义》的时候，他很好地利用了这个故事素材，开卷伊始就重重地铺陈了一番。他之所以这样重视“桃园结义”故事，有着深刻原因：一是元末明初的社会更加动荡不安，“结义”的形式屡见不鲜，而“有志图王”的罗贯中对这种做法颇为欣赏，正好可以借此大做文章。二是刘、关、张是书中的三位主线人物，需要找根纽带把他们联结始终，“结义”形式正好派上了用场。三是书中多处突出“忠义”二字，“桃园结义”故事则是绝妙的开篇缘由。罗贯中将宋、元以来形成的桃园故事加以高度概括，同时对于现实中的结义形式又进行了典型化处理，进一步作了艺术加工，使其故事情节更加完整，人物形象更加丰满，主题思想更加集中。从此以后，历史上的所有结义故事为之失色。今天，当我们再一次谈论这个故事的来龙去脉时，可以这样说：“桃园结义”的情节可能是虚构的，然而它在艺术上是令人信服的，结义的形式和做法在今天看来并不可取，但这个精彩的故事是不会被人忘记的。

心得

以古论今，桃园结义一直被世人津津乐道，尤其是时下的一些年轻人容易冲动行事，往往违背了结义的初衷，借结义之名做了不该做的事，犯了不该犯的错，生活中因此违法乱纪，锒铛入狱者不在少数，真是后悔莫及！所以，在我们推崇“桃园结义”之事时，一定要透过现象识其本质，不可意气用事，盲目效仿，以至遗恨终生！

所以，无论桃园结义与否，我们应该说明白，交友要以义为先，但绝非莽撞行事。这应是桃园结义流传至今经久不衰的一个重要原因。

3. 隋文帝“惧内”成就一代英名?

“惧内”是现代人开玩笑时常用的词儿，是指男人对自己的老婆畏惧、顺从的意思。在中国封建统治时期，夫权色彩极为浓重，女人在家庭中毫无地位可言，要“嫁鸡随鸡，嫁狗随狗”，在当时，男人就是一家之主，是说一不二的，所以也极少有“惧内”的男人。而隋文帝杨坚作为大隋朝的开国皇帝，天子威严至高无上，挥挥手，便能集起千军万马，跺跺脚，天下也要为之颤抖，他怎么会畏惧一个手无缚鸡之力的妇人呢？这的确有些蹊跷。

要知谜底，请翻开历史……

隋文帝杨坚出身于一个官宦之家，其父曾是东汉太尉。他自14岁起就开始了做官生涯，先是被授予散骑常侍、车骑大将军等职，后又因当时的执政者宇文泰的赏识，迁升为骠骑大将军等要职。19岁时，又迁为随州刺史，可谓少年气盛，才华清奇。隋文帝相貌清奇，气宇轩昂，加之政绩斐然，很快便被鲜卑大贵族、柱国大将军独孤信看上了，独孤信认识到在这个动荡年代，杨坚肯定会出人头地，于是便把自己14岁的女儿独孤氏嫁给了杨坚。杨坚一生的转折与机遇在这个时刻出现了。独孤信是朝廷重臣，而且他的大女儿是周明帝的皇后，杨坚与独孤一家攀上关系，自然会沾不少光。没几年的光景，杨坚便得了随国公的爵号，后又进封柱国，政治前程一片光明。

隋文帝杨坚

在杨坚越发被皇帝重用，其政治才能越发显露时期，他的妻子独孤氏也极为活跃。独孤氏性情内敛，饱读诗书，又出身于高官之家，故而颇有政治见解。每天杨坚下朝归来，都要与妻子谈一谈当天君臣的具体行为，独孤氏则常有精辟的分析和恰当的建议，杨坚越发佩服妻子的眼光与见识。后来，又是独孤氏一手操办了女儿的婚事，把女儿嫁给了周武帝的儿子宇文赞为妻。当时，杨坚对此颇有微词，理由是女儿比女婿大，而且其子生性顽劣，整日只知拈花惹草，不学无术。而独孤氏却一针见血地道："宇文赞身上流的是皇室血脉，仅这一点便足矣。"事实验证了独孤氏的选择是明智的，当周武帝死后，果然是宇文赞承继了皇位，为周宣帝，杨坚的女儿被封为皇后。杨坚也借此一跃成为上柱国、大司马，后又疾升为大前疑（相当于丞相），在皇帝外出时，由他主持日常政务。

一人之下、万人之上的杨坚并没有满足。他与妻子看到周宣帝整日耽于声色，不理朝政，而皇室宗亲们却拥兵自重，夫妻二人预感到一场时局动荡将要来临，恐怕周宣帝无力保住江山，也无力保住他们，于是夫妻二人便开始悄然结党，准备积蓄力量，取而代之。方案一定，独孤氏便开始了积极的活动。她布衣钗裙，今天上东家唠家常，明天去西家贺婚嫁，不多时日，一些有能力、有才华的大臣们便都汇聚到了杨坚的周围。后来的事情就简单了，周宣帝因纵欲无度，早早而亡，幼帝年纪尚小，杨坚在担当了一段辅助大臣后，自己称帝了，定国号为隋，以长安为都，这一年他40岁。

隋文帝这个帝王称号不是世袭承继来的，也不是冲锋陷阵打下来的，而是在政途中渐次升迁，最后由一班党羽辅佐抢下来的。正是由于这个原因，隋文帝越发感到独孤氏在其中起了举足轻重的作用，也越发敬重自己的皇后独孤氏了。隋文帝躺在龙榻上，曾经深情地对独孤氏说过："大隋朝的建立虽没用一枪一弹，但这其中却有皇后的无数心血，朕这一生永远敬重你，不会再近其他女人。"在每天上朝时，隋文帝都是与独孤氏同乘一驾龙辇至大殿门口，而后再由独孤氏目送入殿。这在历史上并不多见的皇帝、皇后伉俪情深的场面，被人们传为了佳话，并称之为"二圣"。

随着隋文帝稳固了初建的大隋朝局势后，独孤氏也老了，皮肤松弛了，体态臃肿了，她对夫妻二人的情感也不再像以前那么自信了。独孤氏把宫里的镜子打碎，发誓再也不看镜中那张满是皱纹的脸了。其实，在中国历代君王中，隋文帝可称得上是一位不近女色的专情君王了，他共有5个儿子，全是皇后独孤氏一人所生，宫里的那一大群嫔妃，都是为壮皇家气势的摆设，隋文帝很少染指。独孤氏天天在隋文帝耳边告诫：“皇上可谓史上最为专注政务的伟大君王，千万别为了几个女人坏了声誉。”

可隋文帝也是人，是个血气方刚的壮年汉子，面对宫中的万千佳丽，怎么能视而不见、无动于衷呢？刚称帝时，政务太多顾不上，后来呢？又怕伤了独孤氏的心，对皇后又敬又畏的心理让隋文帝真正成了坐怀不乱了。当然有时不免也会有些意外。

有一天，隋文帝酒后小歇时，恰逢尉迟迥的孙女从面前走过，二八芳华的尉迟氏蛮腰摆柳，仪态万千，隋文帝不免心有所动，冲动之下，一把抱住了尉迟氏，做了一番云雨之事。事毕，隋文帝从尉迟氏的曲意奉迎和千娇百媚中，才感到自己与独孤氏这几十年的生活是多么的乏味。独孤氏一向以功臣自居，在隋文帝面前从未有过恭卑，年纪大了，自然也不能让隋文帝心如脱兔般冲动了。隋文帝心中暗下决心，要遍尝宫中美色。谁料想，这边巫山相会，那边早已妒火中烧，待隋文帝上朝后，独孤氏便遣人将尉迟氏乱棍打死了！隋文帝听闻后，自知擅越了“规矩”，便没敢发作。奇怪的是，隋文帝在与其他嫔妃相处时，竟无人敢与之亲热，怕落个尉迟氏的下场。隋文帝也只能在心里暗暗生气，慨叹自己还不如一介百姓，百姓都可以三妻四妾，自己堂堂的一国之君，却只能与独孤老太婆苦守。

隋文帝的后宫中，曾有一位倾城倾国的宣华夫人，据史书记载，这位宣华夫人有沉鱼落雁的容姿，但隋文帝只能在独孤氏死后，才敢一亲芳泽，可谓畏之深矣。其实，隋文帝对独孤氏的敬畏不仅表现在这一方面，在料理国家政务时，隋文帝任免大臣、奖罚官吏等，都要与独孤氏商量，而独孤氏虽然嫉妒心强，但在辅佐隋文帝处理政务时，却颇为公允、明智，这也是隋文帝佩服她的地方。

心得

隋文帝虽然难免在历史上写下自己尴尬的“惧内”名声，但正是有了独孤氏的帮衬，才使他坐稳了江山，成就了英名，他还是应该感激这位自己又怕又敬的结发妻的。

有一种说法认为，“惧内”的男人最有出息，在中外历史中，惧内的名人还真的不少，著名的智者苏格拉底就是怕老婆怕出名来了，还美其名曰：怕老婆的人成不了教育家就能成为哲学家。还有美国的伟大总统林肯，被家里的悍妇折腾得一无是处。

不管惧内是否能成为教育家还是哲学家，从隋文帝“惧内”来看，确实成就了中国历史上举足轻重的王朝——隋王朝，一世英名，原来是“惧内”得来，也真来之不易。所以说，怕老婆不是什么坏事，大男子主义不要太重，现在天天说男女平等，妇女半边天，而真正能平等对待女人的又有多少。所以厚黑专家李宗吾强调：多怕怕老婆，没有坏处。

4. 玄武门兵变：是蓄意谋杀还是临时应变？

公元626年7月2日，大唐皇宫玄武门内，刀光剑影，大动干戈，秦王李世民发动了政变，杀了长兄建成、四弟元吉以及他们全家，史称“玄武门之变”。这场骨肉相残的凶杀事件是怎样发生的？是临时应变，还是蓄意预谋？它的后果怎样？历史学家们各抒己见，发表了许多不同的看法。

唐太宗李世民

据历史记载：太子李建成和秦王李世民互相倾轧，素来不和，他们的父亲唐高祖李渊对此也无可奈何。

这一年夏天，突厥率兵南下，屯驻河套之南，围城。李渊派四子齐王元吉为帅，率兵迎敌。元吉同建成商量，准备先向父王李渊要求，从秦王府中调出大将尉迟敬德、程知节、段志玄、秦叔宝及部分精兵随军作战，以削弱秦王的实力，然后在饯行宴会上杀死李世民。

这一消息，被李世民安插在东宫的密探王某得知，立即报告了李世民。

李世民大惊，急召心腹密议，他假惺惺地长叹道：

“骨肉相残，古今大恶。尽管已经危在旦夕，但我还是不想率先发难。”

唐高宗李渊

房玄龄等人说：“事情已迫在眉睫，你却泰然处之，纵使你不爱惜生命，也应该替宗庙社稷想想，如果你不听我的忠告，我宁愿逃窜亡命于草莽沼泽，也不愿意在这里坐以待毙。”

李世民仍然装出一副忧心忡忡的样子，叫人占卜，等测测凶吉再说。张公谨一把夺过占卜用的龟甲，摔在地上，嚷道：

“占卜是用来决疑的，现在事情明明白白，没疑可言，还用它来占卜什么？如果卜之不吉，难道就此罢休不成？”

第二天凌晨，李世民同长孙无忌、尉迟敬德等九人率兵埋伏于玄武门内，把守玄武门的主将常何等人早已为李世民收买。

天一亮，建成、元吉照常临朝参谒父王。走到临湖殿，就觉得气氛异常，当即拨转马头，准备罢朝回府。

房玄龄

李世明见状，立即带领着一彪人马窜出，一面吆喝，一面狂奔而来，李建成来不及躲避，就被李世民一箭射死。元吉见杀机已起，情况危急，立即张弓搭箭进行还击。三射不中，自己反中箭落马，就带伤向李渊早朝的武德殿逃窜，不料被尉迟敬德又一箭射中，当即身亡。

玄武门外，东宫和齐王府劲将冯立、薛万彻等率精兵两千，直奔宫门救难。这时，李世民的心腹张公谨急中生智，死死地关闭住玄武门，援军无法攻入门内。薛万彻改弦易辙，带兵向秦王府进军，此时，尉迟敬德提着建成、元吉首级赶到。东宫和齐王府兵马见主人已死，无心恋战，顿时溃散逃亡。

尉迟敬德

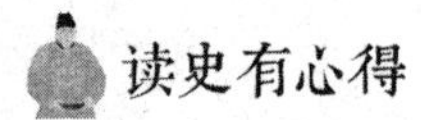

李世民趁势进击，斩草除根，把李建成的5个儿子和李元吉的5个儿子一并诛杀，并且取消了他们的宗籍。

玄武门之变在腥风血雨中结束。

先发制人，还是蓄意谋杀？

一般认为，玄武门之变虽然是李世民发动的，但他只是被逼无奈，只好铤而走险，来他个先发制人。

《资治通鉴》武德五年载："世民功名日盛，上常有意以代建成，建成内不自安，乃与元吉协谋，共倾世民。"其倾轧行迹见于史书者有：

武德七年六月，趁李渊率领文武百官到仁智宫（陕西宜君县内）避暑，李建成留守长安之机，联络庆州都督杨文干，叫他带兵入京发动兵变，企图武力除掉李世民。事情泄露之后，李建成曾受到李渊的责罚和押管。

同年七月，李渊"校猎城南"，叫三个儿子比赛骑马射箭。李建成把一匹"喜蹶"的劣马叫李世民骑，那劣马连蹶三次，李世民三次都跳离马背，幸免于难。

最严重的是："武德九年六月初，建成与元吉谋行鸩毒，引太宗入宫夜宴，既而太宗心中暴痛，吐血数升，由淮南王神通狼狈扶还西宫。"（《旧唐书·隐太子建成传》）

此外，建成还不断地对李世民的部下做分化瓦解工作。他曾利用官爵和金帛去收买张亮、尉迟敬德、段志玄等秦府骁将，没有成功；又派人刺杀尉迟敬德，也没有得手；后来又通过高祖将李世民的大将房玄龄、杜如晦逐出秦王府，不许私谒秦王。

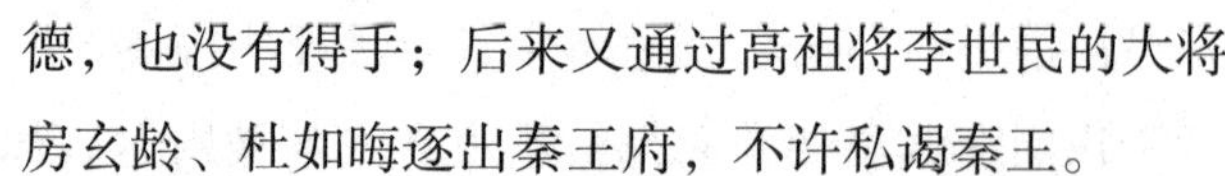

杜如晦

相反的，据有关史书记载，李渊曾多次要立李世民为太子，世民皆固辞不受。

《资治通鉴》武德五年载："上（李渊）之起兵晋阳也，皆秦王世民之谋。上谓世民曰：'若事成，则天下皆汝所致，当立汝为太子。'世民拜且辞。及为唐王，将佐亦请以世民为世子，上将立之，世民固辞而止。"

不过，历史总是胜利者写的。当房宫龄等人奉命纂《国史》、编《实录》之时，对于失败的建成、元吉，绝不乏栽赃诬陷之术，而对于胜利了的秦王李世民，虚夸粉饰，更是在所难免的了。

不过，字里行间，乃有许多预谋夺权的蛛丝马迹。

武德四年，李世民曾拜访一位名叫远知的道士，那道士说：你将做太平天子，应自惜。李世民听了，不仅自鸣得意，而且寐寤不忘。

平定窦建德、王世充后，统一局势明朗，李世民设天策府以养死士，开文学馆以纳贤才，常常同他们研讨经义，纵论得失，直到深更半夜，俨然是一派帝王气象了。如果不是想篡位夺权，何至如此？以至于当时的大臣封伦不得不进言：“秦王恃有大勋，不服居太子之下。若不立之，愿早为子斩。”此所谓司马昭之心，路人皆知了。

李世民一方面固辞“太子”之封以退为进，另一方面却私结死党，为兵变作了周密的准备。比如，以孝事高祖为名，派妻子长孙氏入宫“以存内助”；收买东宫率更丞王某以为内奸；私结玄武门主将常何以控宫廷。到了兵变之日，一呼百应，建成、元吉已成瓮中之鳖了。

陈寅恪先生说：“太宗以功业声望卓越之故，实有夺嫡之图谋。”夺嫡篡位，这才是“玄武门之变”的动因和实质。

正合父意，还是违反父意？

“玄武门兵变”得手之后，秦王李世民马上派尉迟敬德带兵冲入父王李渊的殿堂。

李渊大吃一惊，问：“今天发难的是谁？你带兵到此何干？”

尉迟敬德堂而皇之地说：“太子建成和齐王元吉蓄谋作乱，秦王已举兵诛之，恐怕惊动了陛下，所以派小臣率部前来宿卫。”

李渊听了，顿时两眼发直，两腿发软，瘫坐在那里发怵。

大臣萧瑀、陈叔述等人进言道：

“陛下，当断不断，反受其乱。”

高祖连忙顺水推舟地说：

“当初晋阳起兵，建成、元吉本不曾参与策划，事后又无大功，却常常嫉恨秦王的功德，共同策动叛乱，今日之事，是他们罪有应得。秦王诛凶除逆，功盖宇宙。让世民执掌国政，本来就是我的夙愿啊！”

高祖连忙亲下诏书，叫东宫和齐王府的将士不再为主人争仇泄愤，各路军马都由秦王指挥。

当然，这只是高祖的应变之术，而不是他的由衷之言。作为一个封建帝王，“立嫡以长”的观念，他始终不曾动摇过。比如，起义之初，令建成统领左三统军，令世民统领右三统军。进封唐王后，李建成为世子，李世民则为秦公。唐王朝建立时，毫不犹豫地立李建成为太子。对李世民常有的专权犯上的行为，表示过强烈的不满；他曾直呼太宗的小名，对大臣裴寂说：

“这小子带兵久了，在外独断专行，都是那些读书汉教坏的，不再是我原来的儿子了。”

直到兵变前夕，他看到他们弟兄已成水火之势，他的最后的安排仍然是，让建成在关中接替皇位，让李世民到东都洛阳，准许他建天子旌旗，掌管半壁江山，但只能做个不登位的皇帝。这件事，一方面由于李世民不愿意离开政治中心，从而失去夺取最高皇位的机会；另一方面，也由于李建成担心纵虎归山，终成后患，而没有执行。

只有一次，就是李建成策动杨文干起事的时候，李渊曾经改变过主意。他派李世民征讨杨文干时，曾对他说：

“你回来后，我立你为太子。当然，我不能像隋文帝那样，诛杀骨肉，我将把建成封为蜀王，那里地方偏远狭窄，容易控制，如果他不听你的，收取他比较容易。”

世民走后，由于大臣和嫔妃的劝说，李渊立即改变了主意，为了掩人耳目，只是找了几只替罪羊，把东宫的太子中允王、左卫率韦挺，和秦王府的天策兵曹杜淹一并出贬了事。

可见，李世民发动兵变，残伤骨肉，是违反父意的。

作为这次兵变的余波是：二个月之后，李渊下诏传位于李世民。他被徙居太安宫（弘义宫），不情不愿地当了太上皇。

从此，李渊在政治舞台上消失，直到贞观八年，他才在一次宴请西突厥使者的宴会上露面。

贞观九年，他郁郁而逝。

尽管唐太宗的笔杆子们为该场“兵变”极尽雕琢粉饰之能事，但后代的史学家们从封建伦理的立场出发，对李世民的行为多有讥评。司马光和范祖禹认为：建成李渊所立，是父之统也，世民杀他而自立，是无君无父的行径。清王夫之更是认为：“太宗执弓以射杀其兄，急呼以加刃其弟，斯时也，穷凶极惨，而人心无毫发之存者也。”——即使以现代的眼光来看，李世民的行为，也是有亏于道德的。

然而，由于李世民的抢班夺权，唐王朝迎来了一个“贞观盛世”。由于他知人善任，锐意政治改革，轻徭薄赋，发展文化，给战乱的中国开启了一个民殷财阜、国泰民安的局面。从这点来看，李世民的兵变仍然是有它的进步意义的。

这也是封建政治的一个表现，为了达到权力的目的，李世民可不管“本是同根生”，只顾相煎何太急。兄弟骨肉，阻挡他路的也得死，更何况他人。

5. “狸猫换太子”是真的吗？

前些年电视连续剧《包青天》里的“狸猫换太子”一出包公戏，把宋仁宗生母之谜渲染得充满了奇情异彩，他们悲欢离合的故事，至今仍然在舞台上震撼人心。难道真有狸猫换太子一说，宋仁宗到底是谁的儿子？这一切的一切，让后人觉得神乎其神。

在电视剧里曾有这样的镜头：

包公外出巡察，突然，一阵怪风吹落了他的乌纱帽。

“咄！咄！咄！好大的胆！”

“谁呀？”王朝、马汉你望着我，我望着你，不知道这位铁面无私的包公说的是谁。

“给我把它抓来！”包公发话了。

他们赶紧把眼睛在四周溜了一圈，然后耷拉着脑袋回话：“抓谁呀，相爷？”“落帽风。”“启禀相爷，这落帽风叫我们怎么去抓？”

包公脸色一沉。“抓谁是我的事，怎生去抓是你们的事。少废话，还不快快去抓！”

包拯

王朝、马汉傻了眼。好在是这阵怪风还未停息，包老先生的纱帽依然随着风势，滴滴溜溜地向前滚动，一直滚到了一座破窑门前。

窑中住着一位老妇，双目失明，她听说来的是当朝龙图阁学士、铁面无私的包青天时，双泪直流，悲切切地叫了一声“包卿”。现在，轮到包公傻眼了，这“包卿”二字，除了皇帝老子，或者皇帝老子的老子之外，岂是这民间的乡下贫妇叫得的？经过包公细心地询问、推求，才知道她就是当今天子宋仁宗的母亲。

原来她曾是宋真宗深宫后院的一普通的宫女。由于受到宋真宗的宠幸，后来被封为才人、婉仪。她怀孕了，曾经又惊又喜，因为“母以子贵”，宋真宗已经二十好几，虽有三宫六院，但还没有子嗣，谁要是为他生下一个儿子，岂不是可以平步青云了吗？

十月怀孕之后，一个小生命呱呱落地。李婉仪在昏迷中听到了一阵阵窃窃私语，尽管模糊不清，她还是听到了两个珍贵的字眼：儿子，儿子，儿子！

她怀着幸福的憧憬入睡了。哪知道等待她的将是一场惨绝人寰的噩耗呢？

原来，她的儿子被没有生育的刘德妃派人抱走，给她留下一条剥了皮的狸猫，等到真宗皇帝兴冲冲地前来，看到的却是一条半人半兽的血淋淋的一团，而且是死的。

生下了一头怪物的李婉仪理所当然地被打入了冷宫，不曾怀孕的刘德妃却成了宋仁宗的生母。刘德妃当然想杀人灭口，李婉仪在另一位好心宫女的帮助下，逃出了深宫。一位好心的后生把她认作干娘，她隐姓埋名，和她的干儿子相依为命，在这破旧的寒窑里，一住就是整整二十年……

包公把她带回京城，设计使仁宗认母，真相大白，坏人受到惩处，可怜的李婉仪——后来被封为李宸妃，终于等到了一个大团圆的结局。

然而，事实上的李宸妃并没有母子相认的这种幸运。宋代宫廷流传的却是另一则传说。

宋真宗最宠爱的妃子是刘德妃。

刘德妃从小死去了父亲，是舅父母把她抚养成人。长到十五岁，如花似玉的刘德妃曾以“播鼓”——花哨的击鼓为表兄的商业招揽顾客。

这事儿惊动了刚刚成年的太子赵恒，他见她千娇百媚，便把她纳入了王宫。这事儿虽说受到了他父亲太宗的训斥，但几年之后，赵恒坐了皇位，死去了的父亲却无法阻止他再度把她接入宫廷。刘德妃青云直上，先封“美人”，再封“婉仪”，再封“德妃”，一切都如愿以偿。遗憾的只是她膝下没有子嗣。

那是一个“母以子贵”的时代，郭皇后正好去世，后宫的最高席位——皇后，正等待它的竞争者。谁要是为皇帝老子生下一子，就无异于在这场无言的竞争中拔了头筹。尽管刘德妃用尽了心计，同皇帝情款意恰，佳期独占，但那平整的小腹依然没有动静。她知道，如果杨淑妃、沈才人一旦占先，她的皇后梦就将如同肥皂泡一样破灭。

她身边有一个侍女，姓李，看着她那含苞欲放、楚楚动人的样子，一条妙计突然闪现在她的心头：借腹怀胎。

对，就是借腹怀胎。

她着意地打扮这个李姓的小宫女，让她引起宋真宗的注意。她知道：天下的男子大都是见好爱好，哪有不吃鱼的猫？哪有不上钩的鱼？不久，她怀孕了，肚子一天比一天大起来，刘德妃也装做怀孕了，肚子也一天比一天大起来。对于皇帝来说，这真是双喜临门。不过那宫女怀的是真胎，刘德妃怀的是假胎。

十月之后，“两个”龙种先后呱呱落地。正如上面所说的，李姓宫女生下的是个“狸猫”一样的怪胎，刘德妃生下的是一个活泼可爱的皇儿——也就是后来的宋仁宗赵祯。李氏被当作怪物，打入冷宫，最后在高高的宫墙内寂寞地死去。

有了皇子的刘德妃可真是如鱼得水，不久，赵祯被立为太子，刘德妃理所当然地晋升为皇后。有大臣认为她出身微贱，少小时曾临街播鼓卖艺，不足以母仪天下。

宋真宗急切切地发话了：

“德妃之父刘通，曾任嘉州刺史、虎捷都指挥使，虽说去世得早，但她总还是官宦家的后裔，缘何说她出身微贱？至于早年临街播鼓，并非卖艺，而是为表兄长繁荣商业。一个弱女子，身处逆境，竟能洁身自好，戮力自强，怎么不可以母仪天下？”

停了片刻，他又说：

“况且，刘妃为我生一贵子，使我赵宋江山后继有人，此乃大功一桩。千古以来，都是‘母以子贵’，我意已决，你等不必多言。”

就这样，刘德妃使用了移花接木、借腹怀胎之计，登上了皇后宝座。

《宋史》本着“为尊者讳、为长者讳”的中国史家传统，平实地记载了李宸妃平凡的一生。为仁宗生母之谜提供了另一种说法。

宸妃姓李，原本是刘德妃的侍儿，她生得花容月貌，却是庄重少言，她的进幸也没有什么戏剧性的情节，等到怀孕后，与其说是喜坏了宋真宗，倒不如说是喜坏了刘德妃。刘德妃当时已被立为皇后，膝下无子，经过宋真宗同意，把襁褓中的宋仁宗赵祯立为己子，为了假戏成真，掩人耳目，她把仁宗从他母亲的怀抱里夺走，交给了淑妃抚育，这样，宋仁宗同他的母亲虽说同居一宫，却是母不认子，子不认母，活活地割断了他们间的血肉联系。

为了报答李氏的信守诺言和甘耐寂寞，她先后被封为“才人”和“婉仪”。

1022年，真宗去世，11岁的太子赵祯做了皇帝，史称宋仁宗。刘皇后又理所当然地成了刘太后，亲自辅政，掌管军国大权。李婉仪默默地处在先朝嫔妃之列，不敢有一点母以子贵的表现。其他人因畏惧刘太后的威势，也不敢向幼小的仁宗道明真相。而仁宗，则只知道他的身边有疼爱他的“大娘娘”、“小娘娘”，同她们感情融洽，向她们竭尽孝道，而不知有其他。

天圣九年（公元1031年），仁宗生母李婉仪病危，刘太后晋升她为“宸妃”，明道元年（公元1032年）宸妃去世，享年46岁。

此时的刘太后，还不想让仁宗明白真相，准备用普通宫人的礼仪来安葬她，当朝宰相吕夷简进奏说：

“李宸妃的丧仪应在皇仪殿举行，须用一品仪殡葬于洪福寺。”

刘太后唯恐仁宗听出破绽，连忙把仁宗支开，然后回到帘下，不高兴地说：

“后宫之事，难道也该宰相管辖？”

“只要是皇室之事，都有关国家安危，微臣敢不关心？”

刘太后发怒了：

“一宫人死，你竟敢提出厚葬，是不是想离间我母子的感情？”

“不敢。”吕夷简不卑不亢地说，“太后如果念及刘氏后代的安危，则丧礼以从厚为宜。”

刘太后是何等精明之人，吕夷简一语中的，刘太后也顿时醒悟：一旦自己死去，仁宗得知了实情，痛感自己生身的母亲在生前死后都没有得到应有的待遇，一定会怨恨自己，并迁怒于刘氏的后裔，她立即谢了宰相，吩咐以一品礼安葬宸妃。

吕夷简又暗中吩咐内侍押班罗崇勋，给李宸妃着皇后装成殓，并使用水银宝棺，以保持尸体永远新鲜，刘太后也一一依允。丧礼举行得格外隆重，众宫女恸哭致哀，送葬队伍竟“繁华辉焕，蜿蜒三十余里”。

1033年，65岁的刘太后也走完了自己生命的历程。临终时，她留下遗诏：“尊杨太妃为皇太后，与皇帝同议军国重事。”

这可激怒了一班元老重臣。

御史中丞蔡齐说：“皇上已成年，岂能让女后相继听政。”

仁宗的叔父八大王元俨说：“太后是皇帝亲母的名号，连亲母都不曾尊崇，哪能尊崇那么多的养母？可怜的李宸妃，生了陛下，不仅生前不能与陛下相认，连死也死得不明不白！”

仁宗惶惑了，他问吕夷简，吕夷简证实了元俨的说法。震惊，悲痛，愤恨！他身为天子，不能保护自己的母亲；身为人子，不能孝敬自己的生母一天，让母亲含恨而死。他号啕大哭，下哀痛之诏自责，并派兵包围了刘太后娘亲的府第。

处事公道的吕夷简进谏说：“太后虽有不义之举，但以皇后礼仪厚葬宸妃，表明她已有自悔之心；刘、杨虽非生母，但对陛下仍有抚育之情，不可或忘。”

仁宗决定重葬他的生母，尊宸妃为皇后，谥章懿，亲临殡仪之所祭告。待开棺考察之时，李宸妃安详恬静，栩栩欲生，身着皇后礼服，没有鸩杀、残害或者虐待的迹象，这时仁宗才下令解除对刘姓戚属的包围，在焚香泣告生母李太后的同时，也祭奠了养母刘太后。

为了弥补他对亲生母亲的愧疚之情，他把李太后的弟弟李用和一再擢升，又将福康公主下嫁给李用和的儿子李玮。

至此，仁宗生母之谜已经结束。可以肯定的是：包公与李宸妃的平反昭雪毫无关系；李宸妃也不曾流落民间。至于刘德妃把仁宗收为己子，是使用的狸猫换太子手法，使用的移花接木手法，还是正当的过继承嗣，则永远是一个谜。

至于李宸妃在亲生儿子即位之后，长达9年的时间里，为什么三缄其口，不置一词，致使仁宗为不能在生前认母抱恨终生，则更是一个不可释解的谜中之谜了。

心得

可见，历史留给我们的谜团很有意思，俗话说：“一人得道，鸡犬升天”。在天子执掌天下的年代，皇室的三宫六院，七十二妃，哪个不想得宠？所以她们明争暗斗，钩心斗角，甚至不惜互相残杀，只为了能取乐于皇帝，只为了能博皇帝一笑。不知哪位古人说：“天下最毒不过妇人心。”一些颇有心计的女子在皇帝面前争得一席之位所使出的招数听来都让人寒心，其残忍程度与现在的商战之烈有过之而无不及。

纵观历史，可怜多少无辜善良的女子不明不白，死于非命，或者含冤一生，死不瞑目。古代宫廷的竞争弥漫着血腥的味道，最后得道的往往是那些心狠手辣，城府极深的女子。我国的一代女皇武则天就是最典型的一个例子。

6. 雍正皇帝为吕四娘所杀还是自然死亡?

在河北省易县永宁山下的清西陵内，有座规模庞大的陵墓，里面埋葬的是清帝入关后的第三位君主，即清世宗雍正皇帝。雍正十三年（公元1735年）八月二十三日凌晨，雍正猝死于京郊离宫圆明园的九州清宴殿内，终年五十八岁。雍正平时的身体十分健康，又非年高衰亡，因此，这位盛年之期的皇帝突然驾崩，难免使人产生种种猜测：他是怎么死的?

首先传出的是雍正被刺身亡。世宗刚一辞世，京师内外即说他是被吕留良的孙女吕四娘刺死。据《清朝野史大观·世宗宴驾之异闻》载："世宗暴崩，传闻异辞。有谓被刺者，其说也非无据。当时（吕）留良孙女某，为祖父报仇，入宫行刺……"

清世宗雍正

这里说的吕留良，是明末清初著名的思想家和社会活动家，名光纶，字庄生、用晦等，自号晚村，浙江崇德（今桐乡）人。明朝亡时，他曾散财结客，意在复兴，事败后家居课徒，仍做着推翻清朝皇帝的准备，不幸以病而终。他一生写了《吕晚村文集》、《东庄吟稿》等著作，在当时产生过很大的社会影响。吕留良去世之后，湖南人曾静于雍正六年（公元1728年）派门徒张熙专程投书川陕总督岳钟琪，详细列举了雍正帝的十大罪状，劝其举义反清，不料策反未成反被岳钟琪拿获，雍正闻讯自然要严厉查究。曾静供称是受吕留良著作的影响才萌生异志，雍正刨根问底，决心铲除这一祸源。结果吕留良及其长子吕葆中被剖棺裁尸，曾静、张熙和吕留良的另一个儿子吕毅中皆被枭首示众。吕家其余男子远戍关外宁古塔流放，所有女眷则变卖为奴，连其门生等也受到追究，酿成了“株连十族”的文字大狱。雍正本人为此写了《大义觉迷录》一书，专门反驳吕留良的学说和曾静等人对他的攻击，这就是清代极其有名的曾静吕留良案。据说，此案在捕人之时，吕留良的孙女吕四娘不在家中，幸免于难。此女矢志为家人报仇雪恨，非要亲手杀死雍正皇帝不可。为此，她隐姓埋名，入山拜一老尼为师，学得一身精湛武功，与著名武林高手甘风池等人并称“八大侠”。后来，吕四娘乔装为宫女，潜入圆明园内，手刃了雍正皇帝，并割其首级逃之夭夭。雍正死后，清廷虽然极为惊恐，但不好对外声张，为能全尸，悄悄让人雕刻了一个金质脑袋，匆匆放进棺材埋了。

还有的说刺杀雍正的女子并非吕留良的孙女，而是一位吕姓显贵的女儿。她的父亲吕某与登基前的胤禛是金兰兄弟，后因触及雍正夺嫡的隐私被秘密杀害，女儿四娘却侥幸逃脱。不久，她潜入仙刹拜一高僧学剑，此僧也是雍正当年的武林十二好友之一，其武功勇冠天下，罕有匹敌，并能炼剑成丸，含入口中，百米之外杀人不露任何形迹，号称“万人敌”，雍正本人也曾跟着这个和尚练就一手绝活儿。他登基称帝后，想拉这一高僧为己所用，以便控制各路武林高手，不料此僧不愿臣伏，远走山林，避祸修身。这天，御内高手侦知这个和尚的藏身之处，雍正急命原先结义兄弟三人易服前往，随即布下精兵层层包围。此僧见了三位不速之客，朗声笑道：“若辈受主命来捕我耶？汝主气数高旺，吾不能与之争。虽然汝主多行不义，屡以私恨杀人，今吾虽死，汝主必不能苟免，一月后，必有为吾报仇者，汝等识之！”言迄，伏剑自杀。三人割下高僧的脑袋回京复命，并一一详奏所闻。雍正知道这位结拜好友的手段，遂布置大内高手小心提防，想不到一个月后果然让一位年轻女侠用飞剑砍了脑袋，此女便是那位高僧的得意弟子吕四娘。清廷曾秘密下令严缉此女归案，但终其大清一朝，也没见到这位女侠的影子。

与“刺杀说”相同的还有这样一说：杀害雍正帝的并非吕四娘，而是湖南一卢姓女子。此女精于剑术，几十个大汉也难近身，是当时不露真形的一位奇女。她的丈夫被雍正帝以谋逆罪冤杀，该女立誓为丈夫报仇。她乔扮宫人进入畅春园，亲手杀死雍正，自知难以幸免，也在现场自刎而死。

有关吕四娘、卢氏女刺杀雍正的说法，见于《清官遗闻》和《清代述异》

等传闻资料，不见正史记载，甚至都找不到她们的名字。可是在比较严肃的《鄂尔泰传》中却能找到“刺杀说”的依据：

“是日，上尚视朝如恒，并无所苦，午后忽召鄂入宫，外间已宣传暴崩之耗矣。鄂入朝，马不及被鞍，亟跨骣马行，髀骨被磨损，流血不止。既入宫，留宿三日夜始出，尚未及一餐也。当日天下承平，长君继统，何以危疑而仓皇若此？可证被刺之说或不诬矣。”然而刺客是谁？不得而知。

其实，不只《鄂尔泰传》的作者有此怀疑，连雍正帝本人生前也听过有关吕四娘的传说。雍正八年，他就疑神疑鬼地对负责审理曾、吕一案的浙督李卫说道：“外边传有吕氏孤儿之说，当密加访察根究。倘或吕留良子孙有隐匿致漏网者，在卿干系匪轻。”（引见《朱批谕旨》）这种风声能够吹进雍正的耳朵，可见由来已早和传播之广。看来吕四娘并非临时编造的人物。另外，在康、雍时期的“八大侠”中，甘风池、曹仁父、周召等武林高手皆实有其人，与之并列的吕四娘怕也并非虚拟的人物。因此，持“刺杀说”者认为雍正突然暴亡，决非无稽之谈。

但是，也有人对此持否定态度。其理由是：曾、吕为当时震动朝野的大案，雍正自始至终都格外关注，不放过任何一个可疑的环节，即使真有吕四娘其人，也没有漏网的可能，此其一；雍正住地，保卫措施完备，戒备十分森严，吕四娘就是武艺高强，也难闯入行宫，更难近于身边，怎会轻易行刺成功？此其二；据近代史学家陈垣先生考证，吕留良的孙子及其曾孙在乾隆四十年（公元1775年）曾经捐纳监生，若吕四娘真的刺杀了雍正，乾隆皇帝哪能有此雅量？此其三。除此以外，雍正以后的正史记载中，不见吕四娘只字片语，更无“刺杀说”的痕迹，因此，认定雍正时期并无吕四娘其人。换句话说，就是真有这么一位武功超群、衔仇雪恨的女子，她也难有刺杀雍正皇帝的可能。

如果雍正帝不是被刺而死，那么，他的暴死是否正常死亡？能说明此点的权威资料当属逐日记载皇帝一举一动的《起居注册》。这里不妨简略引述关于雍正死前两天的具体记载："八月二十一日，上不豫，仍办事如常。""八月二十二日，上不豫。子宝亲王、和亲王朝夕侍侧。戌时，上疾大渐，召诸王、内大臣及大学士至寝宫，授受遗诏。"

由此可以看出雍正死前两日直至临终，都很清醒，对于大事安排也很有条理，否则他不会召集诸王及重臣们前来寝宫，更不可能亲自"授受遗诏"交代后事。另外，雍正临终之前，随侍在侧的亲人和大臣几乎能筑起一道人墙，刺客不可能轻易近身，更不会割了皇帝的脑袋从容溜走。可见，雍正被刺杀一说难以成立。

皇帝的《起居注册》是官方的记载，如果认为不大可信，下面不妨对照亲历此事的大臣们的记录，或许可以看到较为真实的情况。先看看《张廷玉自撰年谱》中的有关记载：

"八月二十日，圣躬偶尔违和，犹听政如常。廷玉每日晋见，未尝有间。二十二日漏将二鼓，方就寝，忽闻宣召甚急。急起整衣，趋至圆明园，内侍三四辈待于园之西南门。引至寝宫，始知上疾大渐，惊骇欲绝。庄亲王、果亲王、大学士鄂尔泰、公丰盛额、纳亲、内大臣海望先后至，同至御榻前请安出，候于阶下。大医进药罔效，至二十三日子时，龙驭上宾矣……廷玉与鄂尔泰告二王诸大臣曰：'大行皇帝固传位大事亲书密旨，曾示我二人，外此无有知者。此旨收藏宫中，应即请出，以正大统。'王大臣曰：'然。'"

张廷玉的这些记载均为亲笔，比较可信，细细对照雍正临终前的情况，与《起居注册》的记录基本是一致的。

下面再看《鄂尔泰行状》中的记述：

"世宗晚年，召公宿禁中，逾月不出，人皆不测上意，公亦自危。八月二十二日夜，世宗升遐，召受顾命者惟公一人。公恸哭捧遗诏，从圆明园入禁城。深夜无马，骑煤骡而奔，拥今上登基，宿禁中七昼夜始出……"

张、鄂同为雍正所倚重的大臣，又都是他临终前的见证人。然而把两则史料略一对照，就不难发现有些问题：一、《行状》说雍正皇帝临终时只有鄂尔泰一人随侍在侧，这与张廷玉《年谱》中的说法大相径庭。二、张说传位密诏雍正帝早已向他和鄂尔泰出示过，而《行状》则说仅向鄂尔泰一人口授，他又连夜骑煤骡入紫禁城传达，可见"今上"即当时的宝亲王也就是以后的乾隆皇帝并没有“朝夕侍侧”。更奇怪的是，像传位遗诏这样事关社稷命运的重要文件，雍正竟然只交给鄂尔泰一人传达，连个护送人也没带上，显然让人难以置信。而且这也不符合历史事实。据乾隆帝在《钦定储贰金鉴》序言中说，预立传位密诏，始自乃父雍正皇帝，这种超级绝密文件一定早已写好，开启时也应众人在场，决不会匆匆忙忙地处置这种大事。

从以上对照来看，张廷玉与鄂尔泰二人的说法如此矛盾，到底哪个为真?相比之下还是张廷玉《年谱》中的记载比较可信。应该指出的是，《鄂尔泰行状》出自清代才子袁枚之手，并非第一手材料，其中是否有粉饰不实之词，或故意抬高鄂尔泰的地位，很值得怀疑。不过，这两则史料都说雍正临终之时，没有亲自宣布遗诏，说明很可能进入昏迷状态，否则，像这么重要的大事，以雍正的性格和处世作风，他决不会轻易撒手。

至于《起居注册》中的所谓“授受遗诏”也无可能，大半是御用文人敷衍装点之笔，不可信以为真。这样看来，雍正自八月二十一日发病，到二十二日晚间病情加重，接着用药而不见效，至二十三日子时死去，首尾只有短短三天时间，显然患的是不治急症。极有可能是脑血管意外出血等，即人们常说的中风急症。如此看来，雍正的暴崩应是正常死亡。

但是，也有人不同意以上这些说法，认为雍正真正的死因是他迷信鬼神，乱服丹药而中毒死亡。雍正一生崇佛信道，结交术士，祈求长生之道。有资料说雍正晚年仍然纵欲，染上沉疴，至雍正八年，曾一度恶化，差点儿导致瘫痪。这时，他仍执迷不悟，曾密调地方督抚要员，为他推荐名医方士，高价悬赏长生不老药方。他还让陕甘总督岳钟琪密访一位名叫狗皮仙的道士，据说此人藏有防衰的秘方。岳钟琪报告雍正说，此人类似疯子，万万不可信用，雍正也真的害怕发生意外只好作罢。不久，四川巡抚宪德奏称在本省的仁寿县发现了一个姓姜的奇人，据说他八十岁精脉仍如涌泉，妻妾频频产子，到了九十高龄，看上去却像少年。雍正接报急命此人进宫，不料这位活神仙却意外死了。明明是地方官向他讨好，但雍正仍深信不疑。

不仅如此，雍正一生嗜好佛事，他做皇帝之前，就曾雇佣替身代他当了和尚。当政之后仍然事佛，自号破尘居士，又称圆明居士，并收罗门徒达十四人之多，多次声称“朕亦即是释主。”一些朝臣看不惯他的这种做法，劝其做尧舜而勿做释迦，务儒学而不信佛教，雍正竟公然抵赖说：“试问黄冠缁流之徒，何人为朕所听信优待？”尽管他没有优待哪个和尚，却热衷于接近一些道士。为了取得长生不老的丹药，雍正想方设法把长于炼丹的道士召入禁苑，并给他们慷慨提供场地、资金、原料、杂役人员等。从雍正四年（公元1726年）九月起，他尝试服用道士娄近恒等人炼制的“既济丹”，据说自我感觉不错。因为这些善测帝意的道士，一方面装模作样地夸大丹药的作用，一方面悄悄将“春药”之类的药物掺杂其中，使沉湎于酒色的雍正尝到了甜头，不断给炼丹道士们以有力支持。从他的《御制文集》中一些诗句可以看出他对于炼丹是多么着迷。如“铅砂和药物，松柏绕云坛”、“自觉仙胎热，天符降紫鸾”等，可见他不仅热衷于此事，并且已经确实服用了丹药。雍正十三年八月，炼丹活动达到了高峰，他一次就批给二百多斤牛舌头黑铅用于炼煮，这些丹药中的毒素渐渐在雍正体内积聚、侵蚀，终于要了他的老命。

雍正服食丹药，完全有这种可能，从历史记载看也有先例。像秦始皇寻找长生不老药的事情尽人皆知，被称为英明圣主的唐太宗也很迷恋此事。他曾发兵西域抓来炼丹高手那罗迩婆婆，日夜炼丹供其服用，不仅没有达到长生的目的，反而诱发了多种疾病，导致了李世民的早逝。后来的一些皇帝如唐宪宗、唐武宗、唐穆宗也很迷信炼丹，结果都是“饵金石而死”，而且年纪都在三十岁左右，可见所谓长生不老的丹药并不是什么好东西。懂得养生之道的乾隆皇帝大概瞧见了乃父致死的症结，所以他在雍正死后的第三天即果断地下了一道谕旨，毫不客气地赶走了那些炼丹道士。乾隆在谕旨中气冲冲地说道：

“皇考万几余暇，闻外间有炉火修炼之说，圣心深知其非，聊欲试现其术，以为游戏消闲之具。因将张太虚、王定乾等数人置于西苑空闲之地。圣心现之，如俳优人等耳，未曾听其一言，未曾用其一药。且深知其为市井无赖之徒，最好造言生事，皇考向朕与和亲王面谕者屡矣。今朕将伊等逐出，各回奉籍……若伊等因内廷行走数年，捏称在大行皇帝御前一言一字，以及在外招摇煽惑，一经访闻，定严行拿究，立即正法，决不宽贷！”

乾隆皇帝是很会做文字游戏的，但无论怎样为猝死的雍正遮遮掩掩，还是很容易使人看出破绽：既然“深知其为市井无赖之徒”，为何要将张太虚这伙请入禁苑？雍正并非昏聩之君，什么样的游戏消闲之具不可观看，为何要迷恋这些“深知其非”的东西？雍正果真“未曾听其一言，未曾用其一药”，并且向儿子们陈述炼丹一事的坏处，为何不早早将这些无赖之徒赶走，居然还把他们留到瞑目之日？假若雍正之死与服用丹药无关，乾隆为何又匆匆将张太虚等人赶走，并不许他们在外说三道四？显然其中有不可向人言的秘密。因此可以断定：导致雍正猝死的直接原因，是他长期迷恋的那些丹药。

这种说法也有问题：丹药中的金石之毒虽然有些燥烈，雍正一直服用长达九年的工夫，若说中毒，理应慢慢显现，他也能渐渐感到不适，绝不会拖延这么长的时间干等着毒性暴发。而且从乾隆那道谕旨来看，雍正已认识到服用丹药的危害，怎么可能会知毒服毒？雍正虽然为人阴鸷，忌刻险谲，但他并非偷闲躲静，只知享乐的昏君，而是一个励精图治，较为勤谨的开明皇帝。他平日身体一直很好，很可能由于连日劳累而使脑血管意外出血，导致了突然死亡。这种情况在常人中时有发生，雍正虽然贵为皇帝，也有患这类疾病的可能。所以雍正的暴崩，仍属正常死亡，更不可能丢掉了脑袋。至于那些无稽的“刺杀”传说，可能因为雍正生前得罪人太多，人们无处泄愤，只好编排了故事骂他。然而事实不可能更改，埋进地下的更是如此。现在，雍正归葬的泰陵仍然完好无损，如有一天打开该陵的地宫大门，这些争论不休的问题就会有明晰的答案了。

心得

雍正王朝在历史上盛极一时，雍正也是历史上不可多得的一位治国有方的天子。所以历史上记载的有关雍正的文字也多不可计数，但也正因太多难免有出入，才引发了争议。无论你持哪一种观点，都是一家之言，很难自圆其说，如今，雍正的死已成了皇宫里的一个千古之谜，不管他是被人毒死还是被人刺杀，历史的尘埃都化作烟云，但可以肯定的是，雍正帝在清王朝作出了突出的贡献，否则他的死不会成为历史学家时刻争论的焦点。

第二章

王侯将相，宁有种乎?

自古以来，中国人都注重出身门第，把那祖辈传下来的高脉血统作为自己炫耀的资本，但祖辈的高贵血统又是从何而来呢?

无论地位低下的陈胜、吴广，无赖刘邦等人物，都是由低脉血系通过自己的努力奋斗争取而来。王侯将相，本就无所谓有种无种，只要能够通过自己的智慧，坐上那高高在上的皇位，成就一番伟大的事业，就是真正的英雄。

1. 陈胜与“燕雀安知鸿鹄之志”

秦王朝是中国历史上第一个统一的封建王朝。但是，它的存在并没有像秦始皇所希望的那样，世世代代，传之无穷。只不过传袭了二世，延续了十余年，这个辉煌一时，看似强大的大帝国就被陈胜、吴广所领导的农民起义推翻了。

陈胜吴广的农民起义

秦始皇兼并六国，统一天下，结束了战国以来长期纷争的局面，受到广大人民的拥护；秦始皇为巩固统一国家所作的巨大努力，也是顺应历史潮流发展的。饱经战乱的百姓，有理由希望过上和平、安定的生活。可惜的是，秦始皇并没有重视和满足芸芸众生这一起码的愿望。秦朝刑法严酷，举措暴虐，尤其是原来东方六国的百姓，更是备受歧视，他们的处境甚至不如分裂和战乱时期。权力高度集中的专制统治，使被压迫人民意识到：如果不推翻暴秦的统治，他们就无法改变眼前的悲惨处境。正是在这种历史背景下，秦末农民起义的领袖陈胜才提出了“死国”“举大计”的革命口号。

陈胜，字涉，阳城（今河南登封东南告成镇）人。出身贫苦，然而胸怀大志。曾为人佣耕，耕田的时候，他放下锄头怅然叹息说：“等哪天我富贵了，一定不会忘记你们的。”同伴讥笑他说，你是佣耕，哪里谈得上富贵呢？陈胜感慨地说：“嗟呼，燕雀安知鸿鹄之志哉！”

秦二世元年（前209年）七月，陈胜、吴广与闾左九百人被征发戍守渔阳。闾左是一种无立锥之地，地位极其低下的贫苦农民。他们原来是东方六国的百姓，被秦国征服后迁徙到指定地点，成为军功贵族的依附农民，所以地位低下。为了维护军功地主的利益，秦王朝一般是不征发闾左服役的。这次秦二世冒天下之大不韪征发闾左，不但使闾左陷于更悲惨的境地，也直接损害了军功贵族地主的利益，更进一步激化了不同阶层间的矛盾，加剧了社会的动荡。所以，征发闾左就自然而然的成了秦末农民起义的导火线。

在征发途中，陈胜、吴广分别担任屯长。到了蕲县大泽乡（今安徽宿县东南），适逢大雨连绵，道路阻塞，戍卒已无法在规定期限内赶到目的地。按照秦朝的法律，这是要处以死刑的。而在严酷的法律面前，根本不可能有缓和的余地。陈胜于是与吴广密谋说："今亡亦死，举大计亦死；等死，死国可乎？"所谓"死国"就是要推翻暴虐的秦建立农民自己的革命政权，为此不惜献出自己的生命。与此同时，陈胜又借"鱼腹丹书""篝火狐鸣"的手段，直截了当地提出了"大楚兴，陈胜王"的革命口号。陈胜、吴广平素宽厚仁爱，士卒都愿为他们效力；陈、吴随即用计谋杀掉带队的将尉，慷慨激昂地向众徒属说：

"公等遇雨，皆已失期，当斩。藉弟令毋斩，而戍死者固什六七。且壮士不死则已，死则举大名耳。王侯将相，宁有种乎！"

徒属皆曰："敬受令。"

陈胜的宣言和号召，不但是为了实现自己的"鸿鹄之志"，也表达了戍卒求生的愿望，它从一开始就规定了秦末农民起义必以武装斗争的方式推翻秦王朝暴虐统治的革命性质，是一种别无选择，正是这种选择改变了他们的命运。

陈胜、吴广随即打出公子扶苏和项燕的旗号，陈胜自立为将军，吴广为都尉，率领义军攻下了大泽乡，又相继攻拔了蕲县和铚、苦、柘、谯等地。快到陈时，义军已有兵车六七百乘，骑千余，卒数万人。很顺利地攻下了陈，陈胜召集陈地的三老豪杰商量事态的发展。三老豪杰认为陈胜"伐无道，诛暴秦，复立楚之社稷，功宜为王。"而被誉为"贤人"的张耳、陈余却表示反对："愿将军毋王，急引兵而西，遣人立国后，自为树党。如此，野无交兵，诛暴秦，据咸阳以令诸侯，则帝业成矣。”陈胜没有听从两人的意见，自立为王，号“张楚”，建立了起义农民的革命政权。

的确，如果听从了二人的意见，陈吴的起义就不会太急躁，也许就是另一番结果，然而，自有一番鸿鹄之志的陈胜，在乎的是轰轰烈烈的过程而非结果也未可知。

在张楚政权的号召下，农民起义的浪潮席卷整个原东方六国地区：“诸郡县苦秦吏暴，皆杀其长吏，将以应胜。”“楚兵数千人为聚者不可胜数。”陈胜以吴广为假王，监诸将西击荥阳，又命周文为将军，率众西击秦。周文进至函谷关时，已有车千乘，卒十万。秦二世惊恐万状，令少府章邯赦免骊山徒和人奴产子，迎击义军。由于义军组织松散，缺乏作战经验，结果大败，周文自杀。与此同时，吴广驻兵于坚城之下，也被部将杀害。随后，章邯率秦军进攻张楚政权，陈胜迎战不利，结果被叛徒庄贾杀害。

贾谊

陈胜领导的秦末农民起义虽然遭到失败，但他提出的“死国”、“举大计”的口号却深入人心，为继起的农民起义队伍推翻暴秦指引了正确的方向。汉初著名的政论家贾谊在脍炙人口的《过秦论》中称颂陈胜的功绩时，曾经这样说过：

“始皇既没，余威震于殊俗。然而陈涉，瓮牖绳枢之子，氓隶之人，迁徙之徒也，材能不及中人，非有仲尼、墨翟之知，陶朱、猗顿之富。蹑足行伍之间，而崛起阡陌之中，帅罢散之卒，将数百之众，转而攻秦。斩木为兵，揭竿为旗，天下云合响应，赢粮而景从，山东豪俊遂并起而亡秦族矣。”

陈胜的“首义之功”可说是彪炳史册，难怪刘邦称帝后仍为陈胜置守冢于砀，同时还减轻了百姓的负担，使汉初的社会经济很快得到恢复。饱经战乱之苦的百姓终于过上了比较安定的生活。

陈胜、吴广出身于平民百姓之家，然而能举义旗而攻强秦，虽然最终失败，但“王侯将相，宁有种乎！”却名流青史，其两人的事迹也千古不朽。

心得

在现在生活中，经常看到这样的人，他们常因自己角色的卑微而否定自己的智慧，因自己地位的低下而放弃儿时的梦想，有时甚至因被人歧视而消沉，因不被人赏识而苦恼。这是一个多么大的错误啊！其实造物主常把高贵的灵魂赋予卑贱的肉体，就像我们在日常生活中，总是把贵重的东西藏在家中最不起眼的地方。

出身并不能决定一个人的未来发展，出身贫寒并不是罪，谁都希望生长在富豪之家，可是谁在生之前能去选择自己?

霍兰德说：“在最黑的土地上生长着最娇艳的花朵，那些最伟岸挺拔的树林总是在最陡峭的岩石中扎根，昂首向天。”而高普更是一语道破天机，他说：“并非每一次不幸都是灾难，早年的逆境通常是一种幸运。与困难作斗争不仅磨破了我们的人生，也为日后更为激烈的竞争准备了丰富的经验。”

2. 乡村无赖成霸业

汉高祖刘邦是汉朝的开国皇帝。他自公元前206年称帝至公元前195年因病去世，在位仅11年。在这短暂的时间里，他夙兴夜寐，不但稳定了大局，而且为西汉王朝的进一步发展奠定了牢固的基础。但说起他的出身，可不是什么“好鸟”——一乡村无赖汉而已。

东汉史家班固在评价刘邦的历史功绩时说：“初顺民心作三章之约。天下既定，命萧何次律令，韩信申军法，张苍定章程，叔孙通制礼仪，陆贾造《新语》，又与功臣剖符作誓，丹书铁契，金匮石室，藏之宗庙。虽日不暇接，规摹弘远矣。”

汉高祖刘邦

在中国历代众多的开国皇帝中，汉高祖的确是一位统贯全局、具有杰出才干的明君，足以和后代的唐太宗、明太祖媲美。

刘邦出身并不高贵，也没有祖宗高脉血统，甚至还缺乏作为一个农人的基本品德。刘邦的父亲和两个哥哥都耕田种地，勤于农桑，能吃苦耐劳，热爱劳动。相反，刘邦终日游手好闲，好吃懒做，不光不劳动，还经常到村里人那儿赊酒喝，成了村里有名的无赖汉。

就是这位无赖汉，在秦末天下大乱之即，顺势而起，带领刑徒二十余人，涌入乱世洪流。秦亡后，项羽自称西楚霸王，封刘邦为汉王。楚汉战争中，刘邦战胜了不可一世的霸王项羽，坐上了皇帝的宝座。

霸王别姬

项羽

秦汉相继，然而两者的兴起却有着完全不同的历史背景，秦王嬴政是依靠手中的权力，凭借祖先打下的良好基础，通过战争的方式兼并六国，得以统一天下的，刘邦则乘农民战争余威推翻暴秦，又战胜了项羽为代表的六国贵族残余势力之后建立新王朝的。为此，汉朝开国之初面临着一系列的难题：社会经济的极度凋敝使新王朝缺乏起码的物质基础；关东和关中地区的隔阂，时刻威胁着刚刚形成的统一局面；异姓诸侯王的离心倾向，则是对中央集权的一种挑战；统治阶级内部的权力再分配，也必然会影响国家职能的正常行使；匈奴贵族的侵扰，更形成了强大的外部压力。这些难题如果得不到妥善解决，新兴的汉王朝无法站稳脚跟，求得生存和发展。难怪汉高帝七年（前200年）刘邦还忧心忡忡地说："天下匈匈，劳苦数岁，成败未可知。"

刘邦和汉朝统治集团的中坚分子出身微细，缺乏治理国家的经验，但他们多半来自社会下层，又接受了反秦起义和统一战争的洗礼，所以十分了解广大民众的迫切要求。这种优势，使他们得以凭自己的直觉正确地把握历史变化的契机，顺应历史发展的潮流。公元前205年岁首，沛公刘邦率军入关，西入咸阳，接受秦王子婴的投降，随即封还府库，还军霸上，不久又与当地民众约法三章，废除秦朝苛法，宣布官吏一律留用，百姓照常生活。秦民大喜，唯恐沛公不为秦王。与此相反，项羽入关后即引兵西屠咸阳，杀秦王子婴，烧秦宫室，所过无不惨灭，秦民大失所望。项羽接着封秦降将为王，更使秦民切齿痛恨。刘邦得到秦民的拥护，使他得以关中为根据地，楚汉战争中刘邦之所以能最后战胜项羽，这是一个重要原因。刘邦称帝后，定都长安，又鼓励军队中关东籍士兵复员后在关中落户。这样就逐步消除了关东和关中百姓之间的对立情绪。

刘邦早年不修文学，很看不起读书人，有诸多轻薄无赖之举，甚至朝儒生的帽子里撒尿。在夺取天下的过程中，这种态度有所改变。但他做了皇帝以后，仍然没有立刻认识到“偃武修文”的重要性，以为马上得之，当然也可以马上治之。他的谋士陆贾对他称说《诗》、《书》，他很不耐烦，甚至骂道：“乃公居马上得之，安事《诗》、《书》！”陆贾却说：

“马上得之，宁可以马上治乎？且汤武逆取而以顺守之，文武并用，长久之术也。昔者吴王夫差，智伯极武而亡；秦任刑法不变，卒灭赵氏。乡使秦以并天下，行仁义，法先圣，陛下安得而有之？”

汉高祖听了这番话，虽然有点不高兴，却觉得很在理。于是命陆贾著书，分析“秦所以失天下，吾所以得之者，乃古成败之国。”陆贾随即著书十二篇。每奏呈一篇，刘邦读了都称赞说好，左右齐呼万岁，于是称其书为《新语》。由于陆贾的劝说和论析，汉高祖明白了马上得之不可以马上治之的道理，明白了逆取顺守、文武并用的治国方略，并且懂得了顺应历史潮流和民心向背调整政策重点的必要性。秦亡汉兴的辩证法，归根到底就在于此。

由于秦王朝的竭泽而渔和长年的战争创伤，西汉初年人口流散，土地荒芜，加之商贾投机倒把，兴风作浪，以致社会经济凋敝到了令人吃惊的地步，“自皇帝不能具钧驷，将相或乘牛车”。上层统治集团的处境如此狼狈，国家财政的匮乏可想而知。显而易见，如果不能使社会经济得到一定程度的恢复，西汉王朝就无法存在下去。为此，刘邦称帝后立即发布诏令，招抚流民，恢复故爵田宅；民以饥饿自卖为人奴婢者，皆免为庶人；以功劳行田宅，满足复员将士对田宅的要求，并免除其徭役。与此同时，又提倡节俭，持有兵器和骑马，抑商重农。这些措施的实行，使社会经济逐步得到恢复，民生趋于安定，为下一步着手解决政治体制问题奠定了基础。

为了巩固统一和加强中央集权，在楚汉战争后期，刘邦即着手削夺异姓诸侯王的兵权，将势力强大的齐王韩信徙封楚王，不久将其贬抑为淮阴侯。后来，借口异姓王谋反，又将韩信、彭越、英布等逐一夷灭，最后只剩下势力最弱的衡山王吴芮。为了镇抚各地，填补权力真空，汉高祖又分封了一系列同姓诸侯王并且宣布一项原则：非功臣而侯，非刘姓为王，天下共击之。与此同时，为了安抚和满足统治集团内部对权力的渴求，汉高祖又大封功臣，与功臣剖符作誓。誓文曰："使黄河如带，泰山若厉，国以永存，爰及苗裔。"用红字刻画在铁券上，重缄封之，藏于宗庙。汉初的功臣不但做高官，食厚禄，而且享有封国食邑。汉高祖以此协调统治集团内部的关系，使功臣成为维护皇权、稳定封建统治的一个重要的支柱。

陆贾

史书称汉高祖刘邦勤于政务，规摹弘远，不仅指他善于处理新兴王朝面临的急务，更重要的在于，他十分重视并致力于制度建设。除了实行郡、国并行的地方行政体制，剖符定封外，刘邦还命萧何编次律令，韩信申军法，张苍定章程，叔孙通制礼仪。萧何所定律令正式废除秦朝苛法，又将三章法充实为九章律，虽其目的在于约束民众言行规范，但对限制功臣王侯的胡作非为也起了一定的作用。九章律不但成为汉律的根本，对后代法律的完备也有重要借鉴。韩信不仅用兵有方，是一位优秀的统帅，也是当时公认的军事理论家，《汉书·艺文志》载有《韩信三篇》。在他被贬为淮阴侯后，汉高祖仍不时与他讨论用兵之道，用他申明军法，自然是人尽其材，十分适宜的。张苍原本是秦朝的御史，精通律历，主著下方书，后

萧何

从刘邦反秦。汉朝建立后，公卿皆军吏，张苍迁为计相，领天下图书计籍，绪正律历，吹律调乐，入之音声，举凡百工程式，皆出其手。汉家言律历者本张苍，《汉书·艺文志》载有《张苍》十六篇。叔孙通是秦朝的博士，后随刘邦夺取天下。刘邦称帝后，废秦礼仪，功臣上朝时拔剑击柱，醉或妄呼。叔孙通于是采摭古礼与秦仪制定朝仪。诸侯王以下依照朝仪参拜皇帝莫不震恐肃敬，刘邦至此方知皇帝之尊贵。

史书常称“汉承秦制”。实际上，汉高祖刘邦在继承秦始皇创建的专制主义中央集权制度时多有兴革。历代《汉书》注家将“规摹弘远”理解为后世“立制垂范”，这是正确的。汉高祖所立制度范式，不但直接维系了汉朝四百年国运，对延续两千年的封建社会也有着深远的影响。历代王朝遵循的与其说是秦制，倒不如说是汉制。

曹参

汉高祖“性明达，好谋，能听”。故能集思广益，规摹弘远；而这一系列规摹能付诸实施，收到预期效果，又与刘邦在位时亲理万机，日不暇给有着密切关系。刘邦微时喜出大言，好酒及色，是十足的一副流氓相。楚汉战争中，他率五诸侯兵共五十六万进占项羽根据地彭城后，终日置酒高会，寻欢作乐，项羽乘机率师回救，汉军被杀得落花流水，刘邦仅以身免。然自高帝五年（前202年）五月称帝后，他很少在长安安享威福尊荣，终日征战劳苦，亲自率兵平定异姓王侯叛乱，抵御匈奴侵扰。高帝十一年，汉高祖率军征讨淮南王英布，为流矢所伤，途中病情加重，吕后问道：“陛下百岁后，相国萧何病死，谁能取代他的职务？”刘邦说曹参可以。吕后再问其次，刘邦又说王陵可以，然王陵少戆，陈平可以协助他，陈平心智有余，然难独当其任。周勃厚重少文，但安定刘氏天下的一定是他，可以任命他为太尉，让他统率军队。说完就与世长辞了。汉高祖为了他一手创

陈平

建的西汉王朝的稳定，可以说是呕心沥血，鞠躬尽瘁了。

心得

民间有语曰：三岁看小，七岁看老，但在刘邦这里却失去了作用。刘邦出身寒微，在秦末的大动乱中，崛起于草莽之间，广罗人才，战胜群雄，拨转乱世，还归于正道，终于完成了统一大业，建立一个巩固的大汉王朝，确实不愧为一位旷世英豪。虽然作为一个历史人物，难免受到历史的局限，有这样或那样的缺点，但纵观他的一生，仍然可以说，他不但是一位有作为的政治家，而且是一位杰出的军事家。他作为一个由农民起义的领袖转化成封建帝王，在中国历史上的贡献是不可磨灭的。

3. 渔猎之家也能做皇帝

“英雄不怕出身太单薄”这句歌词早已深入人心。其实在中国历史上，无论帝王将相，并不需要太多高贵的血统。只要经过自己的努力奋斗，昨天是平民布衣，明天也一样能堂皇入殿做皇帝登基。南朝刘裕就是一个典型，出身渔家，却做了南北朝在位时间最长的皇帝。

宋武帝刘裕

晋安帝元兴元年（公元402年）二月，桓玄率领荆州军进入建康总揽了东晋的军政大权，接着排除异己，任命亲信，遥控朝政。

元兴二年（公元403年）十一月，桓玄逼晋安帝退位，自己登位做皇帝，改国号为楚。虽然是改朝换代了，但社会仍是动荡，当时继孙恩之后，卢循、徐道复的反抗斗争仍在继续；作为东晋经济支柱的三吴地区，在天灾人祸的交织下，生产凋敝，人口减半。如会稽减十之三四，临海、永嘉二郡老百姓几乎都死散光了，桓玄登帝位后，又“骄奢荒侈”、“土木并兴”，社会矛盾更加尖锐，“百姓疲苦，朝野劳瘁，怨怒思乱者十室八九焉”。时为北府兵将领的刘裕就是在这样的形势下起兵反抗桓玄的。

刘裕字德舆，小字寄奴，彭城县绥舆里人（今江苏徐州市），自称是汉高祖弟楚元王刘交之后。曾祖父混，西晋末渡江南迁，侨居晋陵郡丹徒县京口里（今江苏镇江市），官至武原令（晋陵郡的侨寓县）。父翘，为晋陵郡功曹（郡守的佐官），属于低级士族。到刘裕这一代，家境沦落，靠耕种渔猎为生，成为属于地主阶级而被称作“寒门庶族”的一个阶层。

东晋末，刘裕参加了北府兵，起初在冠军将军孙无终部下当司马，是一个低级军官。安帝隆安三年（399年）十月，孙恩在会稽发动起义，东晋政府派卫将军谢琰、前将军刘牢之率北府兵前往镇压，刘牢之请刘裕来部下参佐军事。当时刘牢之部下的其他军官，在镇压孙恩起义的过程中，抢掠财物，军纪败坏，只有刘裕约束部下，纪律比较严明，战斗力较强。这样，刘裕便逐渐为统治阶级所赏识，开始在政治上崭露头角。桓玄起兵时，刘裕正在刘牢之部下参佐军事，他对刘牢之不战而降于桓玄的做法持反对态度。桓玄夺刘牢之兵权和消灭北府兵高级将领时，因刘裕不够格，不在翦除之列，反而把他作为争取、培养对象。桓玄从兄桓脩以抚军将军出镇丹徒，以刘裕为中兵参军（接近镇将的军事参谋）。桓玄当时将要篡晋位做皇帝，桓脩兄、卫将军桓谦想了解北府兵将领对这一重大事件的看法，曾单独密问刘裕：“楚王（桓玄）勋高德重，四海归心，朝廷大臣们都认为应由楚王来当皇帝，你的意见以为如何？”刘裕十分恭敬地回答说：“楚王乃宣武（桓温谥宣武）之子，勋德盖世。晋室微弱，老百姓对他的信任早就没有了，乘机起来取代它，有什么不可以呢？”桓谦听后高兴地说：“你说可以，就真的可以了。”

403年12月，桓玄登上帝位，迁晋安帝于寻阳（今江西九江市）。刘裕故作“劝进”之举，进一步获得了桓玄对他的信任。

可是另一方面，刘裕却在暗中团结北府兵中下级军官，密谋推翻桓玄的统治。他们约定，刘裕、刘毅、何无忌、刘道规等同时于北府兵根据地京口、广陵举兵，诸葛长民谋据历阳（今安徽和县，为东晋豫州刺史治所）相呼应；

王元德、辛扈兴等聚众于建康以为内应。404年（元兴三年）2月28早晨，刘裕与同党何无忌、魏咏之、檀凭之等二十七人，纠集徒众百余人。何无忌穿着传达皇帝诏命的服装居前，百余名徒众紧紧跟随于后，京口城门一开，便一拥而入，齐声大呼，官吏、士兵皆惊骇，不知所措。他们迅即斩杀南徐、南兖二州刺史桓脩，正式打出了反对桓玄的旗帜。

同一天早晨，在北府兵另一根据地广陵，刘毅、刘道规、孟昶等也率壮士五六十人，趁城门伊开之际，出其不备，杀死征虏将军、青州刺史桓弘（桓脩弟）。然后，迅速带领人马渡过长江，与刘裕等汇合在一起，合力向建康进发。3月，刘裕军攻克江乘（今江苏句容县北），进至复舟山（在建康都城之北），桓玄派桓谦、卞范之率众两万抵抗。刘裕身先士卒，战士奋勇作战，无不以一当百。当时正刮东北风，刘裕令战士纵火，一时火焰冲天，鼓噪之声震于建康城内，桓谦等军顷刻土崩瓦解。于是桓玄只得放弃建康，挟带着被逼退位的晋安帝司马德宗，退往荆州根据地江陵。刘裕命何无忌、刘道规率兵追击。

桓玄退到江陵后，重振军旅，集中水军二万浮江东下，与刘毅等相遇于峥嵘洲（今湖北鄂城县）。双方经过激战，桓玄的水军主力被击溃，再次败退江陵，在入蜀的路上被益州刺史毛璩的部下所杀。但是，桓玄的残余势力，在荆、襄一带仍继续扰乱。过了一年左右，桓玄势力才完全消灭。被劫持的晋安帝回到建康，重又登上皇帝的宝座。

刘裕由于起兵成功，击灭了桓玄的势力，于405年（安帝义熙元年）便以侍中、车骑将军、都督中外诸军事、领南徐、南青二州刺史，镇京口，后又加领南兖州刺史，东晋的北府重兵，掌握在他一人手中。408年，刘裕又入扬州刺史、录尚书事，完全掌握在东晋王朝的军政实权。

刘裕出身于耕渔之家，年轻时曾在长江的芦苇荡里打过柴，捕过鱼，在丹徒从事过农业生产。参加北府兵后，开始只是个低级军官，在魏晋南北朝一个士庶分明的时代，从平民到皇帝，普通人望尘莫及，而他之所以能够扶摇直上，是与当时具体的历史条件分不开的。

东晋末年，在浙东地区爆发的孙恩、卢循起义，沉重打击了以王、谢为代表的士族地主，使他们在政治上衰落下去，东晋用以捍卫建康的北府兵军权，也在经历了统治阶级内部的倾轧斗争和农民起义打击之后，从王、谢士族地主手中，转到以刘裕为首的寒门庶族地主手里，这就为寒门庶族在地主的政治上取得地位提供了条件。出身于寒门庶族的刘裕，正是依靠这支北府兵，通过镇压孙恩、卢循起义攫取了资本；又依靠这支兵力，击灭了大世族桓玄的势力。这样，就使支撑东晋政局的王、谢、庾、桓四大世族在南方的统治基本结束。单从这一点说，刘裕作出的贡献也是值得肯定的。

刘裕在执政期间，还于413年（义熙九年）荡平割据益州的地方势力谯纵；412年（义熙八年），消灭北府兵内部同他争权的分裂势力刘毅和诸葛长民；415年（义熙十一年），击败东晋、荆州刺史司马休之、雍州刺史鲁宗之的反抗。409年（义熙五年）、416年（义熙十二年）刘裕又先后两次进行北伐，消灭了鲜卑慕容氏建立的南燕政权（今山东境内）和羌族贵族建立的后秦政权（今河南西部和陕西境内），收复了沦陷一百多年的北方大片失地和长安、洛阳等古都，扩大了当时东晋的疆域，有效地抵御了北方少数民族政权的南侵。在内政方面，刘裕又针对当时“晋政宽弛，纲纪不立，豪族陵纵，小民穷蹙”的状况，采取了一些抑制豪强，减轻剥削，发展生产的措施。如413年（义熙九年），晋安帝妻王皇后死（王羲之孙女），刘裕让晋安帝罢临沂（侨置于江苏句容县）、湖熟（今南京市江宁县）一带的皇后脂泽田四十顷，赐给贫苦的百姓耕种，同时下令“弛湖池之禁”，禁止豪族封固山泽，向百姓收税。对于“奴客纵横，固吝山泽”的“京口之蠹”刁氏，刘裕不仅诛灭了刁逵一家，而且“散其资蓄，令百姓称力而取之”。会稽四大士族中的大地主虞亮，因“藏匿亡千余人”，被刘裕杀死，会稽内史司马休之也被免官。413年（义熙九年），刘裕在桓温推行的庚戌土断的基础上，又实行了义熙土断，进一步裁并侨寓郡县，搜括豪强隐匿的侨寓户，增加国家直接控制的赋役对象。通过这些措施的实行，使积弊丛生、民不聊生的东晋社会呈现了转机。至此，刘裕已建立起很高威望。

刘裕的远见卓识和实干精神，无时无刻不要透露着他的王者之风。尤其是在一个民不聊生、海内动荡的时刻，像刘裕这样的人才，必能上得晋帝的信任重用，下得百姓的拥护爱戴。

416年（义熙十二年）12月，晋帝赐刘裕为相国，封徐州之彭城、兖州之高平等十郡为宋公国，备九锡之礼。419年（晋恭帝元熙元年）又进公爵为王，宋国封地由十郡增至二十郡。此时的刘裕，早已成为东晋的实际决策者。

这时，司马氏的东晋王朝，实际上早已名存实亡。复位的晋安帝，本身是个白痴，“自少及长，口不能言”，一切事情，均由旁人代劳。刘裕执掌东晋军政大权以后，他当然更成了傀儡。418年（义熙十四年）12月，刘裕又派人缢杀了晋安帝，由他的同母弟司马德文继位，是为恭帝。晋恭帝继位当然更是摆摆样子。420年（恭帝元熙二年）正月的一天，刘裕在宋国都城寿阳的宋王宫中举行宴会。在宴席上，他激动地对部下说：“桓玄起来篡夺晋位，是我首创大义，才重新兴复了晋室。经过南征北战，又平定四海。由于功业显著，我得到了九锡的隆礼，现在我年岁已高，我想奉还爵位，回到建康去。”他的部下没有领会刘裕讲的这番话的真意，只是盛赞他的功业。宴会散后，中书令傅亮（宋王刘裕的秘书长）出得宫门，才领悟到刘裕讲话的用意，马上返身叩宫门求见。傅亮开门见山地对刘裕说：“我得马上回建康去”，刘裕知道傅亮的意思，问他“要多少人？”傅亮说：“几千人就可以了。”傅亮一到建康，就毫无阻力地令晋恭帝写禅位诏书。晋恭帝欣然应命。

就在这年的6月，刘裕登上了皇帝的宝座，开创了我国历史上称之谓南朝的第一个朝代——刘宋王朝。

心得

在古代社会，要想做大官都讲究出身门第，而刘裕出身寒门，最终也把皇帝做，再次证明了“王侯将相，宁有种乎？”的道理。无论贫贱富贵，每个人从出生的那一刻起从人格上来说都是平等的。所以，不要轻视身边的任何一个人，哪怕他只是屈屈一个平民，指不定哪一天他就出人头地，飞黄腾达了，当然这离不开他个人的努力和奋斗。

机会每个人都有；只要不是天生的白痴，智慧每个人也有；只要四肢健全，力量每个人都有，为什么有些人一辈子都无法升职，身处低位；有些人却能扶摇直上升至高位。想想刘裕的故事，也许你会找到答案。

4. “蛮夷”之人称王成帝业

在中国几千年的历史上，大大小小的王朝不计其数，而由少数民族统一天下的，只有屈指可数的两个，即元朝和清朝。汉族自认为优于其他民族，把汉族之外的民族称为“蛮夷”，尤其是北方的少数民族。然而就是这样的“蛮夷”，却独居华夏几百年，直至中国封建社会的消失。让我们看一看清朝始祖努尔哈赤的奋斗历程吧！

清朝肇兴于东北。明代的东北乃女真人居住、活动的地方。当时，女真人分为建州、海西、“野人”三大部，每部又分为若干部，努尔哈赤（1559—1626）即属建州部。万历年间，东北女真地区陷入极大的混乱、动荡之中，“各部蜂起，皆称王争长，互相战杀，甚至骨肉相残，强凌弱，众暴寡”。这种状况给女真社会的发展和人民生活带来了很大的危害。史载，当时人人自危，“凡有出入者，必佩持弓箭，以避相侵害、抢掠之患”。统一女真各部成了人民群众的愿望，历史发展的趋势。努尔哈赤正是顺应这一时代潮流，登上了历史舞台。

清太祖努尔哈赤

万历十一年（公元1583年），二十五岁的努尔哈赤从明辽东总兵李成梁部下回到建州，从而开始了他长达四十三年的统一女真、创建帝业的戎马生涯。当时女真各部许多首领都有统一的愿望，但无论从政治和军事才能方面，努尔哈赤都远远超过其他各部首领。更为重要的是，努尔哈赤有历代创业者那种勤奋向上的拼搏精神，有一种坚韧不拔的毅力。正因为如此，才使他从最初起兵时一支兵少将寡的弱小势力，很快发展成为女真诸部中最强大的力量。

努尔哈赤首先致力于建州本部的统一。他在起兵的时候，就确定了“恩威并行，顺者以德服，逆者以兵临”的策略。同时，做好了以苦战血战打天下的充分准备。他率兵征战，从来是不畏艰辛，身先士卒。每至攻城，他或“束马而登”，或“单盾冒矢石而克”。万历十二年（公元1584年），在攻打董鄂部的翁科洛城时，努尔哈赤的头部、颈部中了两箭，血流不止，箭拔出后还带下了两块肉，他怕乱了军心，不许部下声张，坚持作战，直至晕倒。

伤一养好，他再次组织攻城，终于取胜。万历十三年（公元1585年），努尔哈赤率甲士二十五名、步兵五十名攻打界藩寨，后遭四百余人的追击，战于太兰岗之野。他单骑迎敌，杀死为首者，压住了阵脚，并率兵安全脱险。万历十四年（公元1586年），努尔哈赤挥师进取鄂勒珲城。战斗中，他受箭伤几十处，仍然奋勇不退，冲锋陷阵，终取其城。努尔哈赤就这样一仗一仗打下来，到万历十七年（公元1589年），以六年多的时间，相继征服了建州五部，形成了一个稳固的势力。至此，“环满洲而居者，皆为削平，国势日盛”。

统一建州之后，努尔哈赤又以顽强的毅力南征北伐，用了近三十年的时间，相继征服了海西及“野人”女真的绝大部分部落，使“诸部始合为一”，基本上结束了女真社会的长期分裂、割据、动乱的局面，从而推动了女真社会的发展和满族共同体的形成。

万历四十四年（公元1616年）正月，58岁的努尔哈赤认为“帝业已成”，遂称汗登位，建立“大金”（史称“后金”），改元天命，建都赫图阿拉城（故址即今辽宁新宾西老城），成为与明王朝分庭抗礼的地方割据政权。但是，努尔哈赤并未满足取得的业绩。两年后，他便以“七大恨”告天伐明，雄心勃勃地向明朝发动了进攻。

袁崇焕

天命三年（公元1618年），努尔哈赤亲率八旗劲旅攻打抚顺，迫明守将李永芳投降。继而又率兵入鸦鹘关，连克清河、一堵墙、碱场等城，造成了明廷的恐慌。次年，明朝派四路大军进攻赫图阿拉，企图一举歼灭后金，挽回辽东败局。一场大战爆发了。面对来势汹汹的明军，年过六旬的努尔哈赤亲自率兵迎战，并且采取了集中优势兵力，各个击破的正确作战方略，取得了著名的萨尔浒战役的重大胜利。此战，不仅保卫了满族的安全与发展，而且从根本上改变了辽东的形势。从此，明朝由进攻转为退却，后金由防御转为进攻。很快，努尔哈赤便兴兵取开原、铁岭。天命六年（公元1621年），又攻陷沈阳、辽阳，整个辽河以东尽为后金所据。遂即，努尔哈赤迁都辽阳，次年又迁都沈阳。

天命十一年（公元1626年）正月，努尔哈赤率兵十三万攻明，连下绵州、松山、大小凌河、杏山等城。进而围攻宁远。明宁远守将袁崇焕拒守不降，终于挫败后金军，使努尔哈赤怀恨退回沈阳。同年八月，努尔哈赤病故，终年68岁。

努尔哈赤自25岁起兵，征战四十余年，身经数百战，其间经历了众多磨难。他曾无数次受挫，多次受伤，但是始终为了自己的宏图大业而一往直前，终于“战无不胜，攻无不克”。尽管最后兵败宁远，但毕竟已迫使明军退至宁远、锦州一线，为后来的清兵入主中原打下了坚固的基础。没有努尔哈赤的艰苦创业，就不会有清朝的定鼎中原。因此，清朝皇帝经常提醒后人不要忘记努尔哈赤创业之艰难。魏源曾点明了这一用意：“知王业之艰难，则不敢谓祖宗朝侥天之幸。”

心得

成吉思汗，努尔哈赤是中国乃至全世界的骄傲，他们的辉煌业绩标炳史册，光照千秋。英雄不论出身贵贱，也不论种族、肤色。努尔哈赤身经百战，壮志雄心，文韬武略，无一不备，为清王朝的建立立下汗马功劳。最终让满族的风仪礼制遍布大江南北——这也许是他没有想过的。生活中许多人，因这样那样的缺陷或者缺点，遭人歧视就不敢抬头，甚至懦弱退缩，自我毁灭，自己把自己推入不公平的境遇，而不知奋起反击，自我证明，实在可悲可叹。

5. 从农民到天王

鸦片战争以后，因清政府的黑暗统治和沉重的封建剥削，以及外国侵略势力所造成的灾难，致使广大人民群众的反抗斗争风起云涌。其中，以天地会领导的起义次数多、范围广、影响大。但由于天地会缺乏统一的组织，纪律涣散，这些反清起义均以失败告终。太平天国领袖洪秀全在走上反清的革命道路过程中，逐渐吸取了这一教训，把拜上帝会作为发动和吸收广大人民群众以进行反清起义的组织形式。经过洪秀全等人多年的艰苦努力，拜上帝会终于把分散的人民反抗斗争汇集成一股汹涌澎湃的起义洪流，掀起了声势浩大的太平天国运动。

洪秀全，原名火秀，又名仁伸，自幼家境贫寒，直接参加过生产劳动，对农民的痛苦生活有亲身感受，对清朝腐败的统治十分愤恨。道光二十三年（公元1843年），洪秀全偶然翻阅了一本基督教的传道书——《劝世良言》。书中宣称：只有上帝才是真神，其他人所崇拜的偶像都是妖魔；一切人都是上帝的子女，都是平等的。上帝差遣他的儿子耶稣下凡，替世人赎罪；人人要遵守十诫等等。这本书，启发了洪秀全利用宗教组织群众进行反清斗争的思想。当时在封建重压下的广大农民，迫切要求政治经济上的平等，但要组织他们起来去斗争，只靠直接的动员行不通，非得通过易于使他们接受的方式不可。宗教，便是一个既合法又能使农民接受的方式，它使洪秀全为组织反清斗争找到了一个工具。从此，洪秀全开始了拜上帝的活动。他对人宣称：他是天父上帝和天兄耶稣派到凡间斩妖除魔，恢复人们对真神上帝平等信仰的代表，“劝世人敬拜上帝，对人修善，云若世人肯拜上帝者，无灾无难，不拜上帝者，蛇虎伤人，敬上帝者不得拜别神，拜别神者有罪”。

最早参与洪秀全拜上帝活动的是他的族弟洪仁玕和同学冯云山。为了表示自己独尊上帝信念，洪秀全毁弃了塾中的孔子牌位，结果引起封建势力的强烈反对，被迫于道光二十四年三月与冯云山一起离开家乡，外出传教，辗转到了广西贵县赐谷村。因宣传成效不大，冯云山离开赐谷村，转入桂平紫荆山区。洪秀全回到花县，一面教书，一面潜心研究教义，为广泛发动群众进行理论宣传文件的创作。

道光二十五年至二十八年（1845—1848）年间，洪秀全写出了《原道救世歌》、《原道醒世训》、《原道觉世训》等几篇“发挥宗教真理”的著作。他把中国古代的大同理想与中国农民斗争所追求的平等世界的革命传统融汇其中，在《原道救世歌》里，提出了上帝面前人人平等的思想，“天父上帝人人共”，“普天之下皆兄弟，……上帝视之皆赤子。”从而否定了封建等级制度。在《原道醒世训》中又提出：“天下多男子，尽是兄弟之辈，天下多女子，尽是姊妹之群，何得存此疆彼界之私，何可起尔吞我并之念。”体现了经济上平等的要求。在《原道觉世训》中，他又生动形象地把现实社会的阶级对立转化为“正”的皇上帝与“邪”的阎罗妖的对立，皇上帝代表光明真理，阎罗妖是黑暗罪恶的清朝统治阶级，是“老蛇妖鬼也”，“天下凡间我们兄弟姊妹所当共击灭之唯恐不速者也”。洪秀全的文章道出了人民群众的心声，鼓舞了人民群众的斗争信心，对拜上帝会的发展壮大起了重要作用。

1847年7月，洪秀全到紫荆山区。此时，冯云山在紫荆山区的传教活动已收到很大成效，发展了信徒2000多人，其中大多是兼烧炭的农民。洪秀全与冯云山正式建立了“拜上帝会”的领导机构，他被会众推为教主。根据形势的发展，为将拜上帝会变成一个纪律严明的战斗组织，

天王洪秀全

洪秀全制定了《十款天条》，规定会众必须遵守。为了扩大拜上帝会的影响，九月，洪秀全、冯云山率会众到象州捣毁了甘王庙，再次向封建的神权公开挑战。此事发生后，洪秀全名誉大起，信徒之数加增更速。拜上帝会的势力迅速扩大到数县。他们的活动引起了当地地主阶级的嫉恨，道光二十七年十二月（1848年1月），地主团练头目王作新勾结官府逮捕了冯云山。

冯云山被捕后，洪秀全赶回广东设法营救。拜上帝会一时无人主持，陷于群龙无首的境地。杨秀清、肖朝贵相继出面，假托天父、天兄下凡，并以代言人的身份传言会众，才安定了人心。当洪秀全回到紫荆山后，从准备起义的大局出发，承认了杨、肖代天父天兄传言的权力，并根据教义的平等思想，与冯云山、杨秀清、肖朝贵、韦昌辉、石达开结为异姓兄弟，形成了拜上帝会的领导核心，开始积极地策划起义。

道光二十九年（公元1850年）前后，广西大闹饥荒。清政府向烧炭的农民大肆勒索，搞得民不聊生，激起了农民的强烈反抗。洪秀全认为起义的时机已到，道光二十九年六月（1850年7月），洪秀全向会众发出命令，要求各地会众在十月初集中到桂平县金田村“团营”。会众接到命令后，变卖家产，举家老小齐向金田聚集。十月，陆续到达金田村的会众约有两万人。道光三十年十二月初十日（1851年1月11日），拜上帝会在金田村宣告起义，建号太平天国。金田起义后，广大的会众即太平军战士在洪秀全所描绘的理想社会的鼓舞下，信赖上帝的保佑，相信“吃天父饭，活则享天福，死了就上天堂”，不怕牺牲，奋勇杀敌，终于在咸丰三年二月（1853年3月）定都天京（今南京），取得了辉煌的胜利。

心得

洪秀全乃一介草民书生，在没落的封建王朝无法找到自己的位置。社会的黑暗，人民的疾苦再加上基督教人人平等的信念，使他终于揭竿而起，改变自己的事业。民间不仅是文化艺术的沃土，也是产生英雄的良田，身居高位的统治者自视甚高，不把山野粗民放在眼中，一味的欺压凌辱，起义和反抗皆因此出。“时势造英雄”，英雄是不讲出身和门第的。在历史的长河中，只要你看准时机，顺应历史发展的潮流，打破旧的有违民意的锁链，以新的制度迎合民心，那你就是人民心目中的英雄。

第三章

权谋争夺——本是同根生，相煎何太急?

为了权力和那万人之上的宝座，宫廷与宫廷之外的权谋争夺从来就没有在中国古代历史中停止过。

曹植的“本是同根生，相煎何太急？”道出了权力争夺的残酷无情。为了得到皇位皇权，许多人连同胞兄弟甚至父母都不放过。一句话：为了权，没有什么做不出来的。这就是古代残忍的政治斗争。

1. 小白诈死先入为主

春秋五霸之一的齐桓公，在春秋历史上声名显赫，敢与列强逞雄，同样，在宫廷内部争夺王位时，他也与兄弟争雄，用残忍的手段把哥哥逼死，可以看出，封建权力场上是没有兄弟。

齐桓公

春秋初年，齐襄公姜诸儿即位时，有两个已经成人的儿子。长子姜纠，是鲁女所生，由管仲和召忽做他的傅（老师）；次子姜小白，即后来的齐桓公，是莒女所生，由鲍叔牙做他的傅。管仲与鲍叔牙的友谊至深，历来被传为美谈。二人分别做了姜纠和姜小白两位公子的傅后，管仲对鲍叔牙说，国君就这两个大一些的儿子，日后继承君位，不是纠就是小白。不管谁继位，咱们二人要互相举荐，共享富贵！鲍叔牙点头称是。

齐襄公与自己的亲妹妹、鲁桓公夫人文姜私通，派人害死了鲁桓公。此后，文姜无颜回鲁，便住在齐鲁交界的齐地禚镇。鲁庄公无可奈何，便在齐鲁交界的鲁地祝丘为她建造宫殿居住。一次，齐襄公外出狩猎，想借机把文姜由祝丘拉到禚地相会，鲍叔牙便建议公子小白说，国君的淫逸出了名，国人都耻笑他。现在加以制止，还可以掩饰过去，使人们逐渐淡忘。如果再越礼来往，就会像水决了堤一样，必然酿成大祸。公子一定要劝阻他啊！小白进宫谏父亲说，鲁侯之死，人们议论纷纷。男女之间的嫌疑不能不避。请父亲再思！齐襄公一听气得踢了他一脚，训斥他多嘴多舌。小白进谏失败。叔牙说：“有奇淫者，必有奇祸。”于是，陪小白一起出走莒国。

后来，襄公的叔弟姜无知与在葵丘戍边的将官连称、管至父串联搞政变，杀了襄公，无知即了君位。公子纠与管仲、召忽一起跑到鲁国的姑母家。时间不长，几个大夫发动突然袭击，把无知、连称、管至父杀掉了，一面遣人取出襄公尸体，重新殓葬，一面派人去鲁国迎接长公子纠回来继承君位。

鲁庄公认为此事对两国关系至关重要，便亲率兵车三百乘，用曹沫为大将，秦子、梁子为左右副将，护送姜纠入齐。管仲提议说，公子小白在莒，距离临淄城比我们近，如果他先赶去夺了权，君臣名分已定，便不好办了。请给我良马三十乘，赶到前头去拦住他！庄公答应了他。

果然，公子小白在莒国听说父死无君，便向莒君借了一百辆兵车，赶回齐国，路上被管仲的车队拦住。管仲上前施礼道："公子纠是长子，按礼应该由他主丧，公子你不必辛苦这一趟了吧！"这时，鲍叔牙喊道："管仲，你退下去吧！咱们是各为其主，不必多啰唆了！"管仲环顾了一下莒兵，个个横眉立目，摆着拼命的架势，便答应让兵车后退。不料，他退出几十步，蓦地转身弯弓搭箭向小白射来，眼看着躲避不及，小白大叫一声，口吐鲜血，倒在车上。管仲趁对方慌乱一片，赶紧率领他的兵车快马加鞭回去"报捷"了。

管仲

其实，小白没死也没伤，管仲只射中了他的带钩。他知道管仲箭法不错，怕他赶尽杀绝，便急中生智，咬破舌头，喷血诈倒，一时竟连鲍叔牙也被骗过了。管仲走远后，小白一挺而起，众人转悲为喜。于是，让小白化了装，坐在车里，抄小道赶到临淄城外。

鲍叔牙自己先进城拜访了几个有威望的老臣，说起继位之事，大家很为难。鲍叔牙说："齐国连弑二君，不是贤能的人，不能控制局势。在这一点上，小白比纠强。况且，迎的是纠，而小白先到了，这也是天意啊！再说鲁国君纳了纠，图报的胃口不会小，齐国多难之后，能满足他们的欲望吗？如果不能，跟着来的就是战争！"有人问："不纳纠，怎么辞退鲁国呢？"鲍叔牙说："通知他们，我们已经有了新君，他们不就作罢了？"这个意见得到群臣赞同，便以仪仗迎请小白入城即位。

大夫仲孙湫奉命去通知鲁庄公。庄公闻报大怒，来不及埋怨管仲的马虎，冲齐使仲孙湫说："自古立子以长，再说你们也不能出尔反尔！"于是，齐鲁国两国军队为"送君"和"拒送"，一场战争势不能免。结果鲁军大败。

齐桓公小白早朝时，百官称贺。鲍叔牙奏道："纠在鲁国，还是个心腹大患。请让臣率兵压境，迫使鲁国除掉他！"桓公准奏。于是，鲍叔牙大军驻扎在汶水北岸原来鲁国的土地上，致信鲁庄公，大意是齐已立君，公子纠再夺就"不义"了，齐君不忍心诛戮亲兄，"愿假手于丘国"。

出于政治上的需要，鲁国最后决定满足鲍叔牙的要求，杀了公子纠，以结好齐国，为齐桓公消除了心腹之患。鲍叔牙果然不负前言，向齐桓公极力举荐管仲。

从此，齐桓公小白在管仲的辅佐下，励精图治，成就了春秋五霸第一霸的赫赫业绩。

心得

为了成就一番事业，为了赢得权力和地位，除了一天时地利，除了贵人相助，最重要的是你要拥有超人的智慧。无论历史的车轮滚动到哪一个年代，在权力的争夺之战中，以智取胜是永远不变的真理。

天算不如人算，聪明的管仲还是被狡猾的小白骗倒了，这一主一仆的"绝配"，简直是史无前例。天下向来是智者的天下，尤其是势均力敌，伯仲不分时，智者就是胜者。

2. 饿死的皇帝

赵武灵王赵雍是以"胡服骑射"而闻名于世的赵国君主。他在位期间，图强革新，实行胡服骑射，使赵国由弱变强，成为仅次于秦国的第二大军事强国。他逝世后的几十年间，唯有赵国曾两次大败秦军。因此，他是一个很有作为的政治家和军事家。

然而，正当赵武灵王年富力强、大有作为的时候，却因感情用事一时脑热，犯了严重的不可挽回的错误。

周赧王十七年（前298年），赵武灵王心血来潮，将王位传给太子赵何，自号为“主父”。当时赵武灵王不过四十五岁上下，而太子赵何却年龄很小，这样的传位之事，在中国历史上是极为罕见的。赵武灵王这样做的目的，是让太子锻炼才干，培养能力，但是否非如此做不可呢？就当时历史来看，根本没有这个必要。

赵武灵王

在此之前，赵武灵王就因感情用事，犯了一个严重的错误。原来赵何不是长子，长子赵章本为太子。赵武灵王废长立幼，并不是因为赵何有什么才干，而是因为宠爱赵何的生母吴娃的缘故。吴娃死后，他对赵何的宠爱大不如前，又怜爱起故太子赵章来。结果埋下了动乱的祸根。

赵章人品并不好，“强壮而志骄，党众而欲大”，又生活奢侈腐化，废掉他的太子地位是无可厚非的。但在废掉他之后，就不该继续重用，灵王却想分割赵国而让赵章在代地称王，实行一国二王。赵武灵王在灭掉中山国之后，封赵章为安阳君，让他主持代地的军政事务，任命田不礼做他的卿相。田不礼为人“忍杀而骄”，不是个善良之辈。他辅佐赵章，更加速了祸乱的发生。

公元前295年，赵武灵王与惠文王一道游览沙丘异宫（在今河北涿鹿县东南）。赵章与田不礼见时机来到，就发动他们的部众作乱，杀了赵武灵王的谋臣、惠文王的卿相肥义。公子赵成与大臣李兑从都城赶来，发动四邑的军队平乱，将赵章击败。而赵武灵王又担心赵章被杀，竟打开宫门放他进来，庇护起这个有叛国之罪的儿子来。赵成、李兑追击赵章，就势包围了沙丘异宫。赵章死后，赵成、李兑担心赵武灵王会治他们死罪，就继续围困异宫。赵武灵王出又出不来，吃又无食可吃，竟上树掏麻雀充饥，三个月后，终于饿死在沙丘宫内。赵武灵王的悲剧完全由他自己一手造成，如此结局，纯属咎由自取。

心得

赵武灵王在王位继承这样的重大问题上感情用事，犯下了不可原谅的错误，具体来讲有以下几方面的错误：

①不应该因宠爱某个妃子就废长立幼。

②废则废矣，应一废到底，废而重用，自设陷阱。

③轻易传位，让一国之君的重任变为儿戏。

④关键时刻还存妇人之仁，优柔寡断。

上述错误似乎不该发生在这个曾大胆变革图新的帝王身上，但事实如此，只有成为后辈的警钟了。

3. 巫蛊事变

征和二年（公元前91年），西汉王朝爆发了一场“巫蛊事变”：汉武帝与卫太子兵刃相见，在长安城中激战五日，以死者数万人，卫太子、卫皇后自杀，大批官吏受株连而告终，这场剧变使得西汉王朝的政治、经济濒临崩溃的边缘，骤然由鼎盛转向衰败。

巫蛊是西汉时盛行的一种迷信，当时人们普遍相信，使用巫术诅咒或用木偶埋于地下可以害人。武帝祀神求仙，招鬼用巫，方士神巫多聚京师；女巫更出入宫中，教唆那些斗妍争宠、排挤倾轧的后宫妃嫔们制作木偶埋入地下，祠祭祝诅，以蛊害情敌，争夺皇帝的宠幸，这就是所谓以巫蛊行妇人媚道。因此，争宠后宫与巫术相结合，就构成了武帝时期宫闱斗争的新特色。在元光五年（前130年）和征和元年（前92年），曾经两次发生了因巫蛊而引起的宫廷及朝廷的大屠杀，史称“巫蛊之祸”，它们都是汉武帝的皇权专制统治与其声色犬马、祀神求仙的宫廷生活相结合的直接恶果。

然而，发生在征和二年的这场“巫蛊事变”却不同于一般意义上的宫闱斗争，它是一场由奸臣精心策划的政治清洗与政治迫害，是统治阶级内部的一场激烈的政

治斗争，是一场危及国家、殃及民众的祸乱，其罪魁祸首是担任直指绣衣使者的江充。

江充（？—前91年），西汉赵国邯郸（今属河北）人，原名齐，字次倩。他因告密而得到武帝的赏识，官拜直指绣衣使者，职在“督三辅盗贼，禁察逾侈”。太始三年（前94年）时，太子家使乘车马行驶于专供天子交通的驰道之中，正好遇上江充，江充依法拘押太子家使并没收车马。太子闻之，派人向江充求情说：“非爱车马，诚不欲令上闻讯，以教敕亡素者。唯江君宽之！”江充根本不听，很快就将此事报告给武帝。

这件事情的发生，看似偶然，实则不然，它是当时业已存在的帝党与太子党之间矛盾冲突的一个反映，是江充对太子的有意陷害。太子刘据为卫皇后所生，史称卫太子。刘据少时很得父亲的欢心，但长大之后，武帝嫌他“才能少，不类己”，爱心日少，而卫后也色衰失宠。刘据性格仁恕温谨，思想方法与统治策略均与武帝不同。武帝用法严峻，奖用酷吏，而卫太子则为政宽厚，多所平反。武帝好大喜功，屡兴大役，征伐四夷，卫太子每每加以谏阻。天长日久，朝廷中逐渐形成了帝党和太子党两个政治集团。太子“虽得百姓心，而用法大臣皆不悦”，“群臣宽厚长者皆附太子，而深酷用法者皆毁之。邪臣多党与故太子誉少而毁多”。由于奸邪之臣的不断挑拨和诋毁，武帝对太子的猜忌与不满日益加深，太子的地位愈发岌岌可危。就在太始三年，武帝宠幸的赵婕妤在怀孕十四个月之后生下少子弗陵，武帝六十四岁又得一子，本来就喜不自胜，而弗陵之降生，又与尧母怀胎十四月而生尧的传说相仿，因此武帝更加奇爱他，以为天命在弗陵，“乃命其所生门曰尧母门”。善于察言观色的奸邪之臣立刻从中窥探出了武帝废长立幼的意愿，于是便更加有恃无恐地加紧了谋求改换继嗣的活动，江充扣押太子家使及车马一事，就是在这种背景下发生的。从此以后，江充与太子公然结仇。他担心以后太子即位于己不利，处心积虑地寻机作虐，成为“用法深酷”大臣集团中迫害太子的急先锋。

征和元年底，江充受命究治丞相公孙贺祭诅天子一案，这使他抓到了一个除去卫太子的良好时机。公孙贺之妻是卫皇后的亲姊，是卫氏外戚集团的重要成员。江充穷治案犯，于征和二年初，杀公孙贺父子，其后，又接连诛杀了卫皇后所生阳石、诸邑两公主、卫青之子长平侯卫伉等人，后宫及大臣数百人遭株连而死。通过这场屠杀，江充事实上先为除去卫太子扫清了外围障碍。同年夏天，他又向因体弱多病、精神恍惚而苦恼不已的汉武帝进言，一口咬定武帝之病是“祟在巫蛊”，武帝不知他别有用心，便“以充为使者，治巫蛊狱”，一场大祸，由此发动。

卫青

江充对卫太子恨之入骨，必欲置之死地而后快。他这次领旨究治巫蛊，最终目的是迫害卫太子。为了确保成功，他采取了自下而上的策略，先从民间开刀。他率领胡巫在三辅地区“掘地求偶人，捕蛊及夜祠、视鬼”，大肆收捕，然后用严刑拷打的手段，逼迫百姓“转相诬以巫蛊，吏辄劾以大逆不道，坐而死者前后数万人”，一时间，巫蛊成为众人注目的中心。江充如此大张声势，就是想要促使武帝更加坚信巫蛊之害，同时也为迫害卫太子制造必要的舆论和气氛。果然，武帝看到江充捕杀了如此之多的巫蛊者，愈发怀疑“左右皆为蛊祝诅”，加害自己，江充发现时机已经成熟，便上言长安城“宫中有益气，不除之，上终不差”。武帝于是命江充“入宫，至省中，坏御座，掘地求蛊”，江充等人事先交代胡巫在宫中埋入木偶，制造巫蛊的痕迹，然后开始穷挖滥掘，从失宠的嫔妃、卫后的居宫，一直挖到太子宫，弄得“太子、皇后无复施床处”，江充四处扬言“于太子宫得木人尤多，又有帛书，所言不道”，准备奏报武帝兴大狱。当时武帝病居长安城外的甘泉宫，江充治巫蛊又封锁消息，皇后吏和太子吏多次去甘泉请安，但却一点消息都得不到。而对杀气腾腾的江充，卫太子集团惊惧不安，太子少傅石德建议太子“矫以节收捕充等系狱，穷治其奸诈”。卫太子起初不允，要亲自去甘泉宫面见武帝。但江充自以为太子必败，咄咄逼人，“持太子甚急”。卫太子愤而诛杀江充等人，然后报告卫皇后。“出武库兵，发长乐宫卫卒”，于是“长安扰乱，言太子反”，武帝闻变大怒，急命丞相率兵捕斩，卫太子见事情无法挽回，只得铤而走险，发兵抗拒，一场骨肉相残的悲剧就这样发生了。

心得

在封建时代，围绕着立储、夺储而进行的宫廷斗争屡见不鲜，但像“巫蛊事变”这样激烈、残酷，并引起京郊动荡民无宁日的还不多见。汉武帝一向被认为是具有雄才大略的英明之主，但毕竟年事已高在“巫蛊事变”发生前的一个时期，只听信江充之言，不察事实，铸成了这场父子交兵，自相残杀的惨祸。

4. 八王之乱

西晋是我国历史上的一个短命王朝，《晋书》的作者曾经分析过晋朝速亡的原因，其中说：“西晋之政乱朝危，虽由时主，然而煽其风，速其祸者，咎在八王”。应该承认，长达十六年的八王之乱确实是西晋灭亡的重要原因。

魏晋之际的帝位更替，往往是通过宫廷政变来实现的。晋武帝司马炎亲自看到曹魏禁锢诸王、帝室孤立，司马氏父子乘机夺权的事实，因此他认为：要防止此类事变的重演，就必须培植皇族在地方上的势力，由他们屏藩帝室，成为维护朝廷的可靠力量。于是他违反两汉以来虚封王侯的惯例，几乎恢复了周朝的分封制度。早在泰始元年（公元265年），晋武帝就封了皇族二十七人为王。其中有五个大国，六个次国，其余都是小国。规定：王国内的文武官员，国王可以自己选用；王国还拥有自己的军队，大国可以设置上、中、下三军，有兵五千。小国也可以置一军，有兵一千五百。同时逐步取消州郡武备，陆续用诸王统率的中央兵马镇守各处战略要地，借以取代异姓方镇；另外，有些诸侯王还兼领中央要职。因此《晋书》说他们“出拥旄节，范岳牧之荣；入践台阶，居端揆之重”。从而形成了一支能够左右西晋局势的政治力量。

晋武帝死后，晋惠帝司马衷继位。他虽然身为晋武帝长子，但却是一个白痴，十分愚蠢，除会享乐之外，几乎什么事情都不懂，只是由于妻家贾氏和母后杨氏的支持才被立皇帝。诸王和外戚都想乘机夺取皇权，这就难免要引起争夺。

晋武帝临死时遗诏汝南王司马亮和惠帝的外祖父杨骏共同辅政。但杨皇后和杨骏却假造诏书，排斥汝南王司马亮，由杨骏掌握了全部政权。诸王自然不满意杨骏独专朝政，惠帝的皇后贾南风也不甘心朝廷大权落入杨骏手中。贾南风是权臣贾充的女儿，本人又是一个有政治野心和阴险毒辣的女人，她一再插手西晋政治才直接导致了八王之乱。

所谓八王是指汝南王司马亮，楚王司马玮，赵王司马伦，齐王司马冏，河间王司马颙，成都王司马颖，长沙王司马乂以及东海王司马越。

永平元年（公元291年），即晋惠帝继位的第二年，贾南风首先拉拢楚王司马玮和汝南王司马亮杀死了杨骏和杨氏党徒几千人。司马亮因功被任命为太宰、录尚书事，与太保卫瓘共掌朝政。由于“楚王玮有勋而好立威，亮惮之，欲夺其兵权。”贾南风利用二王的矛盾，先以惠帝密诏命令楚王玮杀死了汝南王司马亮和太保卫瓘，然后又反咬一口，下诏说司马玮“矫制害二公父子，又欲诛灭朝臣，谋图不轨”，杀死了司马玮。从此以后，贾南风独揽朝廷大权，大树自己的党羽，专权达八九年之久。

元康六年（公元296年），赵王司马伦应诏入京。他先是被封为车骑将军、太子太傅。赵王伦身为司马氏宗室诸王，自然对贾南风专权不满，但他不敢公开打出反对贾南风的旗号，而是采取了“以其人之道还治其人之身”的手法：他首先主动与贾南风的亲信交往，并“谄事中宫，大为贾后所亲信”。逐步掌握了中内禁军和朝廷大权。后来他发现，太子司马遹由于不是贾南风所生，对贾后专权不满，贾南风于元康九年（公元299年）废掉了太子。赵王伦采纳了其谋士孙秀的建议，先挑动贾后杀死太子，然后又以替太子报仇为名杀死了贾南风及其党羽。永康二年（公元301年），赵王伦废掉惠帝，自立为皇帝。

为了收买人心，赵王伦采取大赦天下，乱封滥赏的政策：“贤良方正直言、秀才、孝廉、良将皆不试；计吏及四方使命之在京邑者，太学生年十六以上及在学二十年，皆署吏；郡县二千石令长赦日在职者，皆封侯；郡纲纪为孝廉，县纲纪为廉吏。”同时立其世子为太子，封其死党孙秀、张林等“皆登

卿将，并列大封”。其余同谋者咸超阶越次，不可胜计，至于奴卒厮役亦加以爵位。每朝会，貂蝉盈坐，时人为之谚曰：“貂不足，狗尾续”。这种做法自然会引起人们的不满，“君子耻服其章，百姓亦知其不终矣”。

时隔不久，齐王司马冏、成都王司马颖、河间王司马颙，起兵讨伐赵王伦。赵王伦众叛亲离，兵败被杀。惠帝复位，齐王司马冏被任命为大司马辅政。但司马冏不能得到诸王的一致拥护，而且“骄恣日甚，终无悛日”，“以树私党，僭立官属。幸妻嬖妾，名号比之中宫。沉湎酒色，不恤群黎”。“操弄王爵，贿赂公行”。“群奸聚党，擅断杀生。密署腹心，实为货谋”。

于是河间王司马颙又联合长沙王司马乂起兵讨伐司马冏。从此之后，齐王、成都王、河间王、长沙王以及东海王司马越，又为争夺中央统治权展开了一场又一场的战争。为了战胜自己的对手，他们不惜勾结乌桓、鲜卑、匈奴兵参战。于是由宫廷政变酿成了诸王的混战，诸王混战又发展成各族之间的大混战。太安三年（公元306年），西晋中央政权落入东海王司马越手中，他毒死了愚昧无知的晋惠帝，另立惠帝之弟司马炽为帝，是为晋怀帝。历时十六年的八王之乱至此结束。

心得

八王之乱集中表现了司马氏集团的残忍性和腐朽性。这场十六年的混战不仅直接导致西晋末年各族人民的大起义，导致了西晋的灭亡，而且导致了五胡十六国和南北朝的长期分裂。导致这八王之乱的根本则在于晋武帝的“分封”，权力分散，诸侯则拥权自重，朝廷难以管辖。晋惠帝的愚蠢无知，贾南风的阴险毒辣，无疑是这场混战的最初原因，但事实也正如《晋书》作者所说：“煽其风，速其祸者，咎在八王。”“详观曩册，逖听前古，乱臣贼子，昭鉴在焉。”内乱只能造成社会的灾难，削弱国家的实力，八王乱晋的历史教训，还是值得后人记取的。

5. 同胞相残又为何？

在封建皇权里，权力就是一切，拦我者死，阻道者亡，就是同胞兄弟，那又如何？一样给他来个杀人不眨眼。

南朝宋孝武帝刘骏是宋文帝刘义隆的第三子，刘义隆的第六子刘诞被孝武帝刘骏封为竟陵王。刘诞性情谦恭温和，深得属下和百姓拥戴。刘诞也颇有谋略，曾为孝武帝平定刘劭、刘义宣之乱，建立过殊勋。可孝武帝生性多疑，对刘诞颇多猜忌。刘诞建造府第，工极精巧，园池之美，冠于一时。刘诞又多方广结有才之士，府中收藏各种精甲利器，这使得孝武帝对他更加疑惧。孝建二年，孝武帝名义上加封刘诞为司空，实际上调任他为南徐州刺史，让他出镇京口。后又虑及京口仍离都城不远，在大明元年秋，孝武帝又命刘诞出任南兖州刺史。刘诞知道自己已被孝武帝猜疑，暗中也有所防备。他到广陵任职后，即借口防御魏国侵犯，修缮城池，积粮练兵。其用心日见显露，一时纷纷传言刘诞将谋反。

大明三年，吴郡人刘成、豫章人陈淡之都上书告发刘诞谋反。刘成告他私造皇帝用的车驾法物，陈淡之告他与左庄庆、傅元礼等人密谋反叛，常去巫师郑师怜家行巫术诅咒。

四月，孝武帝让有司弹劾刘诞。有司奏请孝武帝废去刘诞爵位封地，再将他收入监狱。孝武帝又犹豫不决。有司再次奏请，孝武帝一面下诏刘诞，给他降爵为侯的处罚，一面又派义兴太守垣阆为兖州刺史，配备御用禁兵，讨伐刘诞，还派给事中戴明宝随同征讨。垣阆以出镇名义，来到广陵，刘诞并未觉察他们的来意。

这夜，戴明宝去收买刘诞的典签蒋成作为内应，蒋成将此事与府舍人许宗之商议。许宗之佯作应允，暗中随即向刘诞告发。刘诞刚睡下，闻言从床上惊起，连夜召见录事参军商量对策，说：“我有什么对不起老天爷的大罪，竟遭到这样的对待。”刘诞派人杀了蒋成，聚兵自卫，同时派心腹率壮士出击，垣阆被当场杀死，戴明宝落荒逃回京城。

孝武帝闻报，派车骑大将军沈庆之讨伐刘诞。刘诞写下表文投到城外，申述自己没有做对不起国家的事；并力数孝武帝宫闱中淫乱丑闻。孝武帝见了表文，更是怒不可遏，当即派人收缉刘诞在京城的心腹及同籍亲属等，并都处死，死者千余人。孝武帝驱车到宣武堂，入居堂中，四周派兵严加禁卫。

刘诞见城外大军云集，欲弃城北走，行了十多里，随从都不愿离去，都请求刘诞返回城内，刘诞思之再三，仍回城固守。

孝武帝又派人送去金章二纽给沈庆之大军，一为用来悬赏擒获刘诞者，谁擒住刘诞就封谁为竟陵县开国侯，食邑一千户；另一为悬赏勇于争先讨伐刘诞者，谁能奋勇争先讨伐刘诞建功，即可封为建兴县开国公，食邑三百户。又命设立三座烽火台，举燃一烽为攻克外城，举燃二烽为攻克内城，举燃三烽为擒住刘诞。

七月二日，沈庆之发动进攻，攻克外城，乘胜又攻下内城。刘诞闻大军已入城，便由后园逃走，不慎落水，追兵赶来，将他拖出水来，杀了。又将他的头颅送回京城。孝武帝下令把城中所有的人无论老小全都杀掉，沈庆之执意谏奏，请求身高不满五尺的不杀，不少孩童才得幸免。刘诞同党全遭诛杀。城内女子都被充作军赏，男子被杀掉的，头颅都被割下来送回京城，让人观看，计有数千余人头。每每晨风夜雨之时，哭嚎之声不绝于耳。刘诞的母亲殷氏，妻子徐氏都自杀而亡。

心得

兄弟手足，爱起来不顾一切，恨起来却刀剑相加，血流成河，与仇人没什么区别。皇权面前，同根相煎的太多太多。孝武帝猜忌，而刘诞兵来将挡，水来土掩，只能加深孝武诛灭他的决心，受牵连者不计其数。

而在同胞相残的背后，看得出宫廷皇位重于同胞亲情，权力之欲胜过骨肉感情。

兄弟手足，血脉相连，而权力却可以将此生生割断，读来让人不寒而栗。虎毒尚不食子，而人怎可如此残忍？由此也可知道权力在人们心目中的地位是何等举足轻重！

6. 害弟杀兄弑父

在中国封建历史上，最能演戏的演员就是隋炀帝杨广，他在父皇在位时，毕恭毕敬。等父亲年老时，他色心重调戏父皇的妃子，当老子不行时，他凶相毕露，为了皇帝位，他害弟杀兄弑父。

隋炀帝杨广

隋文帝杨坚有五个儿子。他登帝位的那年，便立大儿子杨勇为太子。立二儿杨广为晋王，三儿子杨俊为秦王，四儿杨秀为越王（后改立为蜀王、益州刺史），五儿杨谅为汉王。隋文帝开皇二十年十月，废太子杨勇为庶民，十一月立二儿晋王杨广为太子，将杨勇交给杨广囚禁看管起来。

杨广就是隋炀帝（604—618）。相貌堂堂，一表人才。他从小便很敏慧，很受父母的钟爱，立为晋王那年，才13岁。他用阴谋被立为太子以后，也许是怕下面的三个弟弟用同样的手法对付自己，所以对三个弟弟十分不放心。而最使他担心的，便是老四蜀王杨秀。杨秀身材魁伟，有胆略，武艺高强，在朝臣中有威望。开皇元年封为越王，不久改封为蜀王、益州刺史，在益州任职，总管24州军事。太子杨勇被废后，杨秀愤愤不平。杨广探知后，便与杨素计谋，让杨素派人到益州暗中收集杨秀的差错。正好杨秀在益州奢侈靡费，车马被服违反朝廷规定，制作得如同天子一般。杨素得报，便添油加醋地向隋文帝报告。隋文帝最恨的是子孙奢侈不节俭，不久前老三杨俊便是因奢侈受责忧郁而死的。对杨秀的行为，他也不饶恕，便下一道圣旨召杨秀回到京城长安。这是隋文帝仁寿二年三、四月间的事。杨秀得到诏令后，迟迟才动身。

杨勇

这年八月间，独孤皇后病重身亡，太子杨广当着父亲隋文帝和宫妃百官的面哭得死去活来，悲痛欲绝，而背地里却谈笑风生，饮食如故。白天守灵堂时，每天只是叫人送点大米来，可暗中又叫人将鱼肉装在竹筒里，用蜡封口，再用布包好送来给他偷偷地吃。

独孤皇后安葬后，蜀王杨秀才来到京城，隋文帝愈加不高兴了。杨秀进见父皇时，隋文帝对他板着脸，不理他。第二天又派个使者去严厉地责备他。杨秀连忙陪着使者来到父亲面前谢罪，太子杨广和诸亲王都陪在庭院里流泪哭泣。隋文帝教训杨秀说：“前不久秦王杨俊靡费财物，我以父道训斥他，如今你杨秀残害百姓，我要以君道来惩处你。”说罢将杨秀交给杨素等几个大臣审讯。

太子杨广暗中令人制作一个木偶，用绳子将木偶的双手捆绑，用铁钉钉进木偶的心窝，上面写着文帝的第五个儿子汉王杨谅的名字，还写上“请西岳慈父圣母收去杨坚、杨谅的神魂”等字。令人将木偶暗暗地埋在华山山脚下。杨素派人将木偶挖出来后，去向隋文帝报告，说这定是杨秀干的。隋文帝大怒，立即下令将杨秀囚禁起来，撤掉一切官职，交给杨广看管。

隋文帝仁寿四年正月，64岁的隋文帝在仁寿宫卧病于床。两年前独孤皇后死后，隋文帝便宠爱宣华夫人陈氏和容华夫人蔡氏。隋文帝病倒时，两位夫人都在身旁服侍。杨素等大臣见文帝的病情日益严重，也都入宫侍候，并召太子杨广住进大宝殿。太子杨广见父亲病重，心中暗喜，他急着要登皇位，写了张纸条叫宫人交给杨素，向杨素问计。这宫人误将纸条送给隋文帝，隋文帝看到字条后勃然大怒，经陈、蔡二夫人百般慰解，才平息一些。

第二天一早，宣华夫人陈氏外出更衣，不一会忽然慌慌张张地跑进来，文帝见她神色紧张，头发散乱、衣冠不整，急问她出了什么事，宣华夫人流着泪说：“太子无礼。”原来她刚才出寝宫时被太子杨广拦住调戏，好容易才挣脱出来。

隋文帝一听怒气冲天，恨得把手指头都咬出血来，连声大叫：“这畜生怎么能托付给他大事，独孤（皇后）误我！”急令人叫兵部尚书柳述和黄门侍郎元岩进来，对他们说：“快叫太子进宫来。”柳、元二人以为是要杨广入内，文帝连连摇手说：“叫杨勇来。”杨勇早已被废为平民百姓，要进宫来必须有诏书才行。柳述和元岩赶忙出去草拟一份诏书，两人正写着，忽然一队东宫卫士闯进来，将他两人押解到大理寺监狱里关押起来。原来是杨广见宣华夫人逃脱时，神色不对，知道大祸临头，忙去找杨素商量，杨素探听到情况后，连忙叫宇文述伪造一份诏书，将柳述和元岩抓起来，并将东宫的卫士调进宫来，由宇文述等人指挥，宇文述令卫士封锁宫门、不许王公大臣入内。杨素又派他们的心腹右庶子张衡入仁寿殿看望隋文帝。张衡进入隋文帝寝房时，便将宣华夫人和容华夫人支使出去。一会儿，只听到隋文帝惨叫几声，便断了气。据赵毅的《大业略记》一书记载，张衡是用毒药将隋文帝毒死的。又据马总的《通历》一书所载“张衡入拉帝，血溅屏风，冤痛之声闻于外，崩。”这便是说他将隋文帝活活打死。总之，隋文帝是被太子杨广和宰相杨素合谋通过张衡之手杀死的。这一点已是诸家记载比较一致的说法。

隋文帝死后，杨广秘不发丧，以隋文帝的名义造了一道诏令派车骑将军屈突通送给汉王杨谅（此时杨谅任并州总管之职），令杨谅迅速回京。杨谅发现诏书不对，不肯出发。原来隋文帝曾和杨谅约定，凡是他亲自发出召他回京的诏书，便在“敕”字旁边加上一点，作为标记。杨谅见屈突通送来的诏书没有这个标记，便怀疑有假。同时，他往日对大哥杨勇被废、三哥杨秀被囚已经很不满，现又发现诏书作假，便起兵以声讨杨素为名，反对杨广，但最后兵败被擒，终生被监禁。

与此同时，杨广又以隋文帝的名义发了一道诏书给故太子杨勇，赐杨勇死，并令人立即将杨勇缢杀。于是，杨广在害弟杀兄弑父之后，登上帝位，是为隋炀帝。

心得

天作孽，尤可活，人作孽，不可活。杨广为人，生性残暴。服孝期间行为不检，诬陷同胞兄弟，调戏父妾，甚至不惜千古骂名，举刀弑父，其凶狠之性，泛滥无拘。为政期间肆意驱使百姓淫逸作乐，天下人所不耻，最终人神共愤，未得善终人称“炀帝”。

民间都说：“善有善报，恶有恶报”。历史上许多为非作歹者也都证明了这句话的可靠性，比如奸臣秦桧，比如这个无恶不作的隋炀帝。历史的发展虽然曲折，但绝对公平，那些恶名昭著的人最终都会受到应有的惩罚。尤其是为了权力不惜害弟杀兄长失道德良心的人物，更不会有什么好下场。

7. 诛尽“太平”方太平

在唐代历史上，自武则天退位至玄宗改年号“开元”的短短七八年间，宫廷政变迭起，皇帝更换频繁，弑杀、祸乱交错，政局、人心动荡。李隆基以皇室庶子身份卷入斗争漩涡的中心，经历了八年多的艰苦奋斗，进位至太子监国，最终登基，为唐玄宗，开创出“开元之治”的局面。

玄宗艰苦创业不同于其他帝王之处，是他始终置身于宫廷，为铲除“外戚及诸公主干预朝政”之弊，通过一次又一次的权力争夺来实现的。

武则天

中宗复位后，皇后韦氏“颇干朝政”，使得安乐公主、武三思等权倾天下。神龙三年（公元707年），太子李重俊政变未遂被杀，李隆基生父相王李旦受株连，李隆基亦出为潞川别驾。从此，李隆基便开始了他的政治生涯。

两年后，李隆基回到长安，他面对的仍是权倾天下的韦氏集团。在这种情势下，李隆基所能够做的，一是厚结禁军，“数引万骑帅长及豪俊，得其欢心”，二是广交有识之士，暗结私党。景龙四年（公元710年）夏，韦后与安乐公主毒死中宗，“秘不发丧，皇后亲总庶政”。同时，制造“韦氏宜革唐命”的舆论，并在禁军中安插亲党，控制兵权。此时的李隆基不敢公开与韦氏集团抗衡，只得以继承“唐命”为号召，进一步拉拢禁军万骑中的中下级将士。他还利用了韦后与太平公主之间的矛盾，争取到姑母太平公主的支持。经过十九天的周密准备，一举取得宫禁战的胜利，斩杀了韦后、安乐公主及其党羽。这次政变，李隆基是打着为国为父的旗号，利用其父相王曾经当过皇帝的声望和影响进行活动的。政变成功，相王即位，是为睿宗。

睿宗称帝后，李隆基立即遇到能否被立为太子的难题。他虽然有“计平韦氏之功”，但不是长子，而且嫡兄李成器早在六岁时就曾被立过太子。经多方协商，为避免“喋血宫门”的事变重演，睿宗以“推功业为首，然后可保安社稷”为由，使嫡长子李成器相让，立李隆基为太子。李隆基一举诛灭韦氏集团，被立为太子，在“拨乱反正”的路途上迈出了重要的一步。

太平公主

然而，时隔四个月，“太子非长，不当立”的流言四起。制造这一舆论的不是长兄李成器，却是姑母太平公主。李隆基面对的，是更为严峻的形势。

太平公主是睿宗唯一的亲妹妹，“诛二张、灭韦氏，咸赖其为”，有着特殊的地位和功劳。加之她“沉断有谋”，议政处事胜过其兄，睿宗便“常与之图议大政”。若其“不谒朝，则宰相就第咨之”。史称“公主所欲，上无不听，自宰相以下，进退系其一言”。但是，依附太平公主的，多是“外饰忠鲠，内藏谄媚”之徒，“谄于事上，傲于接下，猛若饥虎，贪若饿狼”。而太子李隆基及其支持者则“协心革中宗弊政，进忠良，退不肖，赏罚尽公，请托不行”。太子与“太平”两大势力间的争斗，不可避免地加剧起来。“太平”一方，“睹太子明察，恐不利己，仍阴谋废黜”。首先挑动李成器说：“废太子，以尔代之。”接着又邀宰相，“讽以易置东宫”。同时，在太子身边安插耳目。史书这样记道：“公主每觇伺太子所为，纤介必闻于上，太子左右，亦往往为公主耳目，太子深不自安。”太子一方，则以东宫“有大功于天下”揭露废黜阴谋，同时策动太子监国，以为“太子监国，则君臣分定，自然觊觎路绝，灾难不生”。睿宗以为这样可以熄灭两大集团的争斗，便下制令太子监国，代行国务。太子一方，初步挫败“太平”一方的废黜阴谋。

从监国到登基，李隆基经历了更为艰难的一年半的时光。

“太平”一方废黜太子的密谋未得逞，便以“离间骨肉”的罪名迫使睿宗贬谪太子的心腹姚元之、宋璟。实际上，这只是睿宗在太子与“太平”两派势力之间进行平衡的结果。短暂的平衡背后，埋伏着更加激烈的争斗。“太平”一方，加紧结党，把一批私党举荐为宰相，而把支持太子的宰相撤换下来，造成“宰相有七，四出其门”的局面。进而，广树朋党，以致“文武之臣，大半附之”。尤其注意收买北门禁军，“常元楷、李慈掌禁兵，常私谒公主。”

面对亲妹妹与亲儿子的势不两立，睿宗已束手无策，终于萌发了不愿当皇帝的念头，欲传位皇太子。“太平”集团极力反对，来势之猛，致使太子不得不表示“让位”于长兄李成器。史称：“太平思立孱弱，以窃威权，太子忧危。”

睿宗既偏袒妹妹的利益，又要维护儿子的地位。鉴于当年安乐公主骄纵擅权危害中宗的教训，延和元年（公元712年）七月，睿宗下制传位于太子，李隆基即帝位，是为玄宗。“太平”阻止不了传位，便又另出新计，劝睿宗“虽传位，犹宜自总大政”，企图架空新皇帝。于是，再度出现妥协：“三品以上除授及大行政决于上皇，余皆决于皇帝。”这一妥协不仅没有起到平衡两大势力的作用，反倒成为政局进一步动荡的催化剂。“太平”一方，“依上皇之势，擅权用事”，一面“谋废立”，欲废掉新君，一面“与宫人元氏谋于赤箭粉中置毒进于上”，企图毒死玄宗。此计不成，便寄望于羽林兵作乱，妄图发动宫廷政变。

箭在弦上，不得不发。面对越来越急迫的形势，玄宗及其支持者也在密谋策划。当确切知道“太平”一党定于先天二年（公元713年）七月四日作乱的布置后，玄宗采纳了崔日用“先定北军，次收逆党”的防变制乱的建议。七月三日，玄宗率亲信十余人、卫兵300余人，召禁军将领常元楷、李慈至，立即斩首，没有引起禁军骚乱。接着，在朝堂、内客省捉拿并斩杀了依附“太平”的宰相萧至忠、岑羲及大臣。第二天，上皇睿宗诏诰天下：“自今军国政刑一事已上，并取皇帝处分。”“太平”势穷，逃入山寺，数日后回来，赐死于家。“穷治公主枝党”，一直延续到年底，“太平”的残余被彻底铲除。十二月，改年号为“开元”。这样，唐朝的历史才由动荡转而进入安定的“开元之治”的新时期。

心得

自武则天成为女皇之后，唐朝的妇女地位愈加提高，因此，李唐王朝的公主不乏机智权谋，野心勃勃者。围绕皇位继承问题，引出接二连三的宫廷政变，导致国无良策，上乱下不能安宁，没有稳定的局面，就不可能有稳定的发展。

李隆基经历了八年多的艰苦奋斗，进位至太子监国，最终登基，方得以开创了“开元之治”的盛局。这一路走来，其间的艰辛、苦难有几人知？由此我们也可知一旦介入权力之争，你所需要付出的代价将远远超出你的想象。

8. 忽必烈纳远略夺位

元宪宗九年（公元1259年）七月，元宪宗蒙哥进攻南宋合州（今四川合川）时，在钓鱼山病死军中。消息传出后，蒙哥的两个弟弟，忽必烈与阿里不哥为争夺汗位展开了激烈斗争。而其激烈程度，一点也不亚于战争场上你死我活的刀枪相见。

当时阿里不哥驻守在蒙古人的根据地和林，占据了有利的地理位置，听到蒙哥去世的消息后，便立即采取夺取汗位的措施，一方面发布敕令，任命官员，号令诸道；一方面调动军队占据战略要地，以便造成有利局面。忽必烈当时正率兵包围鄂州（今湖北武昌），蒙哥死讯传来，他立即召集诸将、谋臣商议对策。他属下重要谋士、泽州（今山西晋城县）人郝经提出了著名的北上议。

他开篇便提出：“知进退存亡而不失其正者，其唯圣人乎！”那么如何成为圣人呢？他首先建议忽必烈退兵与宋构和，因为进兵南下在当时对蒙古政权不利，既无财力，又无取南宋的兵力。他说：

元世祖忽必烈

“国家自平金以来，惟务进取，不遵养时晦，劳师费财，卒无成功，三十年矣。蒙哥汗立，政当安静以图宁谧，忽无故大举，进而不退，界王东师，则不当亦进也而遽进。”这是蒙古政权第一次不知进退。

“至于汝南，既闻凶讣，即当遣使遍造诸帅各以退，修好于宋，规定大事，不当复进也遽进。”这是第二次不知进退。

“以有师期，会于江滨，遣使喻宋，息兵安民，振旅而归，不当复进也而又进。”此为第三次不知进退。

他接着又说：“若以机不可失，敌不可纵，亦既渡江，不能中止，便当乘虚取鄂，分兵四出，直造临安，疾雷不及掩耳，则宋亦可图。”此为当进而不进。

那么“师不当进而进，江不当渡而渡，城不当攻而攻，当速退而不退，当速进而不进，役成迁延，盘桓渚，情见势屈，举天下兵而不能拔一城，则我竭彼盈，又何俟乎？”因此他认为，最好与宋修好，尽快退兵，况且“区区一城，胜之不武，不胜则大损威望。”

而今退兵还不仅是个军事部署问题，而是关系到蒙古政权及忽必烈政治前途的关键时刻。因为“第吾国内空虚，塔察尔国王与李行省肱髀相依，在于背肋；西域诸胡窥觇关陇，隔绝旭烈大王；病民诸奸各持两端，观望所立，莫不觊觎神器，染指垂涎”。一旦有人首先举事，在各地兴风作浪，忽必烈便会前对宋军，后有叛将，腹背受敌，有天大的本领也很难施展，迫在眉睫的是：“阿里不哥已行赦令，令脱里赤为断事官、行尚书省，按图籍，号令诸道，行皇帝事矣。”尽管忽必烈非常得人心，手握重兵，但当初金海陵王完颜亮南下攻宋，亲领倾国之兵，却仍被金世宗完颜雍夺去了王位，完颜亮也被部下所杀，这是很近的历史教训，如果阿里不哥行事果断，“称受遗诏，便正位号，下诏中原，行赦江上”。忽必烈虽然手握重兵，但已名不正、言不顺，不听从阿里不哥号令便有谋反之罪，那时，再想退兵北归就不可能了。

因此，“只有许和而归耳，断然班师，亟定大计，销祸于未然”。但如何才能做到这一点呢?

郝经提出以下几项建议：

其一，先派精兵截断长江江面，与宋军议和，并且答应割让淮南、汉上、梓、夔等地给宋，划定疆界，确定宋朝输纳岁币的数量。

其二，先放弃辎重，轻骑北归，渡过黄河，直抵燕京，那时各地阴谋篡权的人只好打消邪恶的念头。

其三，派遣一支军队迎接蒙哥汗的灵柩，收取皇帝印玺，再派使臣召旭烈、阿里不哥、摩哥及诸王驸马，会集和林，为蒙哥汗发丧。

其四，扼百员到汴京、京兆、成都、西凉、东平、西京、北京，抚慰安定各地军民，再派真金王子镇守燕京，向全国显示形势已有利于忽必烈，使诸王不敢轻举妄动，动摇的人也心有所归，倾向忽必烈。到那时，“则大宝有归，而社稷安矣”。忽必烈很欣赏郝经的建议。

廉希宪也说：“殿下太祖嫡孙，先皇母弟，……殿下收召才杰，悉从人望，子惠黎庶，率士归心。今先皇奄弃万国，神器无主，愿速还京，正大位以安天下。”

忽必烈采纳郝经与廉希宪二人的建议，决意北归。他为了迷惑阿里不哥等，调动大军从牛头山出发，声言直捣南宋都城临安，留下大将拔突儿等人率领各军仍旧包围鄂州。派张文谦告诉将领们说：“迟六日，当去鄂退保浒黄州。”正在此时，南宋大臣贾似道派宋京来请求议和，这正中忽必烈下怀，但他并不明确答复，而是派赵璧等人对宋京说：“汝以生灵之故来请和好，其意甚善，然我奉命南征，岂能中止。果有事大之心，当请于朝。”可是当天，却命令大军北返。

次年三月初一，忽必烈抵达开平（上都路治，今内蒙古正蓝旗）。亲王合丹、阿只吉率领西道诸王，塔察儿、也先哥、忽剌忽儿、爪都率东道诸王，前来与各位大臣劝忽必烈即大汗位，忽必烈正式登基，并建元中统，采取牧法立年号。就在当月，忽必烈之弟阿里不哥也在一些臣属的拥戴下，在和林城西按坦河即大汗位。从此兄弟二人各自拥兵，争夺汗位，互相残杀，刀兵相见，经过四年的激烈角逐，阿里不哥于至元元年（公元1126年）向忽必烈投降，蒙古帝国又恢复统一。

心得

所谓识时务者为俊杰。忽必烈临危不乱，广纳百言，定好计策，不莽乱行事，则磨刀不误砍柴工矣。首先，与宋议和退兵，避免了腹背受敌之患；其次，迅速退回开平，控制蒙古政权的重要地区，使诸王不敢有异心，否则，这一地区一旦为阿里不哥掌握，诸王必定趋强避弱，投向阿里不哥，忽必烈势力将会孤立无援；再次，退到开平后，立刻即位，先占据正统的有利地位，使阿里不哥处于非法的位置，无法名正言顺地号令诸王及臣属。这样，双方只有凭各自的势力及智慧进行角逐。而忽必烈手握重兵，军事力量明显强于阿里不哥；忽必烈深受汉文化影响，手下有一批政治经验丰富的汉人知识分子，智力也胜阿里不哥数筹，从而处于必胜之势。

第四章

千古言论，安为今用？

历史如长江之水，滔滔东流，而前人留下的千古言论到今天是否也有其借鉴的一面。《资治通鉴》云：考当今之得失，鉴前世之兴衰。无论是用人还是论及天下形势，古人留给我们的都是无价的瑰宝。

1. 李斯上书谏逐客

战国后期，秦国行将一统天下的趋势日渐明朗，各国为图谋自保，都广泛地网络人才，“当是时，魏有信陵君，楚有春申君，赵有平原君，齐有孟尝君，皆下士、喜宾客以相倾”。吕不韦在嬴政立为秦王后，被尊为相国，在人才问题上亦采取了与魏、楚等国相同的政策，“亦招致士，厚遇之，至食客三千人”，东方士人继踵西入秦。“从荀卿学帝王之术”的李斯也告别了他的老师而“西说秦王”。

李斯（前280—前208），楚国上蔡（今河南上蔡）人，“闾巷布衣”出身，作过“郡小吏”，后与韩非等就学于荀子。他投奔秦国后，开始在吕不韦门下当舍人，不久便晋升为郎（秦王的侍卫）。

李斯

李斯是个功名利禄欲望非常强烈的人物。他为郡小吏时，“见吏舍厕中鼠食不絜，近人犬，数惊恐之”，“入仓，观仓中鼠，食积粟，居大庑之下，不见人犬之忧”，于是乃叹曰：“人之贤不肖譬如鼠矣，在所自处耳！”因此，他看准了当时天下的形势是“布衣驰骛之时而游说者之秋”，是自己摆脱“卑贱”、“穷困”的大好时机。他为郎之后，即在秦王政面前显示自己的才干，纵论天下形势，得到秦王的赏识，“秦王乃拜斯为长史，听其计”，后又“拜斯为客卿”。

正当李斯顺风挂帆的时候，出现了对李斯仕途极为不利的事情：秦王政十年（前237），秦的宗室、大臣全出来请求秦王“逐客”，“李斯亦在逐中”。所谓“客”，是指从秦国以外来秦国效力的士人。他们在秦国或为幕僚，或者担任行政职务，最高者可以为卿，冠以“客”字，称为客卿。秦的宗室、大臣请求秦王“一切逐客”，究其直接原因，起于郑国渠的开凿。

郑国渠是秦国修建的一项巨大的水利工程。它“凿泾水自中山西邸瓠口为渠，并北山东注洛，三百余里”，渠成之后，“关中为沃野，无凶年，秦以富强”。但修建它却是出于韩国弱秦的计谋。原来，秦国东进的路上首当其冲的韩国，怕被秦灭掉，就派了水工名叫郑国的到秦国鼓动修水渠，想以此耗费秦国的大量人力、物力，“毋令东伐”。在工程进行的过程中，郑国鼓动修渠的真实目的暴露出来了。于是秦宗室、大臣由此认为：“诸侯人来事秦者，大抵为其主游间于秦耳。”就产生了“一切逐客”的动议。

韩非

李斯于是上书止逐客，后人称此书为《谏逐客书》：

臣闻吏议逐客，窃以为过矣。昔缪公求士，西取由余于戎，东得百里奚于宛，迎蹇叔于宋，来丕豹、公孙支于晋。此五子者，不产于秦，而缪公用之，并国二十，遂霸西戎。孝公用商鞅之法，移风易俗，民以殷盛，国以富强，百姓乐用，诸侯亲服，获楚、魏之师，举地千里，至今治强。惠王用张仪之计，拔三川之地，西并巴、蜀，北收上郡，南取汉中，包九夷，制鄢、郢，东据成皋之险，割膏腴之壤，遂散六国之纵，使之西面事秦，功施到今。昭王得范雎，废穰侯，逐华阳，强公室，杜私门，蚕食诸侯，使秦成帝业。此四君者，皆以客之功。由此观之，客何负于秦哉！向使四君却客而不内，疏士而不用，是使国无富利之实而秦无强大之名也。

李斯从秦穆公任用百里奚、蹇叔，一直说到商鞅、范雎等人对秦国的发展、壮大做出的重大贡献，证明“客”有不同情况，应该区别对待。接着，他又以广用物产为喻，说明对人才采取“非秦者去，为客者逐”，是“非所以跨海内制诸侯之术”：

今陛下致昆山之玉，有随、和之宝，垂明月之珠，服太阿之剑，乘纤离之马，建翠凤之旗，树灵鼍之鼓。此数宝者，秦不生一焉，而陛下说之，何也？

必秦国之所生然后可，则是夜光之壁不饰朝廷，犀犀象之器不为玩好，郑、卫之女不充后宫，而骏良之駒不实外厩，江南金锡不为用，西蜀丹青不为采。所以饰后宫充下陈娱心意说耳目者，必出于秦然后可，则是宛珠之簪、傅玑之珥、阿缟之衣、锦绣之饰不进于前，而随俗雅化佳冶窈窕赵女不立于侧也。夫击瓮叩缶、弹筝搏髀，而歌呼呜呜快耳者，真秦之声也，《郑》、《卫》、《桑间》、《昭》、《虞》、《武》、《象》者，异国之乐也。今弃击瓮叩缶而就《郑》、《卫》，退弹筝而取《昭》、《虞》，若是者何也？快意当前，适观而已矣。今取人则不然。不问可否，不论曲直，非秦者去，为客者逐。然则是所重者在乎色乐珠玉，而所轻者在乎人民也。此非所发跨海内制诸侯之术也。

接着，李斯从正反两方面阐述了纳士与逐客的利弊：

臣闻地广者粟多，国大者人众，兵强者士勇。是以泰山不让土壤，故能成其大；河海不择细流，故能就其深；王者不却众庶，故能明其德。是以地无四方，民无异国，四时充美，鬼神降福，此五帝、三王之所以无敌也。今乃弃黔首以资敌国，却宾客以业诸侯，使天下之士而不敢西向，裹足不入秦，此所谓“藉寇兵而赍盗粮”者也。

最后，李斯总结说：

夫物不产于秦，可宝者多；士不产于秦，而愿忠者众。今逐客以资敌国，损民以益仇，内自虚而外树怨于诸侯，求国无危，不可得也。

当时，秦王嬴政方以一统天下为己任，见到李斯的上书，很赞赏他的见识，“乃除逐客之令”。

李斯《谏逐客书》使秦王政毅然除逐客之令，对秦统一中国的大业产生了巨大影响。首先是李斯因此而复官，成为了秦扫平诸侯的智囊，“官至廷尉”，“辅始皇，卒成帝业”。其次是又争取了一批人才，如尉缭就是在除逐客令后由大梁（今河南开封）入秦的。他被秦王政任命为国尉，为秦国制定了正确的军事策略，对秦的统一事业作出了重要贡献。

心得

李斯上书止逐客，肯定包含着做“仓中鼠”的个人欲望。但其书所论，不仅是一般的“用人”问题，秦要完成统一大业，必须不断地壮大自己，作为一种特殊资源，人才是有限的。汇聚人才者强，丧失人才者弱，强者胜，弱者败；胜于贤，败于愚。争取人才是最基本的策略之一，古今莫不如此。

正所谓他山之石，可以攻玉，秦国的发展史，是极其有意味的。可以说，如果没有外国的人才，秦国是不可能发展壮大的。从秦国的发展历程可以看出，善于招致人才、容纳人才、使用人才才能据有天下，实在是中国历史发展的一条规律。

2. 马上得之不能马上治之

秦始皇历尽千辛万苦，统一六国，而后着手建设新的王国，统一币制，统一文字，政治、经济上都采取了种种措施，秦朝的宏伟气势，我们从现存的万里长城、秦始皇陵以及秦兵马俑等举世闻名的伟大文化遗迹，仍可以想见秦王朝昔日的风采。然而，不过十几年工夫，这个空前庞大的大帝国就像纸房子一样倒塌了。从此，秦“二世而亡”就像无可解脱的幽灵一样纠缠着后世的封建帝王，而封建时代的政治家和思想家也费尽心机地从中探索、总结经验教训，作为封建王朝长治久安的借鉴。

西汉初年的著名政论家贾谊，在传诵千古的《过秦论》中，对秦的兴亡过程作过一番精到、简练的勾勒；并且认为，秦之所以二世而亡，是因为“仁义不施，而攻守之势异也”。用今天的话来说就是，秦始皇没有看到和抓住攻守转换的机遇，及时调整自己的治国方针和策略。贾谊认为，并兼者高诈力，安定者贵顺权，夺取政权和巩固政权的方略是不同的；而“秦离战国而王天下，其道不易，其政不改，是其所以取之守之者无异也。孤独而有之，故其亡可立而待”。至于守威定功、安危存亡的根本，就在于对百姓的态度。

西汉王朝是在秦帝国废墟上建立起来的，开国皇帝刘邦又来自民间。按理说，应该懂得“牧民之道，务在安之而已”的道理。可是，刘邦生来鄙视儒生，在汉兴之初，还是个头脑相对简单的皇帝。他为秦末农民起义和楚汉战争的亲身经验所拘囿，固执地以为，马上得之照样可以马上治之。为此，他与谋士陆贾之间发生了一番争执。

陆贾经常在汉高祖面前称道《诗》、《书》，刘邦不客气地骂他说："乃公居马上得之，安事《诗》、《书》！"陆贾也毫不客气针锋相对地说道：

"马上得之，宁可以马上治乎？且汤武逆取而以顺守之，文武并用，长久之术也。昔者吴王夫差、智伯极武而亡；秦任刑法不变，卒灭赵氏。乡使秦以并天下，行仁义，法先圣，陛下安得而有之？"

陆贾把其中的利害一一分析给刘邦，秦始皇、秦二世并不是不想长治久安，其所以败亡是因为"举措暴众而用刑太极故也"。所以，这说明了一个道理："事逾烦，天下逾乱；法逾滋而奸逾炽，兵马益设而敌人愈多。"汉高祖听了这番话，虽然面子上有些过不去，但还是恍然有所悟，他"性明达，好谋听达"，是个知错能改的人，当即命陆贾著书论述"秦所以失天下，吾所以得之者，及古成败之国"的历史经验和教训。陆贾凡著十二篇，每奏一篇，刘邦都击节称善，左右呼万岁，于是称其书为《新语》。

在"马上得之而不能以马上治之"、"逆取而以顺守之"的方略指导下，汉高祖颁行措施健全制度，着力于安定民生；后继的惠、文、景诸帝又继续推行轻徭薄赋、"无为而治"的方针，结果不但重建了封建统治秩序，而且出现了"文景之治"的封建盛世，儒家文化也在汉代成为一统天下的治国方针，对后世影响巨大。

据《汉书·食货志》记载："汉兴，接秦之敝，诸侯并起，民失作业，而大饥馑。凡米石五千，人相食，死者过半。""天下既定，民无盖藏，自天子不能具醇驷，而将相或乘牛车。"这确实是一种可怕的、令人沮丧的景象。然而，不过六七十年，又是一种截然不同的景象："至武帝之初七十年间，国家亡事，非遇水旱，则民人给家足，都鄙廪庾尽满，而府库余财。京师之钱累百巨万，贯朽而不可校。太仓之粟陈陈相因，充溢露积于外，腐败不可食。”

两幅反差如此强烈的画面，与贾谊反复述说的道理不谋而合：

“是以君子为国，观之上古，验之当世，参以人事，察盛衰之理，审权势之宜，去就有序，变化有时，故旷日长久而社稷安矣。”

心得

面对不同的情势，必然有不同的对策，刘邦固执武断，幸亏贾谊、陆贾之辈的谏议，并诉诸实践，这个马上得来的天下才没有“二世而亡”。如果说，秦“二世而亡”是因为秦始皇“遂过而不变”，二世“暴虐以重祸”。那么，汉朝之所以能长治而久安则是因为汉高祖真正懂得了“马上得之不能以马上治之”的道理，并真正将它贯彻到自己的政治实践中去。

自古以来，治乱世宜圆，治盛世宜方。能在马上得到天下的人不能在马上去治理天下。

3. 诸葛亮豪论“隆中对”

一篇“隆中对”，铺开了三足鼎立的天下大势；一段豪论，确立了丞相之席位。

东汉灵帝中平六年（公元189年），灵帝去世后，宦官与外戚势力相互火并，结果两败俱伤，凉州军阀董卓乘机率兵入京，控制了朝政大权。董卓的暴虐统治使得各地州郡纷纷起兵反抗，导致东汉政权的统治彻底瓦解，形成地方割据的纷争局面。兖州牧曹操抢先把汉献帝控制在手中，“挟天子以令诸侯”，取得了政治上的主动，先后消灭了吕

诸葛亮

布、袁术与袁绍等劲敌，到献帝建安十二年（公元207年）时，已控制了北方的大部分地区，无论政治、经济还是军事方面，他在全国都首屈一指。

除曹操之外，当时的主要政治势力还有控制江东的孙权，占据荆州的刘表，分占益州与汉中的刘璋和张鲁，割据关中的马超、韩遂等，但这些人虽各据一方，其各方面的势力都远逊于曹操。

自称汉代宗室的刘备，虽素有“英雄”之称，但在这战乱纷纭的十几年中，却时运不济，屡起屡败，曾先后投奔公孙瓒、陶谦、吕布、曹操、袁绍，始终未能拥有一块稳定的地盘。这时，他正依附于荆州牧刘表，部下仅有从外地带来的数千兵将，被安排驻扎在新野（今属河南），还受到刘表部下的猜忌。在当时群雄割据的形势下，刘备的势力可说是微不足道。但这一年刘备与诸葛亮的会面，刘备的首路就拨开云雾辉煌灿烂起来。

诸葛亮（181—234），字孔明，琅玡阳都（今山东沂南县）人，为躲避战乱，隐居在隆中（今湖北襄阳西）。他当时虽然只有27岁，但一向留意天下大势，潜心研究各割据势力的消长及各地的山川地形，被荆州人士称为“卧龙”。

刘备经司马德操、徐庶的推荐，三次到隆中去拜访诸葛亮，请他出山，直到第三次才见到诸葛亮，两人纵论天下大事，诸葛亮为刘备分析了各方的情况，并制订下长远的战略方针，这就是历史上有名的隆中对策。

刘备见到诸葛亮后，屏退左右，对诸葛亮说：“汉室倾颓，奸臣窃命，主上蒙尘，孤不度德量力，欲信大义于天下，而智术短浅，遂用猖獗，至于今日。然志犹未已，君谓计将安出？”诸葛亮有感于刘备的坦诚相待，首先为他分析天下大势：

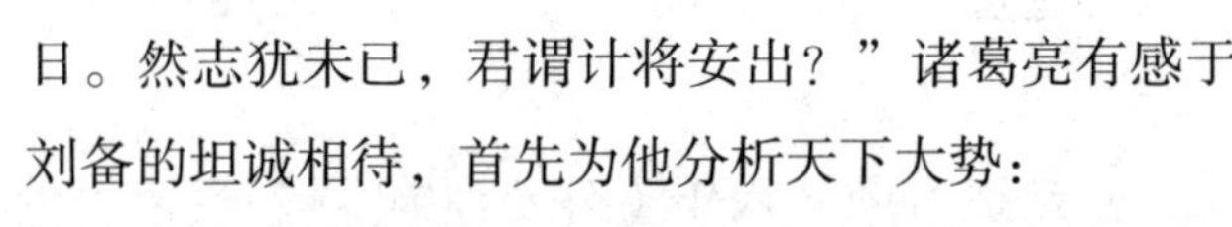

“自董卓以来，豪杰并起，跨州连郡者不可胜数。曹操比于袁绍，则名微而众寡，然操遂能克绍，以弱为强者，非惟天时，抑亦人谋也。今操已拥百万之众，挟天子以令诸侯，此诚不可与争锋。孙权据有江东，已历三世，国险而民附，贤能为之用，此可以为援而不可图也。”

孙权

指出曹操虽是最大的敌人，有篡夺汉朝天下的野心，但目前刘备势单力孤，还不能与他争一日之短长；孙权继承父兄的基业，在江东已形成稳固的统治，也不能去打他的算盘，而只能与他结为盟友。

接着，诸葛亮又指出：

“荆州北据汉、沔，利尽南海，东连吴、会，西通巴、蜀，此用武之国，而其主不能守，此殆天所以资将军，将军岂有意乎？益州险塞，沃野千里，天府之土，高祖因之以成帝业。刘璋羸弱，张鲁在北，民殷国富而不知存恤，智能之士思得明君。”

认为荆州、益州的地理位置优越，而统治者却平庸无能，不可能维持长久的统治，而刘备此时大可乘虚而入，建稳根基。

在此基础之上，诸葛亮提出刘备所应采取的战略决策：

“将军既帝室之胄，信义著于四海，总揽英雄，思贤如渴，若跨有荆、益，保其岩阻，西和诸戎，南抚夷赵，外结好孙权，内修政理；天下有变，则命上将将荆州之军以向宛、洛，将军身率益州之众出于秦川，百姓孰敢不箪食壶浆以迎将军者乎？诚如是，则霸业可成，汉室可兴矣。”

诸葛亮的精辟分析与深刻论断，得到刘备的衷心赞许；而刘备始终不挠的雄心壮志与礼贤下士的谦恭态度，也赢得了诸葛亮的诚心归附。从此，开始了他们携手共创蜀汉政权的艰难历程。

诸葛亮为刘备精辟地分析了天下形势，制订了立国方略。首先诸葛亮借曹操打败袁绍，转弱为强之例，委婉地指出刘备戎马20余年仍寄人篱下的原因，说明称霸天下“非惟天时，抑亦人谋”的道理，然后提出了兴复汉室的五点战略方针——

一、曹操拥兵百万，雄踞北方，取得了“挟天子以令诸侯”的有利地位，暂时不可与之争锋较量。孙权承继了父兄在江东的基业，“国险而民附”，“贤能为之所用”，只能与东吴联盟结好，共同抗拒实力强大的曹操。

二、取代在军事上比较软弱的刘表、刘璋的地位，夺取军事重镇荆州和天府之土益州，以这两处为根据地，延揽天下英雄，鼎立一方。

三、占据荆州、益州后，集益州之殷富，凭天府之险阻与荆州之通途，改革政治，发展生产，奖励农耕，积蓄经济实力，南抚夷越，稳定后方。

四、待荆益两州政权巩固，国富兵强，一旦天下有变，则兵分两路，成钳形攻势夹击中原，北伐曹操，恢复汉室。

五、击溃曹操以后，江东必然势单力孤，就会自然归顺，刘备就可完成一统天下的霸业。

诸葛亮一席弘阔之论，涉及政治、军事、经济、地理、外交诸方面，概括了汉末形势，预示出政局发展的前景，分析精辟，见解独到，后来的历史发展证实了隆中对策的正确。“隆中对”体现了诸葛亮的远见卓识和超凡的政治韬略，明代思想家李贽称赞说：“草庐数言，皆如左卷。”

诸葛亮为刘备的诚挚所感动，出山创建大业，实现安国济民之志，跟随刘备来到新野。发现刘备兵力甚微，只有数千人。为了增加兵源，诸葛亮建议清查“游户”，要求他们自报户籍，按户征兵，结果使刘备的军队扩充至数万人。刘备得到孔明，如鱼得水，两人感情日益亲密，使汉末的政治风云史开始了崭新的一页。

在诸葛亮的辅佐下，刘备与孙权联合，击败曹操的南下大军，又通过外交手腕，从孙权手中夺得荆州，使刘备终于有了一块可以立足之地。而后，利用刘璋与张鲁的矛盾，借助于张松、法正等内应，刘备出兵益州，最终占据了益州与汉中，与曹操、孙权形成三国鼎立的局势。

三国时期，英雄并起，而鼎立的局面似乎不是曹、孙、刘三人的努力，诸葛亮一番高谈阔论就把天下大势分析得不差毫厘，雄才盖世，不愧“卧龙之称”。此后，诸葛亮以智谋称奇加之关羽、张飞、赵云、魏延等大将辅佐，一路斩荆披棘，终于雄踞巴蜀。

以贤者为师，是帝业之君；以贤者为友，是霸业之君；至于“珠玉买歌笑，糟糠养贤才”，则是亡国之君。对于刘备来说，真是得一士足以安天下。

其实，历代君主多是远贤臣而亲小人，甚至戮贤臣而宠小人，这就怨不得有那样多的昏君暴君和短命王朝。

4. 《平边策》两朝受益

《平边策》文字不多，却把天下大势分析得一清二楚，无论是柴荣还是赵匡胤，都是其最大的受益者，真是一篇文章、两朝受益。

中国在唐朝灭亡后，进入了五代十国时期，再次陷入了长达二百余年的分裂割据局面。五代十国的统治者多是武夫出身，只懂暴力不知怀柔，对内残酷地剥削、压迫百姓，对外互相攻伐杀掠，加上东北地区的契丹族统治者不断南侵，致使这一时期战乱频繁，社会动荡不定，人民生活困苦不堪。广大劳动人民急待改变这种社会状况，渴望出现一个强大的、统一的中央集权的王朝，能够减轻剥削压迫，发展生产、消灭割据、抗拒契丹。正是适应这种历史的要求，出现了后周的改革和周世宗统一中国的活动。后周开国皇帝、太祖郭威及其养子、周世宗柴荣在位期间，清除社会弊端，先后在经济、政治、军事诸方面进行了一系列改革，使社会安定，生产发展，因力大为增强。在此基础上，周世宗开始了统一中国的活动。

后周显德二年（公元955年），周世宗命近臣二十余人各献策一篇，讨论治国之道。其中有一篇最受周世宗赏识，这就是比部司郎中王朴所献的《平边策》。

王朴（公元914—959年），字文伯，东平（今山东东平）人。后汉时，获进士出身，授校书郎，后辞官。后周初，为柴荣辖下官员。柴荣嗣位，授比部司郎中，后历任左谏议大夫、知开封府事、左散骑常侍、充端明殿学士、户部侍郎兼枢密副使、枢密使、检校太保等职。他“性刚决有断，凡所谋划，动惬世宗之意”。《平边策》就是他的诸多建议中最有见地的一篇。

在这篇对策中，王朴首先强调指出，自唐末以来，“君暗政乱，兵骄民困”，才使得“天下离心，人不用命”，形成分裂割据之局。因此，要完成统一大业，须从整顿内政、加强国力入手。“必先进贤退不肖以清其时，用能去不能以审其材，恩信号令以结其心，赏功罚罪以尽其力，恭俭节用以丰其财，徭役以时以阜其民。俟其仓廪实、器用备、人可用而举之。”这种主张，和周世宗改革的意图适相一致。在此之后，王朴着重论述了实现统一应采取的战略和策略：

攻取之道，从易者始。当今吴国，东至海，南至江，可挠之地两千里。从少备处先挠之，备东则挠西，备西则挠东，必奔走以救其弊。奔走之间，可以知彼之虚实，众之强弱。攻虚击弱，则所向无前矣。勿大举，但以轻兵挠之。彼人怯，知我师入其地，必大发来应，数大发则必民困而国竭。一不大发则我获其利。彼竭我利，则江北诸州，乃国家之所有也。既得江北，则用彼之民，扬我之兵，江之南亦不难而平之也。如此，则用力少而收功多，得吴，则桂、广皆为内臣，岷、蜀可飞书而召之。如不至，则四面并进，席卷而蜀平矣。吴、蜀平，幽可望风而至。唯并必死之寇，不可以恩信诱，必须以强兵攻之，但亦不足以为边患，可为后图，候其便则一削以平之。

这一战略和策略的主旨，概括起来就是“先易后难”，“先南后北”，可以说切中时要。当时全国的态势，南方诸国占据天下富庶之区，财源滚滚，但政治腐败，社会矛盾尖锐，国力不强，首先攻取南方诸国，一来其势如摧枯拉朽，水到渠成，可以事半功倍；二来可以获得南方财富，迅速增加国力；三来再无后顾之忧，可以倾全力北伐统一中国。如果先行北伐，不仅难于得手，而且两强相拼，必然耗时耗财耗力，大伤元气，从而使南方诸国坐收渔利。另外，南方诸国也很可能乘机蹑其后，使后周腹背受敌。王朴有鉴于此，提出了避实就虚，先灭南方诸国，不与契丹过早发生正面冲突的战略，这无疑是非常正确的。因此，“世宗览之，愈重其器识”，并且将其主张付诸实现。在几年间，先偏师西征，得后蜀四州之地，又以主力南征，得南唐江北之地，从而把后蜀、南唐置于瓮中，随时可以吞并。之后，世宗亲自率军北伐，连下被契丹占据的益津、瓦桥、淤口三关。可惜他中途病逝，壮志未酬。不久，北宋代周，继续完成统一事业。所采取的战略仍是“先易后难”，“先南后北”。虽然具体做法与后周稍有不同，但基本思想和战略是一致的。尽管由于种种原因，北宋最终未能灭辽统一全中国，但毕竟在大半个中国的范围内消除了封建割据。这种相对统一的局面的出现，追根究底，首先应当归功于王朴的《平边策》。

心得

俗话说：时势造英雄。《平边策》就是时势所造，五代十国，各据一方，各有强弱，要想一统天下，先易后难，避实就虚是灭敌强己的绝佳策略，正因为如此，后周才要他的那个时代与众不同，柴荣也因此成为史家向来称颂的皇帝。

文字的作用在历史上向来都是不容人忽视的。一篇文章就能改变一个国家的命运，文字的地位由此可见一斑。

5. 宋太祖奇略制六合

一代帝王之兴，当其艰难创业之际，莫不审时度势，决机帷幄之内，奇略宏谟，独运绝出，然后能履至尊而制六合，宋太祖赵匡胤就是其中的典范。

宋太祖赵匡胤

后周显德七年（公元960年）正月，五代后周的殿前都点检赵匡胤在陈桥驿发动兵变，率领军队回到开封，夺取了后周的政权，建立了北宋。

北宋初年，经历了唐末、五代数十年的长期战乱之后，赵匡胤所继承的只是一个烂摊子：民生凋敝，国库空虚，而诸侯又雄踞各方。当时，在广东地区，有刘氏建立的南汉；江淮地区，有李氏建立的南唐；杭州地区，有钱氏建立的吴越；四川地区，有孟氏建立的后蜀；荆州地区，有高氏的南平；河东（今山西）地区，有刘氏的北汉。这些割据政权的存在，使初建的北宋政权仍处于中原小朝廷的地位。而建都在临潢府的辽国，更是宋朝北边的一个劲敌。

在这种形势下，如何使新建的北宋王朝不再成为继五代后周之后的第六个短命朝代，便成了以赵匡胤为首的北宋最高统治集团处心积虑要加以解决的头等大事。

赵宋王朝逐鹿的对手，主要是辽国。在赵匡胤称帝前，后周曾于广顺二年（公元952年）进攻北汉，因辽国派兵援助北汉，遂无功而还；显德元年（公元954年）周世宗柴荣再次出兵北汉，辽穆宗派大军援北汉，周兵乃至大败；显德六年周世宗出兵伐辽，辽穆宗率兵迎战，周世宗以得病退兵，后病死。后周与辽国近十年的交锋，证明作为中原小朝廷的后周，是难与强大的辽国相抗衡的。在后周任高级军职的赵匡胤，亲身参加了后周与辽国之间的征战，其结果给赵匡胤留下了深刻的教训。

与辽国相比，南方的几个割据王国，多处于物产丰富的地区，其中广州和泉州是当时对外贸易的最大口岸，而这些王国的军力又都较为薄弱，统治又都很腐朽、薄弱，容易攻取。如果北宋能够夺取这些地区，不仅可以扩大辖境，而且可使军政费用充裕起来。

周世宗柴荣

而在赵匡胤即位之前的十年间，辽国的皇族争夺皇权的斗争极为激烈，多次爆发谋反事件。辽穆宗即位次年，政事令娄国与林牙敌烈等，图谋推翻穆宗自立。不久，李宛又和郎君嵇干、林牙华割等谋反。后来，敌烈又和耶律海思、萧达干等谋反。赵匡胤即位那年的夏天，辽国又发生了政事令耶律寿远、太保楚阿不等的谋反事件。辽穆宗因忙于镇压皇族的谋反，而无暇派大兵南下，这就为建都开封的北宋王朝提供了一个千载难逢的机遇。

能否抓住这个机遇，发展自己，是对新登帝位的赵匡胤的一个重大考验，同样，对新生活的宋王朝也是一个重大考验。赵匡胤在与其弟赵光义分析当时天下大势时说："中国自五代以来，兵连祸结，帑廪虚竭，必先取四川，次及荆、广、江南，则国用富饶矣。今之勃敌，止在契丹，自开运以后，益轻中国。河东正扼两蕃，若遽取河东，便与两蕃接境，莫若且存［刘］继元，为我屏翰，俟我完实，取之未晚。”有了这个想法，赵匡胤又约其弟赵光义，在一个风雪之夜不畏严寒，同至谋臣赵普家，共商统一大计。史书载：

赵普从容问曰：“夜久寒甚，陛下何以出？”帝（赵匡胤）曰：“吾睡不能著，一榻之外皆他人家也，故来见卿。”普曰：“陛下小天下耶？南征北伐，今其时也。愿闻成算所向。”帝曰：“吾欲下太原。”普嘿然久之，曰：“非臣所知也。”帝问其故，普曰：“太原当西北二边，使一举而下，则二边之患我独当之。何不姑留以俟削平诸国，则弹丸之地，将无所逃。”帝笑曰：“吾意正如此，特试卿耳。”遂定下江南之议。

赵普

这个“先南后北”的统一战略确定之后，北宋王朝于乾德元年（公元963年）出兵两湖，灭掉荆南和湖南的割据势力；乾德三年（公元965年）出兵灭后蜀；开宝四年（公元971年）灭南汉；开宝八年（公元975年）灭南唐；稍后又凭借政治压力，迫使吴越纳土归附。在十几年的时间里，统一了大半个中国。

开宝二年（公元969年）和开宝九年（公元976年），北宋曾两次出兵进攻北汉，但都因遇到辽国的援兵，无功而还。尽管如此，南方的统一毕竟奠定了消灭北汉的坚实基础。到太平兴国四年（公元979年），宋太宗赵光义亲率大军，对北汉作第三次的出征，终于把十国中的最后一国征服了。

心得

在不到二十年的时间，北宋最高统治集团抓住时机，采取“先南后北”的正确战略，使初建的北宋政权迅速地得到巩固，使地处草原的强敌契丹难以牧马中原，从而保证了北宋没再成为第六个短命朝代。宋朝三百年的基业，也因此而得以奠定。

从北宋初建到局部统一，单凭宋朝相对单薄的经济实力是远远不够的，宋太祖、太宗等人，抓住机遇，正确决策，以战养战，生生不息的历史经验，在今天，仍值得珍视。

6. 刘伯温时论定天下

在元末明初，刘伯温的名气近乎神化，而那些割据一方的豪杰都想拥他为己有，为自己助一臂之力。在古代一向以身份地位入阶的社会里，刘伯温以元末官场的不得志之仕成为明初的最大功臣，真是对历史的最大讽刺。

刘伯温

元至正二十年（宋小明王龙凤六年，公元1360年）暮春三月，朱元璋在应天府迎接了三位来自浙东的最有影响的人物，其中之一便是后来他身边最著名的谋臣刘伯温。

刘伯温，名刘基，浙江青田人，世为地方大族。他于元至顺间考中进士，曾任江西高安县丞、江浙儒学副提举等官。元末农民大起义爆发后，各地群雄纷起，刘伯温被任元帅府都事，守处州（今浙江丽水），后因与朝中权贵不和，被夺去兵权，回到家乡青田，组织民兵武装自守。

历史上关于刘伯温的传说甚多，把他说成一位上通天文，下晓地理，能须知身前后事的神奇人物。这些传说虽不足信，但是刘伯温足智多谋、卓识远见不下于三国时期的“卧龙”诸葛亮。朱元璋之所以能开基建业，刘伯温辅佐功不可没。

明太祖朱元璋

朱元璋久闻刘伯温的大名，为了将他请出，多次命人以书信相诏，终于将他请到了应天。

朱元璋为了接待刘伯温等人，特地在应天城内盖了一所礼贤馆，作为这些贤士们的住处。刘伯温一到应天，他便立即相迎，宠礼甚至，而且迫不及待地向刘伯温请教征取之计。

刘伯温虽然僻处青田自守，但对天下之事却了如指掌。此时朱元璋以应天为中心，拥有江淮一带，又兵进浙东、浙西，扩大了实力。而元军正与红巾军主力战于江北，无力南顾，朱元璋的主要对手便是群雄中的陈友谅和张士诚。

陈友谅，沔阳（今湖北沔阳西南）人，渔家出身，勇猛敢为，但史书中也说他："性雄猜，好以权术驭下。"他本为徐寿辉部将，但其后势力日强，反将徐寿辉挟制于身边，为所欲为。

张士诚，小字九四，泰州（今属江苏）人，私盐贩出身。朱元璋攻陷集庆时，他也攻陷平江（今苏州），占据了江南富庶之地。史书中说他："外迟重寡言，似有器量，而实无远图。"

张士诚

群雄之中，陈友谅实力最强，张士诚最富。一个地处朱元璋上游的武昌，一个地处朱元璋下游的苏州，朱元璋居于其中，与之互相攻战，互有胜负。

刘伯温不仅对此熟知，而且早有所谋，他初见朱元璋，便陈上了时务策，当朱元璋问及征取大计时，刘伯温说道：

"士诚自守虏，不足虑。友谅劫主胁下，名号不正，地据上流，其心无日忘我，宜先图之。陈氏灭，张氏势孤，一举可定。然后北向中原，王业可成也！"

这便是此后朱元璋建国立业所遵循的战略原则。这个战略原则的制定，不仅根据当时群雄纷争的形势，也注意到了陈友谅与张士诚的性格特点。所谓"友谅剽而轻，其志骄，士诚狡而懦，其器小，志骄则好生事，器小则无远图。若先攻士诚，友谅必空国而来，是我疲于应敌，事有难为。先攻友谅，士诚必不能逾姑苏一步以为之援，朕所以取二寇者，固自有先后也"。朱元璋的这段话，可算是刘伯温所上时务策的进一步解释。

朱元璋对刘伯温的话深为赞许，便以刘基为参谋，宋濂为儒学提举，以章溢与叶琛为营田司佥事。刘伯温从此佐戒帷幄，成为朱元璋的主要谋士，开始了新的政治军事生涯。把朱元璋作为明主辅佐，刘伯温的抉择是对的。

从当时的军事形势看，陈友谅是朱元璋的首敌，消灭陈友谅的军队主要经历了两大战役：首战龙江，改变了陈、朱兵力悬殊的状况；再战鄱阳，陈友谅身亡、主力被歼。刘伯温都直接参与了两战的运筹决策。

到至正二十七年（公元1367年），又破平江，擒张士诚。洪武元年（公元1368年），徐达等人北伐南征，统一全国，建立起明朝统治。

心得

建国立业的大事，战略决策是头等大事。没有正确的理论，就没有一帆风顺的实践。刘伯温是历史上一位极具传奇色彩的人物，他上通天文，下晓地理，其聪明才智无人能及。元末时期，却是英雄无用武之地，郁郁不得志，而朱元璋深谋远虑费尽周折请他到了应天，果不出所料刘伯温审时度势，洞悉对手的优缺点，知己知彼，最终辅佐朱元璋做了皇帝，自己也由此成为明朝的开国第一功臣。

第五章

奸臣误国论

奸臣最大的能耐是抓住昏君的心，所以说与其是奸臣误国，还不如说是昏君误国。在明君的宫廷里，奸臣的路是走不远的，官也是做不大的，只有那昏君身边的奸臣，才能永得富贵，成就害朝灭代的“使命”。

1. 荀勖倾国害时

永熙元年（公元290年），晋惠帝司马衷即位，他生而痴傻，根本无法掌管朝政，惠帝皇后贾南风，是个凶狠毒辣的女人，惠帝即位后不久，贾南风便诛杀辅政的外戚杨骏、废黜杨太后，又连杀汝南王、楚王及一批大臣，形成了戆帝当朝，悍后专政局面，为日后的“八王之乱”埋下了祸根。对此，荀勖负有重大罪责。

荀勖（？—289年），字公曾，三国颍川颍阴（今河南许昌）人。他出身于世宦之家，起初在曹魏做官，后来依附司马氏。西晋开国后，官拜中书监、加侍中。此人擅长见风使舵，顺水推舟。当时，贾充以开国元勋而贵幸一时，荀勖极力投靠他。贾充为人“无公方之操，不能正身率下，专以谄媚取容”，而荀勖也擅长于“探得人主微旨，不犯颜忤争”。二人臭味相投，于是便狼狈为奸，结为死党，这就自然引起了朝中刚直守正人士的不满。泰始七年（公元271年）七月，侍中任恺等人劝晋武帝下诏，令贾充以车骑将军兼都督秦、凉二州诸军事，出镇关中，实际上想把贾充排挤在外，削弱其权势，贾充不肯离开京师，荀勖也生怕贾充一走，自己在朝中无靠山，所以，便积极为贾充出谋划策。当时，晋武帝正在为太子司马衷议婚，荀勖便建议贾充去游说后宫，他自告奋勇去劝说晋武帝，双管齐下，力争让贾充之女成为太子之妻，借以使贾充留住京城。荀勖找到他的同党、武帝的宠臣冯瑾说：“贾公远放，吾等失势。”约冯瑾一道去劝武帝纳贾充之女为太子妃。武帝原先看中了大臣卫瓘之女，认为贾充之女“种妒而少子，丑而短黑”，无意聘纳。但武帝自知太子是个白痴，一直担心他百年之后有人夺取皇位。荀勖对武帝的这块心病了如指掌，所以，此番前去游说，一上来就“对症下药”，一面不顾事实地盛赞贾充之女“才色绝世”，一面又别有深意地说，如果太子娶贾充之女为妻，她“必能辅佐君子，有《关雎》后妃之德”。遂以卫护太子、稳固晋室统治这不可抵御的诱惑，来打动武帝，终于使武帝改变了初衷，贾南风很快就被聘为太子妃。于是，贾充自然不复西行，荀勖的奸计得逞了。

荀勖荐立贾充之女为太子妃，与贾氏的关系更为密切，可谓一荣俱荣。他为了维护自己小集团的既得利益，不惜拿国家的长治久安来做赌注，不惜牺牲国家利益。泰始八年（公元272年），贾南风被正式册立为太子妃。这个生性“酷虐”的恶女人，入宫不久，就“尝手杀数人”，在东宫作恶多端。晋武帝听说后，大为震怒，打算将她废黜。贾充的亲信赵粲说：“贾妃年少，妒是妇人之情耳，长自当差，愿陛下察之。”“荀勖深救之，贾南风故得不废”。荀勖明知司马衷愚劣不堪当国，但出于私心，他却不顾一切、千方百计地去保护这个傻子。当时，朝野上下多数人认为，晋武帝应当立齐王司马攸为太子，而荀勖却大唱反调，这除了维护贾南风的地位之外，还因为他与齐王攸不和。光是自己反对还不够，他还唆使冯玦在武帝面前挑拨离间，诬陷齐王攸，诱使武帝将齐王攸赶出京城，撵回封国。齐王攸很快就气病而死，荀勖除去了一块心头大患。

武帝虽然很爱护司马衷这个亲生儿子，但也“常疑太子不慧”，对他能否担负起理国治民之任并不放心。有一次，武帝派荀勖与和峤一道去察看太子状况，回来汇报时，和峤据实直言：“皇太子圣质如初。”而荀勖则当面欺诈，盛赞太子“德更进茂，不同于故”，比之往日，判若两人。由于荀勖等人如此不择手段地支持司马衷，终于保住了太子之位，最终坐上了皇帝的宝座。于是，就不可避免地出现了贾皇后干政的情形。

心得

自私的荀勖为了自己的利益置国家利益于不顾，拿全天下百姓的安危当儿戏。扶邪不扶正，与贾充、贾南风等奸佞之辈同流合污，狼狈为奸，实有倾国害时之罪。

自古以来，许多朝代的衰亡都是因为奸臣当道，小人得志。他们的最大特点是个人利益高于一切，关键时刻哪管民生疾苦，国家安危？此等人当然只有祸国殃民，害朝灭代的份了。

2. 小人道长

《梁书·武帝本纪》对梁武帝晚年的腐败政局曾有如下评论：

梁武帝“及乎耄年，委事群幸。然朱异之徒，作威作福，挟朋树党，政以贿成，服冕乘轩，由其掌握。是以朝经混乱，赏罚无章。‘小人道长’，抑此之谓也”。

朱异，字彦和，吴郡钱塘（今浙江绍兴）人。他自二十一岁入仕起，“历官自员外常侍至侍中，四官皆珥貂；自右卫率至领军，四职并驱卤薄”，身死之后还被破例追赠为尚书右仆射，以宰相之名入葬。这份荣耀，堪称南朝以来出身庶族的大臣所少有；他还以中书通事舍人之职而“居权要三十余年”，特别是在公元524年以后，朱异更是权倾朝野，“掌机密，其军旅谋谟，方镇改换、朝仪国典、诏诰敕书，并典掌之。每四方表疏，当局簿领，谘详情断，填委于前”。这种情况，也实为南朝以来历代大臣所仅见。

据《梁书·朱异传》载，朱异曾从名师“遍治五经，尤明《礼》、《易》，涉猎文史，兼通杂艺，博弈书算，皆其所长”。在梁武帝信用的大臣当中，朱异是以“文华敏洽”、擅长吏事，“甚娴军国故实”而著名的。他在代替梁武帝草拟诏诰或批答章奏时，经常是“属辞落纸，览事下议，纵横敏赡，不暂停笔，顷刻之间，诸事便了”。这种博学多才的素质和办事干练快捷的作风，使他成为梁武帝最得力的助手。《南史·朱异传》说他的“在内省十余年未尝被谴”，正是他深为梁武帝宠信的一个证明。

然而，如此心智不凡，才华横溢的朱异却有一个致命的恶习，这就是“善窥人主曲意，能阿谀以承上旨”。有一件小事情，很能说明他的这个特点。

大同六年（公元540年）时，朱异已经贵为散骑常侍、右卫将军，每天都

要处理大量的政务，可说是“日理万机”。然而有一天朱异却郑重其事地向武帝请求，要在仪贤堂内设学，主讲《老子义》。梁武帝欣然同意。朱异开讲之日，“朝士及道俗听者千余人，为一时之盛”。此事过后不久，朱异又在建康城西的士林馆内宣讲起《礼记·中庸义》。朱异何以在百忙之中又如此热衷于讲学授徒之事？原因在于，他所宣讲的这两篇著作，全都是出自梁武帝之手！讲授当朝天子的著作，既可借歌颂梁武帝的精思睿智之机大献其媚，又可顺便抬高自己的身价，这种一举两得的好事，他当然要不辞辛劳地抢着干了。

正是因为朱异其人的人格卑下，所以当时他虽然位高权重，可是却“不为物议所归”，名声很臭，为正直人士所鄙视。有一次，一个名叫傅岐的大臣当面提醒朱异说：“今圣上委政于君，安得每事从旨？顷者外闻殊有异论。”傅岐本想利用朝野舆论来向朱异施加压力，谁知朱异却反唇相讥道：“政言我不能谏争耳。当今天子圣明，吾岂可以其所闻干忤天听？”傅岐对此十分气愤，斥责朱异是“恃谄以求容，肆辨以拒谏，闻难而不惧，知恶而不改”。

朱异以所谓“天子圣明”来为自己辩护，这纯属自欺欺人。根据《魏书·岛夷萧衍传》的记载，梁武帝一贯“好人佞己”，喜谀恶谏，而且是“末年尤甚”。朱异之所以在梁武帝面前“不能谏争”，“每事从旨”，原因就在这里。

朱异对梁武帝一味阿谀逢迎，“恃谄以求容”，的确曾经给他个人带来了富贵荣华，但最终却是因此而酿成了一场祸害国家与民众的大灾难。

太清元年（公元547年）二月，在北朝政治争夺中失势的侯景为保全自己而向梁武帝请降。梁武帝一心打算接纳他，但朝中许多大臣却纷起反对。认为侯景为人狡猾多计，反复无常，难以驾驭，不可引狼入室。于是，事情一时就被搁置起来。一天夜里，梁武帝来到武德阁，想起群臣谏阻接纳侯景之事，不禁气上心头，自言自语道：“我家国犹若金瓯，无一伤缺。承平若此，今便受地，讵是事宜。脱致纷纭，非可悔也。”这时，一直悄悄跟在他身后的朱异应声说道：“圣明御宇，上应苍玄。北土遗黎，谁不仰慕？为无机会，未达其心。”先把梁武帝吹捧了一通；然后，他又把侯景来降说成是“天诱其衷、人奖其计”的可嘉可贺之事，认为“今若不容，恐绝后来之望”，极力鼓动梁武帝接纳侯景。朱异这样做，并非因为他与侯景有私情旧谊，也不是因为他真心以为侯景来降是利国利民的好事，而是因为他知道梁武帝的一个“秘密”：就在这一年的正月乙卯日，梁武帝曾经“梦中原牧守皆以其地来降，举朝称庆”。第二天早上，梁武帝见到朱异，便把此梦讲给他听，而且还特意强调说：“吾为人少梦，若有梦必实。”朱异当时就奉承说：“此乃宇宙混壹之兆也。”没过多久，侯景派出的使者就来到了建康，而且还说侯景就是在正月乙卯这一天定下的降梁之计。这种偶然的巧合，使得昏聩的梁武帝兴奋不已，以为这是天意所在。他的心思早被朱异揣摩得一清二楚，所以朱异才会极力主张接纳侯景。梁武帝听了朱异的一番话，“乃定议纳景”，任命侯景为大将军、封河南王，都督河南、北诸军事、大行台，承制如邓禹故事。侯景降梁不久，便开始与梁朝君臣发生矛盾，到了第二年的八月，他又与梁宗室萧正德内外勾结，发动了一场武装叛乱，史称“侯景之乱”，从而将梁朝引向覆灭，梁武帝和朱异都死于叛乱。梁武帝养虎得噬，咎由自取；而朱异逢君之恶，也可以说是罪有应得。

心得

聪明是一笔资源，只看你怎样去利用它。用得好可平步青云，人生得意，用不好反而会误了前途、葬送了自己。朱异之所以有如此下场就是把聪明用错了地方。

做人如此有原则，做到朱异这份上，也真够可以的了。他坚持己见，死不悔改，把讨好上司作为人生的首要大事。本身才华不加以利用，走另外一条为君子所鄙视的道路，朱异算不上什么奸臣，却做尽了奸臣能做的事，确实可悲至极。

3. 口蜜腹剑的假君子

李林甫之奸，口蜜腹剑一词概括；李林甫之奸，与唐玄宗晚年只顾美女游乐，不管朝政是分不开的。如果没有机会让李林甫作奸，哪会出现李隆基失却美人，成为“寡人”的悲惨命运。

李林甫（？—752）是李唐宗室的后裔，唐玄宗时期为恶多端、养乱启祸的首席奸臣。他于开元初年以宗室身份入仕，蝇营狗苟二十余年，竟然在开元二十二年（公元734年）时当上了大唐的宰相，而且一任就是19年。

李林甫“无学术，仅能秉笔”，素质十分低劣，却能官运亨通，青云直上，久居要津。主要靠他“多狡数”的政治权术和善于玩弄阴谋诡计的手腕，尤其是他善于伪装的两面派手腕，登峰造极。他面善语甜，骨子里却“性阴密，忍诛杀，不见喜怒”。与人交往，“好以甘言谄人，而阴中伤之，不露辞色”，世谓“口有蜜，腹有剑”。一生“以谄佞进身”，全部仕途生涯就是以“佞”起家，以“陷人”为务。

唐玄宗初年，李林甫因嫌官职太小，但又“无学术”，便巴结当朝侍中源乾曜的儿子源洁，代求司门郎中。源乾曜素薄林甫，只安排为东宫“谕德”，续而迁“国子司业”。李林甫仍不满足，继续钻营。开元十四年，被御史中丞宇文融引荐，“拜御史中丞”。于是追随宇文融合伙弹劾右宰相张说，致使张说罢相。狡猾的李林甫向宇文融交换了这个筹码以后，没有再附和他们，摆脱了宇文融的朋党牵连，又钻营进尚书省，历任刑部、吏部侍郎。

李林甫还善于巴结权贵的夫人。朝中继任侍中裴光庭夫人，原为武三思女，李林甫暗中殷勤献媚，裴妻遂“与林甫私”。开元二十一年，裴光庭死，李林甫伺机而起，欲谋而动。他通过新寡的裴夫人“衔哀祈于力士”，请求高力士帮助疏通关系，高力士便把皇上将要擢用韩休为相的消息提前泄露给武氏。李林甫得到这一消息，抢先报讯韩休，讨其欢心。韩休受任后果然向玄宗“推荐李林甫可以出任宰相之职”。八面玲珑的李林甫又去钻营巴结皇帝的后宫，不惜重金贿赂。当时，玄宗的美人武惠妃宠倾后宫，武惠妃的两个儿子寿王和盛王也因母宠而见爱于皇上。皇太子李瑛却渐被皇上疏远。李林甫探知内情，乘机通过宦官向武惠妃表露：“愿护寿王为万岁计。”惠妃很感激，就在玄宗面前替李林甫美言。这样李林甫外有韩休引荐，内有武惠妃“阴助”，终于官拜黄门侍郎，受到“玄宗眷遇”。开元二十二年，拜礼部尚书，同中书门下三品，位列朝中三宰相之一。

与李林甫同任的另外两名宰相，一为侍中裴耀卿，一为中书令张九龄，都是“学术博洽”，敢于面诤直谏的贤相。张九龄曾阻谏玄宗说李林甫恐异日为宗庙之忧，玄宗没有听从，而李林甫则对他非常忌恨。“侍中裴耀卿与九龄善，林甫并疾之”。张、裴二相由此成为李林甫的眼中钉。但蜥蜴为心的李林甫很善于伪装和忍耐，尽管心中嫉恨，却夹着尾巴，玩弄善身之术。当时唐玄宗在位已久，渐渐大渐肆奢欲，不管政事，张、裴二相常与皇上力争，朝政矛盾日益暴露。李林甫则往往利用时机，巧伺上意，“每奏请，必先饷遗左右”，以“伺上动静”。皇上的举止动态，“皆欲知之，故出言进奏，动必称旨”，玄宗惊喜若神，十分欢心。李林甫一面逢迎皇上，一面暗中寻端觅衅，排挤张、裴二相。

李林甫

李林甫对张九龄一直怀有敌意，把张九龄视为自己仕途上最大的障碍，只要张九龄在朝，他就无法实现他的政治抱负，因此他必须设法除掉这一眼中钉。张九龄早年以文学才能被中书令张说推重，张说曾多次向玄宗推荐他堪任集贤院学士，而玄宗对张九龄的器识、文词和风度也非常赏识，称他为“文场之元帅”。因此张说死后不久，玄宗便提拔他为中书令，成为朝政的主要执掌者、首席宰相，而李林甫也被提拔为礼部尚书，同平章事。但李林甫先前曾同宇文融一道攻击过张说，他怕张九龄向他报复，而张九龄也一直看不起李林甫的为人。一次玄宗跟张九龄商量提升李林甫为宰相，张九龄直截了当地说："宰相的地位关系着国家的安危，陛下如果拜李林甫为相，只怕将来国家会遭到灾难。"李林甫得知后，对张九龄更是恨之入骨，决心加紧实施驱走张九龄的阴谋计划。他探知玄宗虽欣赏张九龄的文学和气度，却对张九龄凡事固执己见，不符合皇上旨意不满。他要利用玄宗对张九龄不满的情绪，攻其不备，加深君臣二人之间的矛盾，让玄宗失去对张九龄的宠幸，而把宠幸的砝码加在自己身上。于是他暗施阴谋，冷眼旁观，等待时机，坐收渔利。

张九龄常在一些大小问题上同玄宗展开争论。大将张守硅任幽州节度使后，大破契丹，玄宗非常欣赏张守硅的才干，想提升他做宰相，张九龄却劝阻说："宰相一职，综理国家众务，并不是赏赐功臣的官。"不同意玄宗的意见，玄宗又退步说："只是授给他宰相这个名分，不让他担任具体事务。"张九龄仍不同意，说："名与器是不可以随意给人的。"这使玄宗感到非常恼火。在讨奚、契丹时，安禄山恃勇轻进，为敌人所败，按军规应处以死刑。玄宗怜惜安禄山有才能，免其死罪，令他白衣自效。张九龄却坚持说："安禄山违反纪律，丧失军队，而且观其貌有反相，不杀必成后患。"玄宗见张九龄一再同自己作对，对他越来越不耐烦了，但又找不到罢免他的理由。

李林甫一直都在暗中窥伺时机，终于在开元二十四年（公元736年）牛仙客问题上找到了促使玄宗下决心驱逐张九龄的机会。

牛仙客是朔方将领，目不识丁，但在理财方面倒有些旁门左道。玄宗一再想提拔他，都遭到张九龄的反对。李林甫乘机挑拨说："像牛仙客这样的人，才是宰相的人选，张九龄是个书呆子，不识大体。"玄宗见李林甫支持，很高兴，立即又找张九龄商议提拔牛仙客之事，张九龄还是不同意。玄宗这下可惹怒了，变色道："难道什么事情都要由你做主吗！你认为牛仙客低贱，你又有多高贵呢！"

安禄山

下朝后，李林甫又在玄宗面前离间说："只要有才识，何必考虑什么词学，天子用人，有什么不可以的。"经李林甫这么一说，玄宗心里更不是滋味，再也不顾张九龄的反对，赐牛仙客爵陕西县公，食封

300户，又升之为工部尚书、同中书门下平章事。同时罢去张九龄、裴耀卿的相位，任命李林甫为中书令，执掌政府大权。

李林甫倾倒张九龄，当上首席宰相后，心里十分高兴，但皇太子问题并未解决，他企图进一步利用皇太子问题去实现他的权力野心，他想废掉太子瑛，另立寿王瑁为太子，使太子和相权结合，从而驾空君王，独断朝纲。因此他暗中指使亲信构陷太子瑛，而武惠妃也未善罢甘休，继续派人监视太子。开元二十四年四月，驸马都尉杨洄再次状告太子瑛、鄂王瑶、光王琚与太子妃兄、驸马都尉薛锈秘密勾结，图谋不轨，玄宗又忙召集李林甫、牛仙客商议废太子之事，李林甫还是那句老话："废太子是陛下的家务事，不是臣等所应参与的。"玄宗见宰相不反对，遂下令废除瑛、瑶、琚为庶人，流放薛锈于湘州，不久又赐死瑛等4人。

李林甫废除太子的目的达到后，满以为寿王瑁可以成为太子了。然而事态并未像李林甫所预计的那样发展。武惠妃由于在太子问题上做了亏心事，夜晚常梦见太子瑛等3人为祟，最后恐怖成疾而卒。惠妃突然死去，李林甫深感不安。他知道寿王因惠妃而得宠，惠妃一死，寿王失去了成为太子的一个最重要的靠山。但他并未放弃拥立寿王为太子的宿愿，他见玄宗在立谁为太子问题上犹豫不定，便决心先发制人，于是上疏玄宗，提议说："寿王年已成长，可立为太子。"而此时的玄宗似乎对李林甫拥立寿王为太子的用心有所察觉，因而在立谁为太子问题上显得异常冷静和慎重。他权衡了寿王和其他诸子，认为寿王毕竟是以母亲而得宠，他个人并无特殊才能，尤其是李林甫极力扶持寿王，目的已很显然。玄宗既然把首席宰相的大权交给了李林甫，就不希望这位权相再去拥立一个太子了。因为太子和权相结合，将会构成对皇权的威胁，因此不能立寿王为太子。想来想去，他最后选择了忠王为太子。这不仅因为忠王多年来一直处于不受重视的地位，在宫中和外朝都没有形成个人势力，易于控制，而且忠王在玄宗诸子中也最年长，立忠王为太子，不会让以李林甫为代表的拥立寿王的外朝势力找到反对的借口。所以当李林甫问及立太子之事时，玄宗断然回答说："忠王仁孝，年又居长，当立为太子。"李林甫只得打消立寿王的念头。

然而李林甫却牢牢地控制住了朝中大权，为了争宠固权，他一方面处处迎合玄宗旨意，凡有奏请，他都事先贿赂玄宗左右亲信，了解玄宗的意图，从而投帝所好，故深得圣心，玄宗把政事全部委托给李林甫处理，宠之不疑。另一方面他又想方设法把玄宗和百官隔绝开来，不让玄宗了解下情。他曾把谏官们召集起来，公开威胁说："现在皇上圣明，做臣下的只要按皇上的意旨办事就行了，用不到大家七嘴八舌。你们没有看到皇宫前的立仗马吗？它们吃的饲料相当于三品官的待遇，但是哪一匹马要是叫了一声，就要被拉出去不用，后悔也来不及了。"对上疏言事的人，李林甫一概打击，谏官补阙杜琎不听李林甫的话，偏上疏给玄宗提建议，结果第二天就接到命令，降职到外地做县令。

对玄宗赏识并有可能入相的人，李林甫也一概排斥和打击。他打击异己手法十分巧妙，他要排挤一个人，表面上不动声色，笑脸相待，做出一副十分关心人的样子，在背后却暗箭伤人。中书侍郎严挺之，为官清廉，又有才能，李林甫十分妒忌他，把他排挤在外地当刺史。有一天，唐玄宗突然想起了他，对李林甫说："严挺之还在吗？这个人很有才能，还可重用呢！"李林甫说："陛下既然想他，我去打听一下。"退朝后，李林甫立即把严挺之的弟弟找来，对他说："你哥哥不是很想回京城见皇上吗？我倒有一个办法，只要叫你哥哥上一道奏章，就说他得了重病，请求回京城来看病。"严挺之的弟弟见李林甫这样关心他哥哥，非常感激，马上给严挺之去了一封信。严挺之接到他弟弟的信，果真上了一道奏章，请求回京城看病。李林甫拿着奏章去见玄宗，假惺惺地说："哎，真太可惜，严挺之现在得了重病，不能干大事了。"玄宗只好惋惜地叹了口气。

在铲除异己的同时，李林甫也大力培植自己的亲信势力。然而当这些亲信权位渐盛，皇恩日隆，有可能危急到自己利益时，他同样毫不留情地予以排斥和打击。御史中丞杨慎矜在构陷太子的过程中，替他立下了汗马功劳，当杨慎矜权位日重后，他又非常忌恨，于是设计陷害，指使王拱诬奏杨慎矜行为不轨，杨慎矜遂遭灭族大灾。

欲壑无穷的李林甫，"不惧盈满"，贪求富贵又唯恐有才能的人上来与之竞争。因此“凡才望功业出己右，及为上所厚，势位将逼己者，必百计去之”。“妒贤嫉能，排抑胜己，以保其位”，“有才中于时者尤忌之”。表面上对这些人甜言蜜语，关心备至。实际上“崖阱深阴”，暗藏圈套，不断地算计别人。李林甫不仅背后陷人。还惯于利用别人的矛盾，玩弄拉一派打一派的手法来排斥异己。户部尚书裴宽，“素为上所重”，李林甫恐其入相，内心忌之。刑部尚书裴敦复“平贼有功”，受到皇上表彰，李林甫亦忌之。正好二裴互有矛盾，李林甫便从中挑唆，致使矛盾扩大，裴宽坐贬为睢阳太守，裴敦复贬为淄州太守。这样就把二裴打下去，阻止了他们入相的机会。

嫉妒成性的李林甫不仅注视朝廷官员升迁的动向，不断加以排斥，还注意防止边帅的竞争。边帅皆用忠厚名臣，其中功绩显著的人往往升入朝，拜为宰相。李林甫启奏任用少数民族将领，少数民族将领不识汉字，驻边领军，才能再大，也不会入朝拜相。这样从根本上杜绝了边帅入相的路子，他自己的相位可长保无虞。玄宗竟听信其言，选用安禄山之流，结果遗患天宝末年。

天宝后期，李林甫羽翼丰满，其奸恶本质进一步暴露出来，变得气焰嚣张，凶狠猖獗，权势欲恶性膨胀。他网罗群佞，在朝中为所欲为，“屡起大狱，诛逐贵臣，以张其势”。凡不顺从他的人，都蓄意打击、陷害，无论怎样有地位的官僚、贵戚、名士，只要与李林甫有隙，或不屈于李林甫，都难免遭其毒手。出于打击陷害别人的需要，他着意豢养了一批残酷的“治狱吏”，充当帮凶。“为吏深刻”的罗希奭、吉温二人是李林甫的两个心腹打手，被时人谓之“罗钳吉网”。由于李林甫心狠手毒，骄横无比，百官无不惧怕，“朝野侧目，惮其威权。”尤其是玄宗皇帝嬉游于深宫之中，“或时不视朝，百司悉集林甫第门，台省为空。”军国机务皆由林甫在家中决策，下官把李林甫决策好的文案送交陈希烈，让他书名而已。

李林甫以诬陷杀人，必为人所谄。他的亲信吉温，先附于李林甫，后来发现依附于他最终难以升迁，就离开李林甫去依附杨国忠。并为杨国忠出谋划策，取代李林甫。首先除去李林甫的心腹萧炅，天宝九年，吉温找到萧炅的罪名，要杨国忠奏而逐之，以翦心腹。李林甫居然无能救援。接着吉温又和安禄山约为兄弟，激发安禄山共排李林甫。由是李林甫培植的党羽溃裂。不久，玄宗发现了真相，于是疏远了李林甫。李林甫此时竟也束手无策，“忧懑不知所为”。天宝十一载，李林甫在忧懑中结束奸恶一生。还未来得及下葬，杨国忠诬奏李林甫结党谋反的奏书，由于援引安禄山证词而获准，于是玄宗“削林甫官爵，子孙有官者除名，流岭南及黔中”。“割林甫棺，更以小棺如庶人礼葬之。”玄宗终于在李林甫死后清醒地看清了他的面目，斥李林甫“妒贤嫉能，举无比者”，可惜已经为时太晚了。

心得

李林甫是个“无学术，仅能秉笔”，素质十分低劣之人。他之所以能够沐猴而冠并久居要津，首先是因为他“以谄佞进身”，善于逢迎君主，有阿谀谄媚之才。此外，善于玩弄阴谋诡计和政治权术、多方蒙蔽君主视听，也是他小人得势的重要原因之一。

晚年的玄宗被早年的辉煌冲昏了头脑“自恃承平，以为天下无复可忧，遂深居禁中，专以声色自娱”，“倦于万机，恒以大臣接对拘检，难徇私欲”；又对李林甫“任之不疑”，便“悉委政事于林甫”。正因如此，李林甫才敢于或明或暗地在他面前行骗，也正因如此，李林甫才能够把他骗了个实实在在，毫无知觉，所谓的奸臣误国不假，而真正误国的却是一个是非不分的“明君”。

4. 桑维翰的媚事嘴脸

后唐末帝清泰二年（公元936年），石敬瑭在晋阳发兵叛乱，演出了一幕投降契丹、甘为儿皇帝的丑剧，桑维翰则是这幕丑剧的策划人、导演和主要演员之一。

桑维翰（898—946），字国侨，洛阳（今洛阳市）人。他形态丑陋，“身短面广”，自称有“一尺之面”。许多人乍一看到他那张大驴脸，都会忍不住发笑，但桑维翰却从来不因此而自卑。相反，他还自以为相非常人，“慨然有公辅之望”。为了实现他的愿望，在进士及第之后，他不去谋求文职，而是投笔从戎，投奔到石敬瑭的麾下，当了一名幕僚。二人臭味相投，相处甚洽。十几年间，桑维翰跟着石敬瑭东征西战，成为石敬瑭须臾不可或缺的亲信和谋士。

然而，桑维翰并不满足于当一个幕僚，他期盼的是石敬瑭能篡位称帝，自己也能成为新朝的佐命功臣，致位将相。所以，从石敬瑭和后唐朝廷关系恶化之时起，桑维翰就积极协助石敬瑭扩充实力，准备叛乱。但在叛乱发生的最后关头，石敬瑭突然又疑惧不决。桑维翰则极力为他鼓劲儿，对石敬瑭说：过去契丹人曾与明宗（石敬瑭岳父）约为兄弟，现在他们就在离晋阳不远的云、应二州之地活动，“公诚能推心屈节事之，万一有急，朝呼夕至，何患无成”。石敬瑭解除了后顾之忧，随即举兵叛乱。

石敬瑭起事之后，后唐朝廷派五万大军攻打晋阳。石敬瑭战不能胜，处境艰难，此时又是桑维翰再倡降附契丹之议，并亲自起草了给契丹国主耶律德光的请降求援信，以丧权辱国的代价，迎来了契丹的虎狼之兵。

晋阳解围后，耶律德光册立石敬瑭为大晋皇帝，桑维翰因“首预其谋”又屡有奇功，被石敬瑭任命为翰林学士、礼部侍郎、权知枢密使事。正当他自庆得计、欣喜若狂的时候，突然风云变幻，耶律德光又与赵德钧勾勾搭搭。这赵德均是后唐的卢龙军节度使，封北平王，兼中书令。此人拥兵镇边十余年，也一向心怀异志。此次受命从幽州赶赴晋阳增援唐军，抗击契丹。谁知他却“遣使于契丹，厚资金币，求立以为帝”。耶律德光担心自己孤军深入，被赵德钧截断后路，便打算接受他的请求。石敬瑭眼看自己头上这顶刚刚戴上的儿皇帝的皇冠要被人抢去，急得不知如何是好。桑维翰也是忧心如焚，坐卧不安。在石敬瑭的委派下，他匆匆忙忙地来到契丹营中，跪倒在耶律德光的帐外，放开嗓子哭喊起来，先是大骂赵德钧父子都是不忠不信的小人，又接着吹捧耶律德光是“以信义救人之急、四海之人俱属其目”的仁德英主；一面反复表白后晋君臣将“竭中国之财以奉大国”的耿耿忠心，一面又苦苦哀求耶律德光不要抛弃他们。桑维翰“自旦至暮”跪了整整一天，哭诉了整整一天！耶律德光起初还犹豫不决，但最终还是被桑维翰的言词所感动，下定了要当后晋君臣之“父皇帝”的决心。桑维翰终于取得了耶律德光的同情与怜悯，保住了石敬瑭的傀儡之位，保住了自己的既得利益。于是便兴高采烈地去向石敬瑭报喜、邀赏。石敬瑭立刻就提拔他当了中书侍郎平章事，兼任枢密使，桑维翰出将入相的梦想终于实现了。

桑维翰执政之后，更是变本加厉地把媚事契丹看成头等大事。天福六年（公元941年），成德军节度使安重荣上表请求抗击契丹，当时桑维翰已不主持国政，但他闻讯后还急急忙忙暗中上疏石敬瑭，大讲不能与契丹开战的“七不可”。他极力夸张契丹的国势之强，并列举契丹对后晋的恩义仁德，提出抗契丹则亡、事契丹则存。他的这番话，不仅彻底打消了石敬瑭因当“儿皇帝”而产生的几许“烦懑不快”，推动他在卖国事敌的罪恶道路上愈滑愈远，而且也进一步暴露了桑维翰自己民族败类的丑恶嘴脸。

心得

奸臣是皇帝的臣子，不过他们却把皇帝作为实现个人目的的手段，然而忠诚之士却把皇帝当成为了万民谋福的工具，皇帝的作用相同，而收效却全然相反。前者可以损毁百年基业，后者也可让万世景仰。奸者奸心，投其所好则得到重用，目的达成，被利用的一方总是浑然不觉，悔之晚矣。

5. 蔡京乱政

谁都知道蔡京不是什么好鸟，但想想他的主子宋徽宗皇帝，只顾快活日子，游戏于声色犬马之中，他那种只顾艺术生活，不顾天下人民死活的皇帝又能好到哪儿去呢？这样算来，最奸最误国的人竟是皇帝老儿。

蔡京（1047—1126）字元长，北宋兴化仙游（今属福建）人。他在宋徽宗统治期间，曾经四次为相，窃弄国柄长达二十年之久，以其天资凶谲，干尽了倾国乱政的坏事，被时人斥为六贼之首。怂恿、鼓励宋徽宗纵欲享乐并千方百计地聚敛财物供其挥霍，即是蔡京所犯罪行之一。

蔡京

宋徽宗胸无大志，目光短浅。自从即位之日起，他就渴望着当一个穷奢极欲的快活天子，而从未想过勤勉为政。然而在起初，他还有点顾忌朝野舆论的反对，不敢胡作非为，还不得不假惺惺地装出一副去奢行俭的模样以收揽人心。蔡京入朝为相之后，凭投其所好，鼓励、怂恿宋徽宗率性而为，随意去寻欢作乐，去奢侈享受。

有一次，宋徽宗准备大宴群臣，为了显示所谓天子气派，打算在宴席上全部使用玉石杯盏。但又担心人们批评他太奢侈，于是便把蔡京找来商议。蔡京深知徽宗的用心，就故意用引而不发的方式，先和徽宗谈起了他早年出使契丹时候的见闻。蔡京说："臣昔使契丹，见玉盘盏，皆石晋时物，持以夸臣，谓南朝无此。"蔡京的用意，是想以此激发宋徽宗争强好胜的虚荣心，然后他才明确表态说，他认为用玉器侍宴是"于礼无嫌"、合乎古制的，劝宋徽宗但用无疑。谁知徽宗听了还是有点犹豫，并对蔡京说："先帝作一小台，才数尺，上封者甚众，朕甚畏其言。此器已就久矣，倘人言复兴，久当莫辨。"言语当中流露出几分胆怯。蔡京见此，便极力为宋徽宗打气说："事苟当于理，多言不足畏也。陛下当享天下之奉，区区玉器，何足计哉！"宋徽宗听了这话，便理直气壮地把玉质杯盏摆到了宴席之上。

为了让宋徽宗踏踏实实、心安理得地挥霍浪费，蔡京还极力粉饰太平，经常对徽宗说什么"今泉币所积赢五千万，和足以广乐，富足以备礼"。最为可耻又可恶的是，他居然还利用宋徽宗崇信道教的心理，随意篡改、曲解《易经》的经义，提出了"丰亨豫大"之说来进一步诱导宋徽宗胡作非为。

《易经》中有"丰"、"豫"两卦。丰卦之象为上震下离，卦名之义为大屋。卦辞说："丰、亨，王假之。"；彖辞曰："丰，大也，明以动，故丰，王假之。尚大也。”豫卦之象为上震下坤，卦名义为安和悦乐。彖辞曰：“豫以顺动。天地以顺动，故日月不过，而四时不忒；圣人以顺动，则刑罚清而民服，豫之时义大矣哉。”通常对此二卦的解释说，王者在最盛之时，应当一切都崇尚盛大，不必忧此虑彼，应当如日行中天般的普照天下，这是天理。只有依顺天理而动，才会有安逸、快乐。因此蔡京据此鼓动宋徽宗设法把朝廷、宫室以及其他场面都搞得雄伟高大、富丽堂皇，这才是明主之德，这才能体现出大宋王朝的昌盛。经他这么一说，奢侈铺张非但不是什么恶行，反而倒成了顺天心合天理的善举。宋徽宗对他这番话是一听就信，大有久旱逢甘霖之感。于是，宋徽宗就肆无忌惮地开始制礼作乐，大兴土木，唯恐委屈了自己，辜负了时光。不仅铸九鼎、建明堂，而且扩宫院、修方泽、立道观，极尽奢靡，很快就耗资巨万，造成了中央财政紧缺的局面。而蔡京为了弥补亏空，便又假托“绍述”之名，借口继承宋神宗的新法，极力榨取民脂民膏以供宋徽宗挥霍。

根据史书记载，蔡京执政期间，曾经复行方田法、榷茶法、免役法；又曾推行增价折纳之法、和籴之法；还曾屡改盐法，变钞法，铸大钱，等等，他的目的，就是要搜刮财货以结主子欢心。经过他花样翻新的盘剥，民众的负担大大增加了，例如，江西虔州（今赣州市）地方的田税有的由原来的“十有三钱而增到二贯二百”、有的由“二十七钱增至一贯四百五十”。巩州的役钱则从元丰年间（1078—1085年）的每岁四百缗猛增到政和元年（公元1111年）的近三万缗；在蔡京新法的盘剥之下，民众愈发是生活在水深火热之中了，这就是蔡京倡言丰亨豫大给人民带来的“好处”。

心得

上梁不正下梁弯，奴才向来都因主子而生。有什么样的主子就有什么样的奴才，主子喜谄媚，奴才必善谄媚，主子指手画脚、颐指气使，奴才只有唯唯诺诺伏首称是，主子高兴，奴才哪敢愁颜？纵有心也无胆。

所以上有所好，下必行之，身为皇帝，一点点的小爱好都有可能成为心怀叵测之人攻击的弱点，何况像徽宗这样奢侈的人呢？蔡京从一市井无赖之徒直升到朝廷要职和拍马逢迎的关系密不可分，然而他的手段对于一个能够分别忠奸，有所作为的皇帝来说也会产生如此效果吗？

6. 欲加之罪，何患无辞？——秦桧残害岳飞

岳飞是民族英雄，已是历史定论。冤死风波亭，让天下英雄寒心，使正直之士愤然，皆呼千刀万剐秦桧不解心头之恨。怪不得他的后人来到岳飞坟前，都不禁写道：人从宋后少名桧，我到坟前愧姓秦。话虽如此说，但仔细想想，杀害岳飞的凶手就真的是秦桧吗？其中原委却未必了然。

岳飞

岳飞是南宋民族英雄，金兵南下时，岳飞意气风发，主张收复失地，恢复中原，而且在抗金战中建树不凡，因此成为一代名将。可就是这样一位民族英雄却被卖国求荣的秦桧害死。其实我们仔细想想，害死岳飞的人应该是宋高宗，秦桧只是帮凶而已。

秦桧（1090—1155），字会之，宋江宁（今江苏南京）人。进士出身。北宋时曾任密州教授、监察御史和御史中丞。靖康元年（公元1126年），金兵陷京师，徽、钦二帝蒙尘，秦桧也被金兵押掳北去。但到金国后，徽、钦二帝及其他宗室大臣遭流放，秦桧却被金太宗完颜晟赐给其弟、左监军完颜昌（即挞懒）。从此，他投靠了金人，成为完颜昌的亲信。

南宋建炎四年（公元1130年），秦桧随完颜昌南攻楚州（今江苏淮阴）时，全家乘船渡海抵达越州（今浙江绍兴）。他诈称自己是杀了“金人监己者，弃舟而来”。宋高宗赵构一心要与金国讲和，便提升秦桧为吏部尚书，转年又屡迁他为参知政事、宰相，主持与金国和议事。

绍兴九年（公元1139年），秦桧代表高宗与金国达成了丧权辱国的“绍兴和议”。但第二年，和议即遭金国撕毁，金兵继续南下攻宋。宋将岳飞、韩世忠等奉命出师，屡创金军。岳飞相继收复颍昌、蔡水、洛阳等地，又在郾城

（今属安徽）大破完颜宗弼（即兀术）的拐子马军，名震天下。由于他素来“以恢复为己任，不肯附和议”，坚决主战，遂成为秦桧的“眼中钉”，亦是金人的心腹大患。兀术在给秦桧的信中提出：“汝朝夕以和请，而岳飞方为河北图，必杀飞，始可和。”而秦桧也认为，如果岳飞不死，“终梗和议，己必及祸，故力谋杀之”。

宋高宗赵构

绍兴十一年（公元1141年），秦桧唆使高宗采用明升暗降的手法；任命岳飞为枢密副使，解除了他的兵权；不久又以张俊编造的岳飞在淮西战役中逗留不前的谎言为依据，指使右谏议大夫万俟卨上章弹劾，罢免了他的枢密副使。为了置岳飞于死地，秦桧与张俊串通，在岳飞部将中物色到了一个善于告讦变诈的副统制王俊，帮助他炮制了一份《告首状》，诬告岳飞最倚重的部将张宪要领兵到襄阳造反。王俊将《告首状》交给原任都统制的王贵，转送镇江枢密行府的张俊。张俊判定王俊所述属实，并“亲行鞫炼”，逼张宪自诬，承认自己“欲劫诸军为乱”，乃是由于岳飞之子岳云唆使他这样做的。张宪被笞掠得体无完肤，抵死不认。秦桧就指使张俊伪造了张宪的口供，将张宪、岳云一同押解到杭州大理狱中。

韩世忠

高宗闻知此案后，只不过表示了一下“惊骇”而已，秦桧奏乞将张宪、岳云与岳飞证白此事，高宗也无制止之意，不用说，是有纵容之意。这时岳飞对张宪、岳云被诬陷下狱之事全无所知。奉令到京后，秦桧密遣左右传宣：“请相公略到朝廷，别听圣旨。”岳飞闻听宣诏，即跟随来人前去，那人却一直把他引到大理寺去。岳飞不胜愕异地问道：我为国家宣力半生，为什么今天竟到了这里！在后堂，他看到了张宪和岳云——两人都身披枷锁，血迹斑斑，痛苦地呻吟着。

受命审问岳飞的是曾附和万俟卨弹劾他的御史中丞何铸。他一见岳飞，便大声质问岳飞为什么要谋反。岳飞一听如此罪名，顿时怒气盈胸，当即撕裂上衣，露出背上赫然刺写的“精忠报国”四个大字。何铸看罢，心中不禁震慑，在审查了与此案有关的全部文件后，更感到大都诬枉不实，便向秦桧作了报告。秦桧很不高兴地说，皇上的意思是要这样办的。何铸对秦桧虽有曲意顺从之处，但此时决意不肯再推波助澜，婉言答道：“我并非要维护岳飞，只是现在大敌当前，无故诛杀大将，一定会大伤将士之心。”一番话说得秦桧无言可答。

岳飞再次受审，改由万俟卨主持。他把王俊、张俊等人捏造的“罪证”摆在桌上，向岳飞大声呵斥道：“国家有何亏负于你，你们父子却要伙同张宪共同谋反？”岳飞气愤填膺，指着万俟卨高叫道：“我对天盟誓，绝无负于国家。你们既主持国法，切不可陷害忠良。我若诬枉致死，到冥府也要与你们对质不休！”万俟卨接着问：“相公说无心造反，可还记得游天竺寺时，在壁上留题说：‘寒门何载富贵’，既然写出这样的话，岂不表明有非分之想吗？”岳飞见如此深文周纳，不禁满怀愤懑地长叹：“吾现时才知道已落入国贼秦桧之手，使我为国忠心一切都休，一切都成了犯罪！”说罢便合上眼睛，任凭狱卒们拷打。

审讯了两个月之久，秦桧始终得不到足以置岳飞于死地的罪状，便以尚书省的名义下了一道《敕牒》给万俟卨。称岳飞“淮西之战，十五次被受御札，坐观胜负”，应即以此作为岳飞的最大罪状。然而此事既非王俊《告首状》所举发，也不是张宪在诬服时所涉及的；审问时又经岳飞逐一加以辩驳，据此定案终显十分牵强。

岳母刺字

因为罪证不足，参与审讯岳飞的大理寺官员李若朴和何彦猷认为造反的罪名难以成立，只应判处两年徒刑。万俟卨和罗汝楫则极力主张把岳飞父子和张宪三人一律处死。由于未能取得一致意见，案子便拖了下来。

当时朝廷内外对岳飞一案十分震惊，许多具有正义感的官员，纷纷出面进行营救。宗室首领齐安郡王赵士㒟上书说：“中原未靖，祸及忠义，是忘二圣不欲复中原也。臣以百口保飞无他。”南剑州（今福建南平）布衣范澄之上书说：“胡虏未灭，飞之力尚能载定，岂可令将帅相屠，自为逆贼报仇哉！”还有进士智浃、布衣刘允升也上书为岳飞鸣冤。这时已罢官闲居的韩世忠，本已杜门谢客，绝口不谈政事，但实在无法平息愤懑的心情，还是去质问秦桧，有什么根据说岳飞谋反？秦回答说：“飞子云与张宪书虽不明，其事体莫须有？”他蛮不讲理地认为，尽管岳云给张宪的书信找不到了，难道这个事也没有吗？我看是或许有的，可能有的。韩世忠见他硬把无理说得有理，只好拂然说道：“相公，莫须有三字，何以服天下乎？”

高宗和秦桧既然决心与金人讲和，就必须满足金人的条件杀掉岳飞。这既除掉了妨碍自己的绊脚石，又杀鸡给猴看，警告拥有军权的武将们必须顺从，使自己的统治基础得到加强和巩固，又何乐而不为呢！于是不顾众人的反对，一意孤行，在这年的除夕，下达了“岳飞赐死，张宪、岳云并依军法施行”的“圣旨”。

当天，大理寺的执法官遵旨来到狱中，逼岳飞在供状上画押。岳飞知道最后的时刻到了，他想到自己一生精忠报国，光明磊落，问心无愧；现在无辜被害，老天有眼，终有昭雪的一天。便镇定自若地提起笔来，在供状上写下了八个大字：“天日昭昭！天日昭昭！”

一代忠臣，爱国名将，民族英雄岳飞，就这样惨死了，年仅三十九岁。明朝名士文征明在题《杭州岳飞庙》中说：“拂拭残碑，敕飞字依稀堪读。慨当初倚飞何重？后来何酷？果是功成身合死，可怜事去言难赎。最无辜堪恨亦堪怜，风波狱。”

千百年来，人们一直都以为是秦桧害死了岳飞，其实仔细想想，害死岳飞的真正凶手应该是宋高宗，秦桧只是帮凶而已。

造成宋高宗杀岳飞的原因主要有三：

第一，迎还二圣，酿成祸根，宋高宗是在父兄被掳走的情况下登基做的皇帝，天无二日，国无二主，况且，如果迎回二圣将是三主，当康王毕竟不如当皇上，徽、钦二宗回朝对高宗的皇位会构成一定的威胁，自己还位于徽、钦二宗，还是继续当皇上，都很难处理，岳飞抗金所打的口号其一就是“迎还二圣”，这必然会遭到高宗的忌恨。

第二，扩军遭忌，功高震主。宋朝自太祖开国以来主要以文官治天下，而岳飞以武将居高位，引起高宗和文官的不满，况且，岳飞为了抗金，还一再的招军扩军，拥兵近二十万之众，其本人在军中也素有威望，大有军中只知有岳帅而不知有朝廷之势。因而引起了高宗的惊惧，也就是犯了功高震主的官场大忌。

第三，反对议和，招致祸殃。宋高宗是个性格软弱、贪图安逸的人，而对金国气势汹汹的进攻，早已给吓破了胆，偏安江南小朝廷，倒也清闲自在，决定与金国议和，而岳飞则以恢复中原为己任，以“靖康之耻”为大宋之耻，为的是彻底打败金兵，而金国议和的条件是“必杀岳飞”所以构成了岳飞冤死的悲剧。而这场悲剧的导演正是宋高宗，秦桧只是帮凶而已。

心得

秦桧是一代奸臣，而且纵奸有术，正因为他有术，才成为千古大奸。最终被永远钉在历史的辱柱上，这是中华民族所做出的最公正的裁决。

然而窃堂皇之名而行奸邪之事的人恐怕不是没有，如宋高宗就是此列。他比秦桧高明得多。其奸比秦桧有余，却能流芳百世，若秦桧在地下见之，也只能自叹还未奸到家了！

7. 萧裕一箭三雕

萧裕是金朝著名的奸臣。此公最大的特点，是“阴险狡诈”，善于玩弄阴谋诡计，长于陷害他人。正是靠着这份天资奸恶，他才成为金海陵王完颜亮弑君杀亲罪恶活动的谋主和打手，并由此而飞黄腾达。

完颜亮是金太祖完颜阿骨打的庶长孙。金熙宗统治后期，完颜亮位高权重，其篡夺皇位的野心亦日益发展。善于看风使舵的萧裕以为完颜亮是奇货可居，便主动投靠，率先参与到他篡权夺位的阴谋之中。

皇统九年（公元1143年）五月，完颜亮被喜怒无常的金熙宗贬出朝廷，要到汴京（今河南开封）担任领行台尚书省事。当时萧裕正任北京（今内蒙古赤峰市宁城西大明城）留守。完颜亮路过北京时，曾与萧裕密谋说："我欲就河南兵建立位号，先定两河，举兵而北。君为我结诸猛安以应我。"萧裕对这个武装叛乱的企图完全赞同，二人"定约而去"。谁知完颜亮中途又被熙宗召回任以高官，他与萧裕原来拟定的叛乱计划落空了。这一年的十二月九日，完颜亮在秉德、唐古辩等人的协助下，突入皇宫，杀死金熙宗，于血泊之中黄袍加身，而萧裕却因任职地方，没有能够成为这场流血政变的直接参与者。

完颜亮即位之后，对直接参与政变的有功人员大行封赏：秉德被任命为左丞相兼侍中，唐古辩为右丞相兼中书令。他还对秉德等六人"赐以誓卷"，以同生共死相约。而萧裕只被委以秘书监，其地位、权势远在秉德等人之下，萧裕对此并不甘心。他和秉德等人虽然是共扶一主，有同党之谊，但他却对这些人妒恨不已、视为仇敌，认为他们抢去了那份本来非他莫属的荣耀和权势，总想寻机置秉德等人于死地，而完颜亮的猜忌好杀，则为他提供了契机。

完颜亮"为人性急，多猜忌，残忍任数"，"外若宽和而城府深密、人莫测其际"。他即位之后，对金太宗的诸子视如眼中钉、肉中刺。当时，太宗之子宗本以太傅之职领三省事，兄弟八人同居朝列，势力强大，完颜亮为此寝食不安，急于兴狱屠戮。萧裕迎合其意，建议完颜亮以谋反之罪来诛除宗本等人，他向完颜亮献计说："尚书省令史萧玉，素为宗本所厚，人所共知，今托为玉告变状，以取信于人，可按籍诛也。"完颜亮听此，拍手称善，于是二人分头准备行事。

天德二年（公元1150年）四月的某一天，完颜亮乘宗本、宗美二人毫无防备，借早朝之机突然下手，不由分说，便将二人杀死。与此同时，萧裕也派人去抓萧玉，要逼他在已经替他写好的揭发状上签字。谁知萧玉却是大醉不醒，一直睡到了当天晚上，萧玉才睁开双眼。一看到那些守候其旁、一身戎装的军士，他还以为是自己遭人陷害而入狱，不由得嚎啕大哭，连声求饶。萧裕看他已经吓得半死，这才从幕后闪出，附耳告之曰："主上以宗本诸人不可留，已诛之矣！欲加以反罪，令汝主告其事。今书汝告款已具，上即问汝，汝但言宗本辈反如状，勿复异词，恐祸及汝家也！”萧玉哪敢不从。于是，宗本就成为大逆不道的罪犯，其亲属皆受牵连，太宗子孙七十余人均被杀戮。

萧裕知道完颜亮对秉德、唐古辩二人也心怀猜疑，所以在他为萧玉起草的揭发状中，就把他俩全都诬陷为宗本的同谋。结果，当完颜亮大肆杀戮太宗子孙的同时，秉德、唐古辩二人也大难临头，成为刀下之鬼。

由于策划有功，萧裕很快被提拔为尚书左丞、加仪同三司，授猛安。完颜亮觉得这还不足以酬谢其功，又赏赐萧裕钱二千万、马四百匹、牛四百头、羊四千口。萧裕凭着这一条诡计，既讨取了主子的欢心，又除却了强劲的政敌，还能升官发财，真是一举三得，其狡诈凶狠，由此可见。

心得

萧裕靠着他的心狠手辣、阴谋诡计飞黄腾达了，留给我们的思考却是深远的。

在昏君当道，政局紊乱的情况下，忠诚耿直之人举步维艰，狡诈多变、凶险毒辣之人才能得势。弱肉强食是权谋与政变中亘古不变的道理。在千变万化的商业社会里，要想求得一线生机也是如此。当然，狡诈、狠毒不能提倡，先下手为强是万不可少的。

第六章

认识治乱或成败之术

历史上的乱而治，治而乱，纷纷扰扰，使政治家几家欢乐几家愁。能在乱中取胜的政治家，必有其惊人之处，在治乱中失败的政治家，必是容小人，近奸佞之臣。当我们重新翻开历史，定能总结出众多心得，对于今人无论创业还是经商做人都会有所帮助。

1. 楚汉相争论成败

刘邦与项羽争霸，项羽自刎乌江，刘邦喜登九五。其中胜败缘由，两千年来一直受人关注。其原因说穿了也很简单：刘邦之前，统治者必然出身贵族豪门，血统的重要性胜于其他一切，投胎不巧，一点办法也没有，而从刘邦开始，中下阶层的人们也有机会登上皇位，才智开始成为决定性因素。如此，刘胜项亡的原因才值得更多的人关注了。

继秦末农民大起义之后，项羽和刘邦之间为争夺封建统治权力，又进行了长达四年多的楚汉战争。在楚汉战争过程中，项羽由强逐渐变弱，刘邦则由弱变强，最后终于战胜了项羽。其中的成败得失，很值得后人深思。

在秦末农民大起义过程中，陈胜、吴广相继牺牲后，刘邦集团和项羽集团成为反秦武装的两支主力。秦二世三年（前207年），刘邦、项羽相继率兵入关，推翻了秦王朝。按照原来楚怀王的约言“先入定关中者王之”，刘邦先入咸阳，理应王关中，但项羽自恃功高，企图称霸天下。当时，双方兵力极为悬殊，沛公刘邦兵力十万，号称二十万；项羽四十万，号称百万。刘邦自知实力不敌项羽，只好听从张良的劝告，在鸿门宴上卑辞求和。项羽随即尊怀王为义帝，徙于郴（今湖南郴州）。自立为西楚霸王，王梁楚地九郡，都彭城（今江苏徐州）；分封十八路诸侯，以刘邦为汉王，王巴蜀、汉中，都南郑（今陕西汉中东）。

项羽进入咸阳后，大肆烧杀抢掠，加上封章邯等秦降将为王，使他失去了关中秦民的支持；不都关中而都彭城，也使他丧失了战略上的有利地势，特别是关东屡经战乱，经济残破，使他日后不可能建立一个巩固的后方；至于封王诸侯，更是他在政治上所犯的一个严重错误。他贬义帝于江南，迁刘邦于巴蜀，徙故王于恶地，王亲信诸将于善地，以此挑动和加剧了各路诸侯之间的权力纷争，迅速激化了他与刘邦之间的矛盾，而且使他在政治上、军事上处于孤立无援、被动挨打的局面。

项羽分封诸侯后即罢兵回归彭城。不久，田荣起兵反楚；于汉元年（前206年）五月迎击田都，杀田市，自立为齐王；并以彭越为将军。彭越于七月击杀济北王田安。田荣并王三齐后，命彭越击楚，又以兵援助陈余击走常山王张耳，迎故赵王于代，复为赵王。齐、赵的起兵，对西楚的项羽构成了直接的威胁。为了制止事态的扩大，项羽先派萧公角将兵迎击彭越，结果大败，不得不调遣主力击齐，以稳定局势。僻处巴蜀的汉王刘邦乘田荣起兵反楚、项羽无暇西顾的有利时机，听从韩信等人的计议，决策东向，于同年八月出故道，击降项羽分王的章邯、司马欣和董翳，迅速还定三秦，由此揭开了楚汉战争的帷幕。

楚汉战争之始，项羽即在战略上陷于两线作战的不利处境。他认定齐地的田荣为心腹之患，而张良也致书项羽说："汉王失职，欲得关中，如约即止，不敢复东。"又以齐反书递交项羽说："齐与赵欲并灭楚。"以此麻痹项羽，项羽信以为真，遂无意西向，专注东方，在战略上作出了错误的决策。后来，项羽虽然击杀田荣，复立田假为齐王，但由于他在齐地烧夷城郭房屋，掳掠老弱妇女，激起齐民的反抗，使田荣弟田横得以收散卒数万人，据守城阳，并以汉二年四月立荣子田广为齐王，号令齐地百姓抗击楚军。楚军主力遂困于齐地，无法脱身。刘邦以此得以乘隙击降魏王豹，虏殷王印，并声讨项羽"放杀义帝"的罪行，然后率诸侯兵凡五十六万人顺利地进据彭城。

张良

项羽得知彭城失陷的消息后，立即部署诸将击齐，亲率精兵三万人回师彭城。而刘邦此时却为轻易取得的大捷而陶醉，收其宝货、美人，逐日置酒高会。在楚军的突然反击之下，汉军五十六万乌合之众一败涂地，士卒死伤过半，睢水为之不流。刘邦本人仅以身免，其父太公和妻吕雉却作了楚军的俘虏。

彭城之战后，楚汉之间的形势发生了重大变化。刘邦败退荥阳，诸侯皆背汉向楚，幸亏萧何及时调发关中老弱未成年者补充兵力和韩信的有力增援，汉军才得以重整旗鼓。项羽遂将战略重点移至西线，但他始终未能摆脱两线作战的厄运，无法越过荥阳、成皋一线西进。从此，楚汉双方进入了相持阶段。从刘邦这方面来说，这种相持是积极的。相持阶段一开始，刘邦就着手组建了一支骑兵部队，有效地阻挡了楚军的进攻；与此同时，汉军重新调整了战略部署，一方面坚守荥阳、成皋一线，一方面在楚军后方和侧翼开辟新战场。这一部署打击了项羽的致命弱点，很快收到了成效。

汉二年前八月至次年十月，韩信接连平定魏、代、赵、燕，矛头直指齐地，逐渐形成包围西楚的态势。项羽主力虽在汉三年前四月、六月再度攻陷荥阳、成皋，但由于刘邦采取了“高垒深堑勿与战”的战术，不仅保存了汉军的实力，而且牵制了楚军的主力，使项羽更进一步陷入两线作战、首尾不能相顾的困境。特别是项羽不能用人，不但韩信、陈平等人弃楚投汉，连他的重要谋士范增也得不到信用。这更使他在政治上、军事上连连失策，使刘邦得以调兵遣将完成对项羽的战略包围。汉三年前五月，刘邦命彭越率兵渡过睢水，袭杀楚将薛公，直接威胁彭城。八月，刘贾、卢绾将卒二万渡河，进入楚地。彭越在汉军协助下攻徇梁地，连克睢阳、外黄等十七城，完全截断了荥阳、成皋一线楚军主力的后勤补给线。同年九月，项羽不得不命大司马曹咎固守成皋，亲自回师救援，一举夺回了陈留、睢阳、外黄等十余城。但与此同时，刘邦乘项羽回师之机诱使曹咎出击，于是大破楚军，收复成皋。东线的韩信也袭破齐历下军，进据临淄，并消灭了楚将龙且率领的号称二十万的援军，尽定齐地。项羽在正面和侧翼战场上接连遭到重大失败，有生力量丧失殆尽，腹背受敌，进退失据，陷于汉军的战略包围之中。

成皋之战后，楚汉战争进入最后阶段。项羽日益孤立，粮秣得不到补充，韩信又继续进兵西楚。汉四年前八月，项羽向刘邦提出议和，楚汉约定以鸿沟为界中分天下，鸿沟以西为汉，以东为楚。九月，正当项羽率兵东归，刘邦却采纳张良、陈平的计策，乘机追击楚军于固陵，并且调令韩信、彭越等人率兵围歼项羽，命刘贾渡淮河包围寿春，诱使楚大司马周殷叛楚。次年十二月，项羽被围困于垓下，汉军四面唱起楚歌，楚军士无斗志。项羽率少数骑兵突围至乌江，自刎而死。楚汉战争最后以刘邦夺取天下，建立汉王朝而告终。

项羽骁勇善战，几乎每战必胜，无疑是一个优秀的战术指挥员。他在政治上所犯的错误直接导致了他在战略决策上的连连失利。可是，项羽至死也不明白这个道理。他在乌江自刎前仍说：“天亡我，非用兵之罪。”司马迁在《史记》中批评他说道：“自矜功伐，奋其私智而不师古，谓霸王之业，欲以力征经营天下，五年卒亡其国，身死东城，尚不觉悟而不自责，过矣。乃引‘天亡我，非用兵之罪也’，岂不谬哉！”

与项羽相反，刘邦却从楚汉的成败得失中总结了宝贵的经验教训。

不过，就在当时，人们就已总结过其中的经验教训。韩信初拜大将时，当面就问刘邦：勇、悍、仁、强，你比项羽如何？刘邦默然良久，曰：“不如也。”韩信就此分析项羽为人，有匹夫之勇，妇人之仁，名虽强，实失天下心。刘邦在平定天下后，也有一次问众臣己胜项败的缘由，并自评曰：运筹帷幄之中，决胜千里之外，我不如张良；镇国家，抚百姓，筹给养，我不如萧何；运百万之军，战必胜，攻必取，我不如韩信。我能用此三人杰，项羽只有一个范增尚不能用，这就是我胜项败的原因。

心得

刘邦与项羽一争天下，虽然结果刘邦胜了项羽。但是从个人的聪明才智方面讲，刘邦远不及项羽，但为何刘邦反而胜了项羽，其原因也很明显。

刘邦虽然出身不是大姓望族，但他的见识远在刚愎自用的项羽之上。项羽虽然豪气过人，才智也非一般人可比，但其不能深谋远虑，广纳人才，常居功自傲，源自百姓却不敬百姓。又无权谋欺诈，最后四面楚歌，乌江饮恨也并不在人意料之外。

2. 光武“柔道”复兴

光武帝以“柔道”治天下，宽松而非放任，柔和而非软弱，刚柔相济。为了巩固汉王朝的统治，他总结前朝经验教训，进一步加强中央集权。

光武帝刘秀

光武帝刘秀，字文叔，南阳蔡阳人（今湖北枣阳西南），汉高祖刘邦九世孙。刘秀生于哀帝建平元年（公元前6年）。刘秀兄弟三人，长兄刘縯，次兄刘仲。刘秀9岁而孤，养于叔父刘良家。刘秀谨慎宽厚，勤于稼穑。王莽天凤年间，至长安，师从中大夫许子威，受《尚书》，略通大义。

地皇三年（公元22年），时绿林、赤眉起义已先后爆发，新莽政权呈败亡之兆。宛人李通宣扬图谶：“刘氏复起，李氏为辅”，鼓动刘秀举大事。十月，刘秀与兄刘縯及李通等起事于宛和春陵。刘秀时年28岁。春陵军初战不利，不久加入王匡、王凤所领导的绿林军。地皇四年（公元23年）二月，王匡、王凤立汉宗室刘玄为皇帝，国号“汉”，年号“更始”。

五月，王莽派重兵镇压起义军，刘秀身先士卒，奋勇杀敌，王莽大败。自此后，刘秀声名大震。

王莽

同时，刘縯因功劳卓著，引来刘玄的嫉妒被杀。刘秀深知自己力不敌玄，于是以退为进，得到重用。刘秀到河北后，废除王莽苛政，释放囚徒，以恢复汉家制度为号召，取得了当地官僚地主的支持，并镇压和收编了铜马等各路起义军，力量迅速壮大。更始三年（公元25年）六月，刘秀即帝位，国号“汉”，年号“建武”。

十月定都洛阳。

此后经过11年的征战，刘秀于建武十二年（公元36年）统一了全国。

光武帝复汉之初，社会经济凋敝，各地农民起义时伏时起，另外还有一些大大小小的割据势力，社会动荡不安。光武帝长于民间，亲身参加了新莽末年的农民起义，深知苛政的恶果。所以他决定“解王莽之繁密，还汉世之轻法”，“务用清静”，恢复汉初的“无为而治”，以“黄老无为”作为他统治的指导思想。他说：“吾理天下，亦欲以柔道行之”。光武帝的“柔道”就是减轻对人民的压迫与剥削，与民休养生息。具体政策如下：

（一）安抚“盗贼”

东汉开国之初，许多百姓流亡在外，还有的则是占山为盗。光武帝为了缓和社会矛盾，招流民还乡，于建武六年（公元30年）下诏，凡是参加赤眉等农民起义的，“自殊死以下皆赦之”。建武十六年（公元40年），因度田在一些地方引起了豪强裹胁农民暴动的事件，光武帝下令，对参加暴动的群“盗”，可由他们自己纠察揭发，五人共斩一人，只要以后不再举事，其余一律免罪；对那些组织暴动的“魁帅”，也不治罪，只迁往它郡，给予田宅，使其安生业。这种安抚政策，旨在使流民还乡，组织生产，各安其业。随后，东汉社会出现了“牛马放牧，邑门不闭”的景象，社会秩序安定，农业劳动力增加。

（二）释奴赦囚

光武帝自即帝位第二年起，就着手解放奴婢，从建武二年（公元26年）至建武十四年（公元38年），先后6次下诏，释放官私奴婢，并制定了保护奴婢人身及生命的法律。建武十一年（公元35年），光武帝连下三次诏书，禁止残害奴婢。光武帝还大批赦免囚徒，于建武五年（公元29年）下诏，全国的罪囚，除极恶的处死罪外，其他罪囚一律赦免为庶人。光武帝释放奴婢、禁止残害奴婢和赦免罪囚的诏令，对阻止变自耕农为奴婢，提高劳动者的身份地位，稳定社会秩序，推动生产的发展，都起了积极的作用。

（三）精兵简政，轻徭薄赋

在进行统一战争期间，国家财政十分困难，光武帝在向人民征收“十一之税”的同时，为了减轻人民的负担，组织士兵屯田。建武六年（公元30年），光武帝下令精简国家机构，裁缩官员，共裁并400多个县。第二年，又大量裁减军队。建武六年（公元30年），国家财政好转，恢复西汉旧制“三十税一”。同年，汉王朝罢郡国都尉官，停止地方兵的都试，且一度废除了更役制度。光武帝还提倡节俭，以身示范，并多次赈济鳏寡孤独及不能生活的贫民。光武帝实行一系列精兵简政，轻徭薄赋的措施，减轻了人民的负担，调动了人民的生产积极性，促进了生产的发展。

光武帝也曾试图解决土地兼并和豪强侵占人户的问题，下召“度田”。此令一出即遭到了地主豪强们的反对。地方官吏与地主联合，欺压农民，反而激起了农民的武装斗争，一些豪强地主还乘机兴兵作乱。光武帝在发兵镇压无效的情况下，最后只好作出让步，度田不了了之。土地兼并问题虽未解决，但阶级矛盾尚未激化。

以上诸“柔道”措施，使西汉末年及新莽时期遭到破坏的社会生产得以恢复并发展，土地得以开垦，人口大量增加。光武末年，载于户籍的人口已达2100多万。

光武帝以“柔道”治天下，宽松而非放任，柔和而非软弱，刚柔相济。为了巩固汉王朝的统治，他总结前朝经验教训，进一步加强中央集权。

（一）退功臣，抑外戚，制宗室

在东汉王朝的建立中，跟随光武帝打天下的将帅们，位高权重，成为汉室潜在的威胁。对这些开国的元勋，光武帝给予他们显赫的荣誉，丰厚的待遇，而解除他们的实权，不授以执政的官职。功臣位尊无权，减少了对皇权的威胁，保持了上层统治集团的和谐稳定。

对外戚，光武帝禁止外戚干预朝政，并规定凡后族、宫戚，都“不得封侯与政”。

对地方行政体制，光武帝也和西汉一样，实行“郡国并行”制。但东汉的王国封区小，诸侯王只有经济上的食封权，无政治上的治民权。多数侯王久居京师，不就国。对待宗室，光武帝严加限制，重申旧制“阿附藩王之法”。对外戚、宗室诸王的抑制，加强了以皇权为中心的中央集权。

（二）进文吏，虚三公，重台阁

光武帝在组建政权方面，不用功高的勋臣，而选拔有治国安邦之才的文士为官，尤其器重那些有气节，不仕王莽新朝的儒流名士。光武帝屡次下诏求

“天下俊贤”、“天下义士”。重视儒家的经术，“未及下车，而先访儒雅”。因此，四方学士“莫不抱负坟策，云会京师”，光武帝亲自接待，授官任职。但是，对任职的官吏，特别是近臣、大臣，光武帝则以法理督责极严，对不称职或失职者，严加惩罚；对于事涉刑律的大臣，更是决不宽贷；对于秉公执法的官吏，则予以奖励。光武帝治国之术，宽以待民，严以责吏，确保了吏治清明，社会秩序的稳定。

为了加强皇权，光武帝削弱三公的权力，集权于尚书台。王莽时期为了削弱相权，将汉朝的丞相、御史大夫、太尉改为大司徒、大司空和大司马，称为“三公”。东汉初期，一切典章制度皆复西汉旧制，惟三公之官不废王莽之制。光武帝改三公为司徒、司空、太尉（因光武帝曾任刘玄的“行大司马事”，故避讳而称太尉）。三公职位虽高，徒有虚名，并无实权，而权力集中于直接听命于皇帝的尚书台，加强尚书台的权力是从汉武帝开始的。至成帝时，尚书台的机构有所扩大。光武帝即位，进一步扩大尚书台机构，下设六曹。尚书台设尚书令、尚书仆射各一人，另有左、右丞各一人，佐令、仆之事。六曹各设尚书一人，主管本曹事。六曹为：三公朝，主管考课诸州郡事务；吏曹，主管选举、祭祀；民曹，主管修缮功作，盐池园苑事务；中都官曹，主管治安；二千石曹，主管诉讼；客曹，主管少数民族及对外事务。尚书台成了决策和发号施令的中枢机关。“三公备员而已”。尚书台的官员职位很低。尚书令秩千石，品级相当于大县之令；尚书仆射和六曹尚书秩仅六百石。这样一来，位高者无权，权重者位卑。尚书台官员官卑职小，皇帝可以随意操纵。于是，皇帝集所有大权于一身，防止了大臣擅权。

王莽称帝

（三）强监察，集军权

光武帝为了加强对中央和地方官吏的控制，加强监察机构。光武帝将御史大夫改为形同虚设的司空，以原隶属于御史大夫的御史中丞主管御史台（府）。御史中丞不再隶属于三公，改为隶属于少府。御史中丞秩千石，掌察举官吏违法，接受公卿、郡吏奏事，权力仅次于尚书令。西汉武帝时曾设司隶校尉，成帝时废除。东汉初期，光武帝复置司隶校尉，主管察举中央百官犯法者和本部各郡事务。其监察权之大，“无所不纠，唯不察三公”。在司隶校尉监察区以外，全国分为12州（部），每州设刺史一人，秩六百石。刺史每年八月巡行所属郡国，考察长吏政绩，年终奏于皇帝。三套监察机构的恢复和加强，使全国的各级官吏全在皇帝的掌握之中。

光武帝在军事上一再削弱地方军权，加强中央的军权。建武七年（公元31年），光武帝下诏罢撤了地方常备军，还取消了每年一次的都试（阅兵）制度，逐步扩大中央军队。

心得

光武帝是在西汉自成、哀、新莽以来社会积弊日深、天下大乱的基础上重建汉王朝统治的。所以他在位的33年中，“量时度力，举无过事”，不求赫赫之功，唯求恢复、稳定，实行休养生息的政策，以增强国家的实力。他所建立的国家，虽然声称是承袭西汉旧制，但实际上，无论是在统治机构方面还是在统治政策措施方面，都比西汉更加完备、有力，为东汉王朝奠定了近200年的统治基础。

3. 古代的经济谋略家

刘晏（716—780），字士安，唐曹州南华（今河南东明县东南）人，是中国历史上一位功绩卓著的经济谋略家。

刘晏生于开元盛世，自幼天资聪敏，勤奋好学。年方8岁，适值玄宗到泰山举行祭天地大典，他写了一篇歌颂唐皇文治武功的《东封书》，特从家乡曹州南华，赶到玄宗行宫，献上颂文。玄宗听说他小小年纪，竟写出如此文采横溢的文章，十分惊奇。负责主持这次大典的，是闻名当世、誉为文章大手笔的宰相张说。玄宗遂让张说当面测试刘晏，以察虚实。刘晏年纪虽小，可面对高官，毫不胆怯，所问必答，畅流无诘。张说考试完毕，回复玄宗说："神童献文，真是国家的祥瑞！"玄宗大喜，即刻任命他为太子正字。

刘晏

天宝年间（742—755），刘晏已是壮年，他离开京城，出任夏县（今山西夏县）县令。他为官廉洁公正，为民谋利，深受百姓拥护和爱戴。离任时，百姓为他刻石颂功。

唐代宗李豫即位后，十分器重刘晏，任命刘晏为京兆尹、户部侍郎，统属度支、盐铁、转运、铸钱、租庸使。后因好友程元振得罪而受株连，被降为太子宾客。

不久又晋升为御史大夫，统属东都（洛阳）、河南、江淮转运、租庸、盐铁、常平使。

玄宗天宝十四年（公元755年）暴发的安史之乱，给黄河两岸人民造成巨大灾难。居无尺椽，百业荒废，人烟断绝，千里萧条，使唐朝的经济、政治都陷入十分困窘的境地。

关中地区，尤其京城长安，急需调运江淮富庶地区的粮食来接济。过去，是通过隋朝开凿的大运河将江淮物资运到洛阳、长安的。由于战争的破坏，水运早已停止，致使京城米价暴涨，斗米千钱，连宫廷中也上顿不接下顿，城郊的农民甚至捋下谷穗送往城里，也是杯水车薪，无济于事。统属江淮转运使的刘晏目睹这种困窘之状，心中十分焦急，决定亲赴各地考察。他从淮河、泗水坐船到汴河，又从汴河到黄河。向西行至底柱山、硖石县（在今河南三门峡市南），观看了三门（即底柱山，黄河水在此处形成三股急流，故称三门）的漕运遗迹；到达河阴（在今河南荥阳县北）、洛口（在今河南巩县附近），看了隋朝水利工程专家宇文恺修建的梁公堰——分黄河入通济渠的水道，又视察了本朝李杰所筑的新堤。至此，他把恢复水运的难与利了解得清清楚楚。正确的决策，产生于周密的调查与思考。他认为只有尽快解决南北水运，才能解决关中地区缺粮的燃眉之急，且可减轻这个地区人民赋税、徭役负担的一半；又可使东都洛阳地区的居民迁回故地，农耕、商市恢复常态；又可使军储充足，威慑藩镇势力和外族骚扰；可使黄河上下，大江南北，百业复兴，再现当年贞观、永徽的盛世。但要治理南北水运，刘晏也清醒地看到面临的困难。他怕受人牵制，不能放开手脚办事，就写信给宰相元载，陈说恢复南北水运给国家带来的利益，以及治理漕运的困难。这时，元载正独揽朝廷大权，无暇外顾，就把此事全权交给刘晏办理。

刘晏受权后，雷厉风行。首先疏浚汴河河道。汴河水道，自安史之乱以来，始终没有疏浚修整，河岸崩塌，护堤树木毁坏，泥沙淤积，河道阻塞。他首先组织民工兵丁，除淤通塞，使汴、淮畅通无阻。

从汴河入黄河，上溯至三门峡，这里水流湍险，是漕运的险要之处。过去漕粮经过这里，往往损失十分之二以上。为使运船安全通过三门峡，重新组织了船只和人力。首先解决行船的稳定性，把10只船编为一纲，以禁住急流的冲击，每纲配备篙工50人，纤夫300人。又从巴蜀（今四川）、襄汉（今湖北）调运大批竹、麻，制成结实的纤绳，避免穿越险流时，因绳断而船毁人亡，使漕船顺利通过三峡险隘。

付高价，造好船。为了不致因船只破毁而损失漕粮，在扬州建立十个造船厂，选拔廉洁精干的官员督办，宁可付给高出市价一倍的价钱，造了两千艘坚固耐用的船只。有人提出这样耗资太多。刘晏认为办事眼光要长远，付高价，造船工人不愁衣食，方能造出经久耐用的好船。

改直运为分段接运。以前的漕运，是每年2月船队集于扬州，入黄河时，正遇夏末秋初黄河水涨，要等到中秋后水落才启船上行。这样漕运，耗时太多，况且南方船工又不甚适应沿途河道和北方气候，致使粮食在中途损失很大。改为分段接运，自扬州至清口（古泗水入淮处）为一段，自清口至河阴（汴水入黄河处）为一段，自河阴至渭口（渭水入黄河处）为一段，自渭口至长安为一段。在扬州、河阴、渭口三地设立仓库，江南粮物运至扬州，即卸船入库，再由扬州装船，运至清口卸船入库，就这样段段接运，以至长安。接运途中，多次装卸，难免损失。刘晏又把从前的散装运载改袋装运载。这样，即方便装卸，又避免损耗。

派官督运，兵甲押护。这时期，自东垣（今河南新安县东）、底柱山到渑池、北河（指洛阳西一段黄河）之间的600里内，已久无驻军和哨所，沿河两岸，盗贼抢劫，十分猖獗；自淮阴（今江苏淮阴县南）至蒲阪之间，绵延3000里，其间布满了军队，营垒棋布，他们常常叫嚷着吃不饱，穿不暖，漕粮到此，马上会被截留，作为军用。针对这种情况，刘晏将从前的州县富户督办漕运，改为国家包办督运，沿途设置护运队，分段由官吏督运，兵甲押护，防止中途遭截留和抢掠。

经过刘晏精心而周密的治理，南北漕运畅通，江南粮食、物资终于源源不断运到京城。唐皇得报，不胜欢喜，派卫士带着乐队，到东渭桥去迎接刘晏，又派使臣慰劳说："你真是我的萧何！"自此以后，一年可运到京城400万石粮食，关中即使遇到水旱灾害，粮价也不至于腾贵了。

唐肃宗乾元元年（公元758年），朝廷在产盐区设置监院，统购"亭户"生产的盐，在州县设盐官专卖，把每斗盐价由10文提高到110文。虽然国家盐税收入有所增加，但因盐官遍布州县，层层敲诈勒索，百姓深受其苦。刘晏任盐铁使后，考察了现行盐政，确定了改革的措施。

首先，精简盐政机构。刘晏认为官多必扰民。所以撤销原来非产盐区的州县盐官，只在出产盐的州县设置盐官。在产盐地设置四处盐场（涟水、湖州、越州、杭州4处），10处设盐监（嘉兴、海陵、盐城、新亭、临平、兰亭、永嘉、太昌、侯官、富都十处），负责管理食盐生产，并收购各地食盐，集中于盐场；13处设巡院（扬州、陈许、汴州、庐寿、白沙、淮西、甬桥、浙西、宋州、泗州、岭南、兖郓、郑滑13处），负责盐价管理和缉查走私活动。

然后，改革专卖制度。改变原来官收官销的制度，为官收商卖，即只需产盐区设置的盐监收购亭户生产的盐，集中于盐场，之后加价卖给商人，由商人运到各地自由出售。盐税即在加价之中。官府在吴、越、扬、楚等地建置数千个盐仓，积存2万余石食盐，以备意外急需。还在边远偏僻的非产盐区设"常平盐"，一是在商人不到的情况下，减价卖给百姓，保证百姓有盐吃；二是控制商人借机抬高盐价，牟取暴利。同时刘晏还奏请朝廷，取消州县加收的盐税，禁止江河堤塞征收通过税。

这种新法的实施，即使国家通过垄断货源而取得利润，又使官府减轻运销负担，节省人力、财力，又能平衡盐价，保证百姓的需求，又可刺激生产者和销售者的积极性。真是一举多得的良策。

新盐法刚施行时，每年盐税收入是60万贯，到代宗大历末年，增加到600万贯。全国每年的财政收入是1200万贯，盐税占其中的大半。

唐朝在交通要冲设有常平仓，谷贱时收购存储，以调节粮价，防备荒年。后也兼存其他物资，如布帛丝麻。刘晏兼领常平使，把平稳全国的物价，作为治理弊端丛生的国民经济、稳定政治局面的重要措施。

刘晏首先建立情报系统。在诸道设巡院，各置知院官。巡院官在各地调查生产情况、物价涨落以及经济上的种种问题，由以高俸雇用的腿脚飞快的通讯员，通过沿途设立的座座驿站，接连向前传递，即使是遥远的地方，没几天，四方物价即在刘晏的掌握之中。他依据各地的情报，来调节物价的高下，使得各地的差价不太悬殊，可以大致保持平衡。

利用常平仓平稳粮价。各地的常平仓，在丰收年月，粮价较低时，以略高于市场价格，大量收购储存。遇到灾害歉收时，又以略低于市场的价格，出售常平仓的粮食，使百姓没有粮价甚高甚低之忧。平常年景，常平仓也收购一部分粮食，补充储备，以备饥荒。以前，各地粮食的收购数量，收购价格，统由官府主管官员确定。先须各地上报，由官府批复，方可收购。刘晏认为这种办法繁琐、误时，便先制定出一个原则，各地不必上报，就按照原则的规定，自定购价和数量。这个原则是：他把几十年来粮食收购的价格和收购的数量进行综合，然后将价格和数量分别分成五个等级。第一等价格为最高，第五等价格为最低；第一等数量为最多，第五等数量为最少。如果粮食价格高时，为第一等，就按第五等数量收购；粮价低时，为第五等，就按第一等数量收购。余皆类推。粮价过低，在第五等以下时，则适当加价收购，以鼓励农民积极性。

经过刘晏的精心筹策，常平仓成为平稳各地粮价的可靠后盾，国家又在一买一卖中获得了较大的利润，增加了国库收入。

安史之乱中，唐朝为了应付巨大军费开支，不得不巧立名目，征收苛捐杂税。地主、豪族以种种借口逃避赋税和徭役。这样一切赋役的负担都落到了农民身上，加上权臣豪吏勾搭成奸，对农民敲诈盘剥，百姓没有生路，只得背井离乡，到处逃亡。唐肃宗宝应元年（公元762年），任租庸使的元载，竟向江淮人民追征天宝末年以来积欠8年的赋税，不问民户有无欠负，也不管资产的多少，见物就抢，强取豪夺。有不服的，更用严刑威逼。于是江淮人民逃向山林泽薮，揭竿而起，反抗官府。

刘晏理财，以爱民为先。他认为爱民不在于恩赐，而应当给百姓创造条件，使他们能够正常地耕种、纺织，安居乐业，平年不加税，荒年减免税，尽力减轻他们的负担。他认为民户增多，耕种土地面积扩大，赋税的来源自然就会多了。因此刘晏任度支使后，首先免除了无名的苛捐杂税，并命各道知院官每旬每月上报当地雨雪丰欠情况，对各地农情了如指掌。每当州县的荒歉现象刚露苗头，他就预先下令说："免除某税赋，资助某一户。"并向朝廷申奏：到某月需若干免除，某月需若干救助。未等地方申报，他的奏章就已经被朝廷批发下来了。应民之急，未曾失时，未等百姓困窘、逃亡、饿死，救助已经到来。这就是他救灾要救于未困的主张。

刘晏用常平法，丰年用较高的价格收粮存储，荒年用贱价出售，以赈济灾民。有人批评刘晏，说他不直赈济灾荒，而是常把粮食贱价出售，属于间接赈济百姓，于百姓不利。刘晏认为善于治病的医生，不让病人达到危险的地步再去治疗；善于救灾的人，不让灾情发展到需要发放赈济物资的程度再去赈济。因为发放的东西少，就救活不了多少人；救济的人多，又影响国家的用度；用度不足，势必还要增加赋税，向百姓身上榨取。这是一害。同时，放赈的方法容易助长人们侥幸依赖的心理，下级官吏也往往借机舞弊，致使民户中强者多得，弱者少得，即使用严刑来威吓，也无济于事。这是二害。

刘晏主张生产自救。认为受灾地区，所缺少的只是粮食罢了，其他的生产品依然存在。国家拿出贱价的粮食换取灾民的杂货，利用百姓的劳动力，把这些杂货转运到丰收的地区出售，或者官府留作自用，那么国家的财政就不会感到困窘。这是一利。丰年时，国家多储存一些粮食，遇灾荒时，以平价发放出去，听凭百姓及商人购买转运，这些粮食就能深入民间，分散到村户。贫苦的农民忙于耕种，无暇入市，这样就可辗转沾润到一些实惠，自然会免去官吏从中梗阻而造成饥饿。这种办法，即方便灾民，又堵塞了弊端。这是二利。

害、利两相比较，刘晏智谋之周密高妙，不言自明。

唐朝后期，吏治败坏。奸吏横行，侵夺百姓，欺上瞒下，营私舞弊，贿赂公行，曲媚求进。刘晏清醒地认识到，要搞好治理天下之财的重任，必得摒除这种败坏风气的干扰。

刘晏主管几个道的租庸事物时，分设各道（监察区）租庸使，十分慎重地选拔中央政府里有德才的官吏来充任。当时国库经费不足，停止了全国的代理、试用官员，独有租庸使可以委任调补，而且达到几百人，选用的都是年轻有为、通达事理、眼光敏锐、精明强悍、廉洁奉公，勤于职守的优秀人才，如任户部侍郎、判度支事的韩洄，任尚书右丞、判度支事的元诱，以兵部侍郎判度支事的裴腆，任汴东两税使的包佶，任浙东、西观察使和诸道盐铁使的李若初等，都是刘晏荐举和选拔的，因在理财方面颇有成绩而闻名当世。

朝中权贵都想通过刘晏的关系，替自己亲戚朋友，在理财部门安插一个职位。刘晏不敢得罪权贵，因而并不拒绝，满足他们对官职和俸禄的要求，给予官位；但吏治绝不能败坏，因而不用这些人管事，只用厚俸养着他们。这样做，既不得罪权贵，又避免了败坏的吏风对理财的干扰。

刘晏把他选用的人分为两类：一是士，一是吏。他曾说：“士人多清廉，洁身自好，求名重于求利；佐吏虽然廉洁奉公，终究没有什么前途，求利重于求名。”刘晏根据这两种官员的不同素质，分别予以使用。把钱物稽核出纳的事务交给士人掌管，把奉命办理文书的事务交给佐吏掌管，不让他们负重要的责任。这样做的目的是调动官员的积极性，防止贪污腐败。

刘晏所任用的人，即使远在几千里之外，执行政令，就像在他的眼前，就连吃饭、睡觉、说话、做事，也丝毫不敢隐瞒。正因为如此，刘晏的理财主张和措施才能贯彻到底，并取得巨大成就。

心得

唐朝几近崩溃的经济，经过足智多谋、克己奉公的刘晏近20年的治理整顿，国库收入大大增加，人民生活得以安定，农、工生产得到恢复和发展。刘晏真可谓唐朝后期的救世功臣，在如今这个经济腾飞的时代，人际关系更加庞杂，所以刘晏处理人际关系的方式和方法很是值得现代人借鉴。

4. 文治武功权掌三朝

治国需要雄才，安邦需要智慧。

耶律楚材是具有远见卓识、雄才大略的人才，出山之前他并没有什么骄人的业绩。但被重用后，授予权柄，在政治舞台上却导演出了一幕幕有声有色的“话剧”，以骄人的业绩，卓著的功勋，获得提拔重用，给世人留下了称道的口碑。

元太祖成吉思汗

耶律楚材生于金章宗明昌元年（公元1190年）在金朝中都燕京（今北京）的一个世宦人家，其父耶律履，本是金代的学者，因其品学兼优，官至尚书右丞，是有很大权力的宰相。

耶律楚材成长在动乱的社会中。当时，整个中国正处在元朝大统一之前的列国纷争阶段，大金国为最强，其占据中原，统治着北中国。但时过境迁，它的全盛时期已过，国势乃一年不如一年了。南宋王朝虽是偏于江左，但时刻也没忘记北上收复失地，不时地向北方挑战。立国甘陕的西夏，也对称霸中国怀有野心，趁机与南宋交结，在西北方向侵扰。真是诸强对峙，战事频生。此时，金国西北部的附庸蒙古族也乘机崛起，铁木真自被本部族推举为首领后，经过连年的征战，统一了蒙古。金章宗泰和六年（公元1206年）成为全蒙古的“汗”（皇帝），尊称成吉思汗，是为元太祖。这个新起的蒙古，更是雄心勃勃，在北方不断地向金国发动进攻。金国对其咄咄逼人之势难于应付。

成吉思汗的蒙古军事政权确立后，靠着其强大的军事实力，开始向四邻征战。为了免于受到西夏的牵制，成吉思汗决定在攻金之前，先用兵西夏。公元1205至1209年间，成吉思汗对西夏攻伐三次，大大地削弱了西夏的力量，使之没有出外征战的能力了。接着，经过周密部署后，从公元1211年起，成吉思汗便大举进兵金国。已走下坡路却一意图谋威服南宋的金国，哪里是成吉思汗的对手，蒙军“所至都邑，皆一鼓而下”、“凡破九十余郡”，直到兵临金国中都燕京城下。

成吉思汗十年（公元1215年）五月，围攻燕京年余的蒙军，一举攻克燕京，右丞相完颜承晖自尽殉国，耶律楚材眼看金朝的大势已去，于是，在城陷之后，便“将功名之心束之高阁”，空怀经天纬地的才智绝迹于世，弃俗投佛，在万松老人（行秀）门下钻研佛理，一去三年。艰难的时世，磨炼了耶律楚材，他等待着时局的发展，等待着实现壮志的机会。

成吉思汗十三年（公元1218年），机会终于来了，成吉思汗既定燕地，他逐渐感到人才的重要，这时，他听说了耶律楚材是位难得的人才，而且又是被金国所灭、与金国有世仇的原辽国宗室后裔，便遣人求之，询问治国大计。耶律楚材虽然修身养性，过着隐居的生活，然而，他时刻也没忘掉干戈扰攘、生灵涂炭的神州大地，极想倚傍靠山，伸出双手去拯救水火中的芸芸众生。得知有雄才大略的成吉思汗要召见他，感到是一个图谋进取的好机会，他二话没说，即刻应召前往，以便使自己的盖世才华得以施展。有一首自咏的诗可以表明他此时心迹：

圣主得中原，明诏求王佐。

胡然北海游，不得南阳卧。

耶律楚材身材高魁，髯长鬓美，极其英武。回答成吉思汗的询问，更是声音洪亮而流畅。成吉思汗说道：“辽金世仇，我要为你洗雪国仇家恨。”耶律楚材的回答十分得体：“那是以前的事了，我的祖父已经入侍金朝，既然作了臣下，怎敢和君主为仇呢？”成吉思汗对他的回答十分满意，认为这人重君臣之情，又恪守信义，是值得信任的。便把他留在身边，以备顾问；正因为耶律楚材的学识渊博，受到成吉思汗的宠信，并亲切地称他“长胡子”。耶律楚材此时想的是，历史上董仲舒辅佐汉武帝以“文治”，使得汉家气象恢宏。如今，他也找到了这样的机会。

成吉思汗十四年（公元1219年），成吉思汗的军队，在对自己的宗主国金国实施了一连串痛击之后，在军事上完全取得了主动，于是，除了仅用小股兵勇继续对中原金地蚕食鲸吞外，集中精锐之师，进行了著名的西征，攻打花剌子模国。

在进军花剌子模国过程中，耶律楚材曾力主并主持在塔剌思城（在西辽都城虎思窝鲁朵西）屯田。这个地方是中西交通的要道，且土地肥饶，经济繁荣。这一恢复发展后方的社会经济之举，对于只知道打仗，掠夺财富的蒙古军事贵族来说，从军事活动转变到恢复发展社会经济，意义重大。蒙古军也正是以此为基地继续西进的。

成吉思汗二十二年（公元1227年）的冬天，成吉思汗病逝。依照蒙古国的惯例，成吉思汗的四子拖雷获得其父的直接领地，即斡难河及客鲁连河流域一带蒙古本部地方，并且代理国政，是为元睿宗。

公元1229年，睿宗拖雷已监国两年，按照成吉思汗的遗命，帝位应继传太祖其三子窝阔台，蒙古进入了太宗时代。

蒙古帝国在成吉思汗时代，才进入奴隶制社会，窝阔台即位以后，其管理的国域，多为已经进入封建社会的北中国，所以，使这位少主在治理国家上显得力不从心，加上应兴应革的事太多，真是一时摸不到头绪。此时，全靠耶律楚材尽心竭力，定国策，立制度，出台了一系列当务之急的法令，加速了这一民族的封建化进程。

在颁发法令之前，首先规定了既往不咎的政策，对那些因法律不明，而误触禁网，按当时的老规矩必杀无赦的百姓们，不追究颁发政策前的法律责任，或给予从轻发落。这是抑制蒙古一向滥杀，因获某种罪过而死者不计其数的最有效办法。同阁的一些臣僚讥笑他，说此举实过迂阔。耶律楚材不为所动，力排众议，反复而耐心地把得民心者得天下的道理讲给太宗听，终得圣准。此项政策的实施，安定了人心。

接着，耶律楚材便制定颁发了十八项法令，成为官民遵照执行的准绳。包括官吏设置、军民分治、赋役征收、财政管理、刑法执行等。这些采摭中原先进制度，列为蒙古国策的法令，可以说是历史性的决策，对后来正式确立的元代政治制度奠定了基础。如实行军民分治后，军职不得干预民事，军队由国家直接掌管，这样，不仅遏制了军官的骄横不法，同时也打击了分裂割据的势力，保证了国家政治上的巩固和统一。此项法令，一直作为元朝的一项基本国策。

蒙古贵族崇尚武功，根本没有税制观念，他们看不到这样发展下去会兵强而国富。以近臣别迭为代表的人主张，以牧业为主来保证国用，认为“汉人无补于国，可悉空其人以为牧地”。耶律楚材极力反对这种将燕京农业地区变成牧场的倒退措施，他深知如今的蒙古国已是一个多民族的国家，应行汉法，大力发展农业，如果保守地强调畜牧，是狭隘的、不合国情的落后政策，他直截了当地给太宗算了一笔账：“陛下马上要南征金国，军需从何而来？仅靠畜牧是远远不够的。假使发展燕赵的生产，以地税、商税，及盐、酒、冶铁、山泽中可以获利50万两银，8万匹帛，40万石粮食，足以供给南征，这不远胜于变农为牧吗？”窝阔台经过认真考虑，认为颇有道理，便命耶律楚材全权筹划，立行征税制度。耶律楚材领旨后，即刻在河北一带建立十路征收税使，遴选汉或女真中有德才的士人，如陈时可、赵晌等名儒充任。公元1231年秋天，窝阔台在云中行宫中，面对十路课税使陈列在朝廷之上的金、银、帛、粟等税物，十分欣喜，这时他才真正懂得了耶律楚材力求行汉法的好处。他高兴地对耶律楚材说：“你虽然没离我左右，却能使国用充足，南国的臣僚中，有谁能比得上你吗？”耶律楚材自谦地答道：“南国的臣僚比我强的人很多。”窝阔台嘉其功劳，赐以美酒。当即下令任命他为中书令（宰相），把典颁、庶务的大权交给他。且吩咐朝臣，政事不分大小，都要禀报他。他自己也是有事必与耶律楚材商酌，以进一步权衡得失。

随着法制的健全和实施，国家日益兴旺起来。

窝阔台六年（公元1234年），蒙古灭金，金国在中国北方统治前后约120年，至此结束。

蒙古灭金之后，结束了三权鼎立的局面，形成了长江以北的蒙古和长江以南的南宋对峙的态势。

公元1257年，南宋政权终于在蒙军的铁蹄下宣告灭亡。

蒙古灭宋，统一了中国，后来蒙古军还远征欧洲，使其成为全世界瞩目的军事大国。其间，耶律楚材的智谋起到了相当大的作用。

从耶律楚材从仕成吉思汗始，“以儒治国”的思想，就显露在他的言行中，如在成吉思汗时期对于单纯崇武思想所进行的批驳；太宗登基按君君臣臣的思想确定尊君抑臣的朝仪；逐步革除屠城杀掠的旧习；对百姓施以仁政等等。耶律楚材的这一政治主张逐渐得到了推广和实施。好在窝阔台是比较开明的，他对耶律楚材所进行的政治改革，多数是给予肯定的，这使耶律楚材在战火平息之时，加快了自己的以儒治国主张的步伐。

耶律楚材崇奉儒术，力倡教化，当务之急便是网罗人才，积极宣传。他遣人寻得孔子五十一世孙孔元措，奏请袭封为“衍圣公”，下令收集旧礼乐人员，设置太常礼乐吏官。召集名儒梁陟、王万庆等人，到东宫讲释儒学，使大臣子孙受读。另外，还在燕京等地建立编修所、经籍所，宣传孔孟之道，从事文化教育活动。耶律楚材收集到周、程、张、朱等理学书籍后，在燕京建立了“太极书院”，传授理学。耶律楚材推行这些政治措施，卓见成效，使儒学成为维护蒙古国统治的官方哲学，受到了最高统治者的称颂。

窝阔台汗九年（公元1237年），太宗听罢耶律楚材“制器必用良工，守成必用儒臣。儒臣之事业，非积数十年恐未易成”的启奏后，当即宣布“我可任儒者为官”的旨令。耶律楚材接旨后，具体制定了分为经义、词赋、论三科的校试办法，命宣课使刘中、杨奂等人到各地选试儒生，这一年使得士子四千余人。由于大批的儒生人士理国，加上耶律楚材反复的倡兴，不但大大地改变了官员的文化结构，而且有力地促进了由武功向文治的转变。

儒家学说为统治阶级提供的一整套攻心御人的统治术，耶律楚材在“只识弯弓射大雕”的蒙古帝国积极倡导和实施，对于完善统一后的元朝国家机制，统一全国的思想意识和蒙古民族的发展，都有着相当大的作用。

耶律楚材不仅在政治、军事活动中富有远见卓识，而且在改革经济、理财富国方面，也处处表现了高人一筹的谋略思想。

耶律楚材极力主张轻徭薄赋，以减轻百姓的负担，从根本上强大国家、巩固政权，并奏请制订轻税制。有人认为税率太轻，影响收入，于国家不利。耶律楚材说：“历史的经验证明，许多税法最初定得轻，后来都变重了，如果开始就定得很重，后来的人民就无法活了。”这种轻税的思想，足见作为一代谋臣目光的长远，对恢复发展生产是有好处的。

耶律楚材还着手制定了有关手工业、商业和借贷等项制度。

窝阔台汗八年（公元1236年），耶律楚材下令，对官办的手工业，进行普遍考核，对用工用料、制作时日及其报酬均作出具体、详尽的规定，从而避免了工匠们侵吞国家的资财。

在借贷方面，耶律楚材抑制了高利贷势力。随着国家区域的扩大，商贾的活跃，高利贷十分盛行，农民和手工业者为了维持生活和交纳赋税，有时被迫向“斡脱”（当时由中亚贵族出资交商人们经营的商业高利贷组织）借债，“斡脱”钱当年本利相等，第二年把本利合起来生息，因此被称为“羊羔儿利”，负债者至期无力偿还者，经常被逼得破家散族，至以妻子为质。“斡脱”们不仅可以私设公堂，甚至“恃势于宫府，直来坐厅事”。公元1237年，耶律楚材规定了借贷政策，即：凡借贷者，以本息相等作为极限。民间负债而实无力偿还者，官府代其偿还。此项政策，在一定程度上，大大缓解了因债务关系而引起的矛盾。

在商业方面，耶律楚材还在“衡量、给符印，立钞法，定均输，布递传，明驿券”等方面，制定了不少规章制度，都是促进经济发展的得力措施。

在耶律楚材的努力下，蒙古统治者较快地适应了中原地区高度发展的封建制度，恢复了战乱的破坏创伤，把封建经济推向了正常发展的轨道。

心得

耶律楚材历仕成吉思汗、拖雷和窝阔台三朝，长达三十年余，一直是君臣相得，耶律楚材从政治国有一句名言：“兴一利不如除一害，生一事不如省一事。”事无巨细，只要与国与民有利，对君王他都或极诤或巧谏，运用自己的智慧和谋略，力争得以实现。即便是涉及君王个人，也概不例外。

对于太宗窝阔台，史书上称他有“宽宏之量，忠恕之心，量时度力，举无过事，华夏富庶，牛马成群，旅不赍粮，时称治平”的政绩。这里也许有言过其实之处。无可置疑的是，这和耶律楚材的智慧谋略和精心辅佐是绝对分不开的。如果没有忠臣能臣，明君再明也难以取得辉煌的成就，耶律楚材事三朝，并在每朝都做出了很大贡献，难能可贵。

第七章

识时务者为俊杰？

在古代官海之中，有一个游戏规则，就是“识时务者为俊杰”。到底识时务者是不是俊杰，还是先让历史来说话。

在朝廷上玩得高明的人深知：人生本来就是演戏，要在朝廷上当个好演员，不能太精明、太认真。但一定要识时务，做事不能太糊涂，做人不要太圆滑，花拳绣腿可以玩，但绝对不要玩过头，要以主子的眼光行事，又不伤及对手毫毛，还可博得满堂喝彩，你好我好大家好，何乐而不为？

1. 三见孝公，秦成霸业

秦朝商鞅，不识时务者，他屡屡劝导变法，虽然变法实施了他的一些措施，但最终使自己落得五马分尸的下场，但这样一位变法志士，在中国历史上却是绝对的俊杰。

商鞅

商鞅，本姓公孙，生于公元前390年前后，因后来在秦为政有功被封于商，世称商鞅，又叫公孙鞅或卫鞅。他的先祖可以上溯到周武王的弟弟康叔，康叔被周武王分封到朝歌之地，建立了卫国。卫国在春秋时期还有一定的实力，后因大国争霸，越来越衰弱，到战国时已沦为魏国的附庸了。公孙鞅就出生在这样一个日渐衰败的王族中，他不是嫡长子，只能以公子的身份生活在魏人与卫人的夹缝里。国运的衰微与家道的沦落使他在少年时代便胸怀大志而发愤读书。

魏国初年曾经有一位著名的政治家李悝，推崇法家的刑名之学，在魏国实行了一系列的变法措施，使魏国的力量一度“最强于诸侯”，在与秦争夺西河之地中也屡屡得手。李悝死后，留下一部记录自己的思想与政见著作即《法经》。不幸的是，他的政策在魏国并未得到很好的延续，在变法中损失不少利益的权贵们旋即又恢复了旧日的神气，魏国的国势一天天衰落。后来，吴起也曾试图将李悝的政策发扬光大，继续变法并一度略见成效，然他最终也为那些权贵们所不容，凄凄惶惶地奔走楚国去了。李悝、吴起的变法，虽然已成为历史，但刑名之学在公孙鞅的心底却扎下了根。他日夜研读《法经》，反复揣摩法家理论的要旨，并投到魏相公叔痤的门下，任中庶子，为公叔痤掌管家事，以期得到施展抱负显露才能的机会。

公叔痤对手下的这位卫公子并非没有留心，他见公孙鞅把自己的家政理得井井有条，心中自然多了几分器重，商鞅对一些问题的见解及露出来的抱负，也给他留下了极深的印象，他准备在适当的时候向惠王推荐这位年轻的公子，让他有一展才能的机会。不幸的是，这样的机会还没有到来，公叔痤便身染重病卧床不起了。

一天，魏惠王亲自到丞相家看望公叔痤，看到丞相已被疾病折磨得气息奄奄，惠王不免为日后丞相人选问题忧虑。一段安慰的话语之后，他问道："丞相的身体万一有了不测，将有谁可以辅佐我的江山社稷呢？"公叔痤听了这话，回答说："臣的手下有一年轻人叫公孙鞅，虽年少却有奇才，军国大事可以委任于他，愿大王能重用他。"惠王听了，笑了笑，没有说什么。就在惠王即将返宫时，公叔痤屏退手下的人对惠王说："既然大王不愿举用他，那么请杀了他，此人不可到他国去。"这次惠王倒是答应了他。众人走后，公叔痤派人把公孙鞅招来，把刚才和惠王交谈的情形说了一遍，并劝他赶快躲开免遭杀身之祸。公孙鞅看到平日敬重的人病入膏肓还念念不忘国家，不觉感慨万端，他说："既然大王不愿听您之言重用我，他又怎么会听您之言来杀我呢？"公孙痤听了，没有再说什么。

公孙鞅的判断是对的，他一直在丞相家住了下来。不久，公孙痤逝去了。惠王把他的荐言当做病重时的胡言乱语，没有采纳，而公孙鞅也觉得自己依托敬重的人离去了，空怀一腔热血而无所用，便感到心头是那样沉重，目标茫然，一股怀才不遇的怅惘时时侵上他的眉梢，他开始冷静地分析时局，考虑另外的出路。既然在魏国得不到重用，为什么不到他国投靠一个贤明的君主一展才能呢？刚巧，这时他听说西边的秦国即位不久的秦孝公有图谋大业的雄心，正在四处求贤，招揽智能之士。那里也许是一显身手成就功名的地方！

公元前361年，在魏国久未见擢的公孙鞅，离开了自己生活多年的桑梓之邦，带着自己经常研读的《法经》，赴秦国去了。此时的秦国，献公刚刚去世，新即位的孝公年轻气盛，他目睹一些重臣权贵终日声色犬马无所事事，自己的父亲尝试着进行了一次变革，虽有效果但没能彻底改变贫穷积弱的状况，而魏、赵、楚等国又一个个虎视眈眈。自己的先祖不曾立过撼世的霸业吗？今日的秦国为什么不能恢复到穆公时期那种称霸西戎一匡诸侯的气势呢？这位新即位的国君，感到再也不能坐视这种局面继续下去了。人才，乃强国之要。因此，孝公下了一道求贤令，广招天下的贤士英才。公孙鞅也是在这种形势下来到秦国的。

公孙鞅来到秦国后，通过孝公宠臣景监的关系求见孝公。孝公接见了他，想听听他的治国之策。公孙鞅首先向孝公讲起了五帝治国的办法，说了良久，孝公没有兴趣，反而打起了瞌睡。之后，孝公见了景监怒气冲冲地说：“你所荐举的那个人只不过是一个狂妄之徒而已，哪能担当重任呢？”景监对公孙鞅责怪不已，公孙鞅请求五日后孝公能再次接见。第二次见孝公，公孙鞅向他讲起了三王的治国之道，孝公听了，虽没有再打瞌睡，也并未被公孙鞅的言辞打动。公孙鞅见目的未达，只好又一次求见，这次他向孝公讲起了五霸的治国之术，孝公这次表露出前所未有的兴趣。公孙鞅见孝公喜霸术而不爱王道，就在随后的一次长谈中大讲富国强兵之道，孝公听得入了神，竟不知不觉地将身子往前凑了又凑，不无感慨地说：“先生所说的帝王之道，我并非不愿实行，只是达到五帝三王治国的那种至善至淳的境地，太遥远了，我如何等得及？真正的贤君，应当在自己的有生之年显名天下功成名就啊！”

通过这几次的会见、交谈，孝公决定起用公孙鞅，把振兴秦国富国强兵的重任委托于他。公孙鞅在分析了秦国的形势后，准备推行法家的治国之术来整饬秦国的朝纲，严明法纪，改变当前贫穷积弱的局面。要做到这些，首先必须改变秦国旧有的法令制度、陈规陋习。他把这种想法向孝公陈述，正与孝公不谋而合。但孝公又深深地忧虑，他知道自己国内旧贵族的势力太大了，如果猝然实行变法，那些权臣贵戚会不会因惧怕而阻挠呢？在疑虑与徘徊中，时光悄悄溜走了许多。针对孝公的心情，公孙鞅劝说道：“迟疑不决的人很难成就功名，犹豫不断的事不会有什么功效。既然要变法，就必须决断。不要担心别人反对。有高行的人，在世上一定会遭人非议。有独见的人，也一定会遭他人诋毁。愚钝不化的人在别人事成之后还迷惑万端，而真正的智

能之士在事发以前已洞悉明了。常言道，‘民可与乐成而不可与虑始’，讲究德尚的人是不与世俗同流的，欲成功名者决不会左顾右盼求助于他人。对圣者而言，只要能够强国，便无须遵循旧规；只要有利于百姓，又何必重蹈旧礼！”

这一席话把孝公说得茅塞顿开，但反对的人还是放出了厥词。贵族甘龙对孝公说：“臣不以为如此。圣人不改变人民的风俗习惯便能实行教化，智士不改变原有的法度便可达到大治。按旧有的习俗去教化。不用劳神费思便可成功；按原有的法度去治理，官吏们得心应手，百姓也能安居乐业。”公孙鞅严词反驳道：“甘龙大人所言，未免太流于世俗了，只有寻常之辈才会拘于旧有的习俗，只有亦步亦趋的人才会像书呆子恪守教条，这两种人去做官守法还可以，却不是可以与之讨论成法之外的道理的人。三代的礼法不同，却依次称王；五霸的令规各异，也先后成霸。贤能之士会适时变更礼法，不足成器之徒才墨守成规拘于旧礼！”

公孙鞅的滔滔雄辩压倒了甘龙的气势，但另一个贵族杜挚却发难了，他在孝公面前一字一顿地说：“没有百倍的好处，不改变旧法度；没有十倍的功效，不改造旧器具。师法古制没有什么过错，遵循旧礼也没有什么偏差。”公孙鞅听了这些，把锋芒转向他，劝孝公道：“治理天下不能死守一法，欲利国家不能只学古制。因此，商汤周武没有拘于旧礼王道大兴，夏桀殷纣没有更改礼法身败国亡。由此可见，反对古制的人不应该非议，遵循古制的人不一定值得赞美！”

公孙鞅的滔滔雄辩，旁征博引，驳得那些旧贵族哑口无言，也深深打动了孝公的心。孝公变法的决心越来越坚定，终于在公元前359年，任命公孙鞅制定变法律令，向全国颁布了第一道新法——《垦草令》，并由此拉开了一场大规模变法的序幕。

心得

俗话说：“树挪死，人挪活。”商鞅如果只在魏国这一棵树上吊死，恐怕这辈子也不会有什么大作为了。三见孝公最后换了三种不同的治国方略，终于换到孝公的心中，二人一拍即合，以法家思想为主旨，开始了轰轰烈烈的变法。虽然商鞅最后因贵族地主的忌恨而遭车裂酷刑，但他最初的志向还是光辉地完成了。

由此看来，这一招用于现代社会谋职位也未尝不可。一些人明知道这份工作并不适合自己，或者在这个公司干并无多大前途可言，却因怕变动，而狠不下心去寻找新的发展环境和方向，以致最终一事无成。为什么不学学商鞅呢？机会有时是自己给自己的，等待只能让你错失发展的机会。

2. 脸厚而心不黑的韩信

韩信，汉初三杰之一，以甘受“胯下之辱”闻名于世。可他善小忍不善大忍，脸厚而心不黑，最终替刘邦打下天下，却落得“兔死狗烹”的下场。

韩信受胯下之辱

韩信是秦代东海郡淮阴县（今江苏淮阴）人，出身于一个贫寒的农民家庭。

韩信十五六岁时，母亲去世了，只留下他孤零零一个人。韩信自母亲去世之后，立志成名的决心愈来愈坚。他不屑于务农、做工、经商，而醉心于学武习兵。经常刀剑随身，舞枪弄棒，并潜心苦读兵书战策，认真学习和钻研各种用兵的谋略与方法。

韩信胸怀大志，专心一意地学兵，但现实生活却是无情的，给了他不少的打击和凌辱。俗话说，民以食为天，吃饭第一，这是很有道理的。失去母亲的照顾，又不会料理生活，没有经济来源，吃饭便成了韩信的最大问题。他过着流浪乞讨的生活，常常四处寻食，到邻里或熟人的家中混些饭吃，因而人们都不愿意理睬他。

堂堂七尺男子，有手有脚，竟然过起乞讨生活，如果脸不厚是难以做到这一地步的，当然这也体现出了韩信善于忍耐。

有一次，韩信饿得有气无力，形容憔悴。当时有几位经常在河边漂洗棉絮的老太太，其中有一位善良的“漂母”见他饿得可怜，便主动将自己带的食物分出一部分给他吃。韩信天天来钓鱼，这位“漂母”也天天来漂洗棉絮，天天带些东西给他吃，一连几十天都是如此。韩信在饥饿绝望之中得到这位善良“漂母”的帮助，真是感激涕零。有一次，他对“漂母”说：“老人家，您的救命之恩我永世不忘，将来一定会重重地报答您。”出乎意料，这位“漂母”听了之后却很不高兴，十分生气地说：“你是个男子汉大丈夫，连自己的生活都不能维持，靠别人施舍过日子，还会有什么出息？我不过是可怜你，才给一点饭吃，哪里是指望你将来的报答！”“漂母”的话像针一样刺痛着韩信的心，他完全懂得这话是“爱”而不是“恨”，因而羞愧难容，受到一次深刻的教育。

淮阴城里的年轻人多看不起韩信，经常当面污辱他。有一天，一个青年见韩信身佩宝剑走来，便故意侮辱他说：“你虽然身高体大，喜欢挎刀带剑，其实不过是个胆小鬼！”周围的人听了哈哈大笑，弄得韩信很难堪。这个青年越发得意，当众指着韩信说：“你要是好样的，不怕死，就拿剑来刺我；如果你这点勇气都没有，贪生怕死，就从我的裤裆下钻过去。”说着，便叉开两腿。韩信心里琢磨着，此人虽然不怀好意，但是跟他计较也没什么意思，于是就趴在地上，从那人的裤裆下钻了过去。在场的人哄堂大笑。从此，韩信“受辱胯下”的事，就在淮阴城里传开了，人们一提到他，就轻蔑地说：“那是个贪生怕死的胆小鬼。”

尽管这件事成了人们茶余饭后的笑料，但却从另一个方面表明，韩信脸厚无比，生怕自己死于青年人的手下，为了活生，宁愿不要自己的尊严，从别人的胯下钻过去。

韩信在孤独、贫困、屈辱中度过了青少年时期，显示出了他脸厚无比，靠别人生活，在别人处寄生为生计。而且，死要面子，没有钱，没有武功爱背长剑，一旦要跟他比试，他宁愿钻胯下也不敢于一试。可想而知，韩信年少时善于忍耐。

韩信后来的成长和他的才能得以充分发挥以及最后的衰落都与萧何有关，所以历史上有这样的说法：成也萧何，败也萧何。

韩信最初追随项梁、项羽反秦，他多次提出建议和计策，但项羽都不予采纳。汉王刘邦率兵入蜀后，他亡楚归汉，先后任连敖和治粟都尉，仍未受到汉王的重用。他多次与丞相萧何交谈，萧何对他的见识和才能十分欣赏。

汉军到南郑后，一路上将领逃亡者达数十人之多。韩信以为汉王不重用自己，也不辞而别。萧何得知消息，来不及报告刘邦，亲自带人追赶。有人以为萧何逃亡，向刘邦报告。刘邦闻听大怒，好比失掉了左右手一样。过了一两天，萧何谒见。刘邦又是气愤，又是高兴，责问萧何为何逃亡。萧何说，我不敢逃亡，而是追逃亡者，即追韩信。刘邦骂道，诸将逃亡者有数十人，你都不追，独独去追韩信，这不是骗人吗！萧何说："诸将易得，至如信，国士无双，王必欲长王汉中，无所侍奉；必欲争天下，非信无可与计事者。"刘邦当然想举兵东向，与楚霸王项羽争夺天下，于是答应重用韩信，打算召拜韩信为大将。萧何又说："王素漫无礼，今拜大将如召小儿，此乃信所以去也。王必欲拜之，择日斋戒，设坛场具礼，乃可。"刘邦答应举行隆重的拜将仪式，部将原以为自己要得大将，一看才知道是韩信，一军皆惊。

韩信拜为大将后，汉王向他请教与项羽争夺天下的计策。韩信认为，从勇悍仁强来说，汉王如项王，但项羽不能任属贤将，只是匹夫之勇，如果汉王能反其道而行之，任用天下武勇，一定可以举兵东定三秦，与项王争夺天下。刘邦听了韩信一席之谈，十分高兴，有相见恨晚之感，立即依照韩信的计策部署诸将进击。汉王兵败彭城后，韩信又开辟侧翼战场，定魏，破赵、代，降燕，平齐，在战略上取得一系列得大胜利。保证了荥阳、成皋一线正面战场的相持和反攻。

韩信平定齐国后，被封为齐王。楚汉战争胜利后又徙为楚王。韩信至封国后，找到原来侮辱自己的无赖少年，拜为中尉。并且对诸将说：“此壮士也。方辱我时，宁不能死？死之无名，故忍而就此。”

综观韩信在战场所取得的上述胜利，并不是依靠特殊有利的政治条件、外交条件或强大的军事实力，而是主要依靠自己主观上的正确指导。除对代军的作战外，其他各次战役都是以少胜多、以寡胜众、以劣胜优，创造了一个又一个奇迹。韩信的胜利从反面证明，不论项羽或北方各割据势力，其营垒中几乎没有一个堪称将帅之才的人物被委以指挥重任，这是他们纷纷失败的主要教训。

自韩信征服齐国之后，楚汉之间势均力敌，谁胜谁负，韩信起着举足轻重的作用。刘邦不得已封韩信为齐王，是为了争取韩信，稳定形势。项羽见大将龙且救齐不成，反而折兵损将，心里也着实害怕，所以也想方设法去争取韩信。于是项羽就派说客武涉前往齐国。

武涉对韩信说：“当初，天下人民由于长期苦于秦朝的残暴统治，所以才纷纷起兵，共同消灭秦。秦朝灭亡后，项羽按功行赏，破土分封，共封了十八路诸侯，目的就是为了让天下得到安宁，兵民都得到休息。可是，汉王刘邦却再次兴兵，大举东征，侵夺别人的封国和土地。已经破了三秦，占有关中地区，但仍不满足，又继续引兵出关，拉拢天下诸侯，共同进攻楚国，从而挑起了楚汉战争。看来，不把天下全部占为己有，刘邦就绝不会罢休。刘邦的为人不可信赖。现在，虽然你自己觉得和刘邦的交情很深厚，拼命地为他东征西讨，但是，将来终有一天你会遭他的暗算。你所以能够活到今天，就是因为还有项羽的存在，刘邦需要你帮助他共同对付项羽。当前的形势是，楚汉双方谁胜谁负，完全取决于你，你的地位是举足轻重的。如果项羽今天失败了，那么明天刘邦所要消灭的，就该是你韩信了。”

很显然，武涉的游说之辞是颇有分量的，不仅仅是为了项羽的利益，同时也给韩信指出了他的根本利益的所在；对刘邦的为人，讲得也比较切合实际。但是，韩信却作了如下的回答：

“过去我在项羽的手下时，官职不过是个郎中，任务不过是执戟侍卫。项羽对我的态度，言不听、计不从，使我非常失望。所以我才离开了项羽，投弃了刘邦。刘邦则不同，拜我为大将，让我统率数万大军，对我的建议言听计从。多亏有了刘邦，我才有了出头露日之时，获得了今天这样的地位。刘邦如此信任和重用我，我背叛他是绝不会有好报的。宁可死去，我忠于刘邦的心也不会改变。请您替我谢谢项羽的一片好意。我不会改变自己的意志。”

韩信的这番话，虽然包含有某些外交辞令，但基本上反映了他的内心世界。他毕竟出身于一个普通的贫苦农民家庭，感恩戴德、知恩必报的情感压倒了一切。一个字也没有讲到自己的根本利害问题，断然拒绝了武涉的游说。

武涉走后，蒯通也想劝韩信反汉。他自称是看相先生，去对韩信说：“我学过看相。”韩信问：“您怎么给人看相呢？”蒯通神乎其神地说：“我看看他的骨法，就知道他一生是贵是贱。看看他的容色，就知道他是忧是喜。看看他是否办事果断，就知道他一生的成败。从这三个方面一对照，就可以判断他一生的命运如何。十拿九稳，万无一失！”韩信说：“好，那就请您给我看看相吧！”

于是，蒯通请韩信身边的从人退下，然后对韩信说：“看您的面，您的地位最高不过封侯，而且还有危险；看您的背，前途无量，贵不可言。”蒯通所说的面、背，是双关语。意思是，跟着刘邦不过封侯，背叛刘邦，福禄无边。韩信故意装作听不懂的样子，于是蒯通回顾了推翻秦朝的经过，分析了楚汉之争的形势。他认为项羽和刘邦在荥阳对抗三年，相持不下，已经两败俱伤；韩信助汉则汉胜，佐楚则楚胜，楚汉的成败，完全取决于韩信；韩信手握强兵，占有齐地，控制燕、赵，只要跟楚汉三分天下，鼎足而立，就会大有作为。他劝韩信说：“天授给的福分你不要，反而会得罪；机会来了，您不抓紧，就会遭殃，您还是仔细考虑考虑吧！”蒯通这一番劝说，虽然很动听，也很诱惑人，但韩信还是很有主见。他说：“汉王待我恩泽深厚，载我以其车，衣我以其衣，食我以其食。我应该跟他同甘苦，共患难。哪能只图个人私利，违背做人的道德呢？”

蒯通听了仍不甘心，便举例说，张耳和陈余本来是刎颈之交，以后却变成仇敌，为说明“患生于多欲，而人心难测”。言外之意是说，你韩信跟汉王刘邦的关系也同样是靠不住的。“您南征北战，连破魏、赵、燕、齐等国，立下了盖世无双的功劳，所以投靠楚，楚王不敢相信；归服汉，汉王也心存疑惧。您虽然处于臣子的地位，但您的权势却压倒了国君，名望在一切人之上。我真为您担心呀！”韩信只是淡淡地答应考虑考虑。

几天以后，蒯通又敦促韩信，劝他不要犹豫，应该尽快拿定主意，并说：“功业难成而易败，时机难得而易失。机不可失，时不再来。”韩信犹豫良久，始终不忍背叛汉王。他觉得自己立下那么大的功劳，汉王刘邦总不会再从自己手里将齐国夺去。所以，最后还是谢绝了蒯通。

说韩信脸厚，一点不为过，但对“黑”字，他确实研究不够，正是他的犹豫不决，使自己为日后的“走狗烹”埋下了祸根。

刘邦在垓下之战消灭项羽之后，他就回到了定陶（在今山东定陶西北），出其不意地驰入韩信的壁垒，夺了他的军权。对于韩信来说，消灭了项羽就等于消灭自己存在的条件。随着胜利的到来，他的命运每况愈下，逐渐地日暮途穷，黄泉路近。果然像武涉、蒯通所预言的那样，项羽一死，刘邦就立即把矛头对准了韩信。

这年正月，刘邦改封韩信为楚王，定都下邳；封彭越为梁王，定都定陶。

最后刘邦找了个罪名，说韩信谋反，吕后将其杀死于长乐宫。

心得

韩信智勇双全，在汉朝建立过程中立下了不朽的功勋，然而最终被以类似“莫须有”的罪名而杀害，令人扼腕叹息。这一切都说明了韩信脸厚但不心黑，善小忍不善大忍。当年少时，他能忍，那是小忍；当功成业就时，他却不能彻底的忍。当初天下四起时，他不知拥兵自重，等到刘邦已定天下时，又心生三心二意，即使最终不被杀，保不准也落个乱臣贼子的骂名。

虽然韩信死了，但是他那一套用兵权谋和机变无穷的军事谋略，则在军事史上永放光芒！

3. 识时务者多俊杰

汉高祖重用“盗嫂”的陈平而得天下。陈平连事三朝，每朝都是丞相，号称汉初官场不倒翁，其间有什么秘诀呢？

识时务者为俊杰！

周勃

一天，汉王帐下来了一位身材伟岸、风流倜傥的美貌丈夫。此人是阳武县人，名叫陈平，原是楚都尉，因项王发怒诛杀将吏，避祸而逃奔汉王来的。汉王刘邦听部将魏无知介绍后，立即召见陈平，直截了当地向他征询伐楚大计。陈平进言说：“大王想伐楚，目前正是时机。现在项王正率军讨伐齐地，后方空虚。大王若迅速东进，攻占他的老巢彭城，截断楚军归路，楚军一定人心大乱，容易溃散；项王虽然勇猛，但他一个人也无能为力了。”接着，陈平还把进军线路和攻伐计谋对汉王作了详细分析。汉王听了眉飞色舞，欣喜异常，觉得陈平才智谋略过人，真算得上张子房第二了。于是，不但仍旧授予他楚时的都尉官，还让他作自己的参乘（陪乘人），随侍左右，并兼掌护军。

帐下诸将见陈平刚来，又不见有什么功劳，就一下得了贵官，还跟随汉王身边，认为汉王这般抬举陈平也太过分了。下边不满的议论，汉王也有所风闻，但均不以为意；相反，更加厚待陈平。这下惹得周勃、灌婴这类功臣更加愤愤不平。他们在将士中搜集了些有关陈平的不廉行为，然后气呼呼地到汉王帐中告状，想把陈平告倒。

汉王听后，不但不生气，反而笑着说：“寡人任用陈平，是因为他有才智。你们说的那些事是德行问题。当今楚汉相争，全靠能人出奇谋，武士出勇力。那些循规蹈矩的谦谦君子有啥用处！你们就不要再追究他的那些生活小事啦！”周勃等人只好垂头丧气地退了出来。

汉王见他们走了，心里觉得有些问题还是得弄清楚，于是召陈平进来质问道：“先生，你原来事魏不行，于是事楚；结果又离开楚营，投到我处。人臣侍君可以这样不专一吗？”陈平从容回答说：“臣事魏王，魏王不能采纳臣的意见，所以离开他；到了项王麾下后，臣见项王信任喜欢的人，不是亲戚，就是故旧，其他人即使是奇谋之士他也不重用。臣听说汉王豁达大度，知人善任，远近豪杰都争相归附，所以臣才来投奔大王。臣来时，只身一人，除了身上穿的，余皆一无所有。如果不收受点钱财，就无法筹办活动经费。大王现在若真的认为臣的计划可以采用，就请大王听臣行事；假如认为不行；臣收的钱财全在，就全部封送官府，放我一条生路让我离开就是了。”

汉王听后，立刻向陈平赔礼道歉，并重金赏赐陈平，还提升他为护军中尉，监护诸将。这样一来，众将领再也不敢说长道短了。

从此，陈平一心一意跟随汉王身边，尽心为汉王出谋划策。他与张良成了汉王刘邦夺取天下以至治理天下所不可或缺的左右手。直到十数年之后，高祖临终之前的遗嘱中，陈平仍是汉高祖托付的安刘佐汉的重要大臣之一。陈平的英名，最终得与萧何、张良、韩信此汉家三杰一道名垂青史。

陈平的成功，与其识时务有关，他知道汉王要得天下，就需要收纳能人志士，对汉王用人不疑的了解，也是陈平择贤主而投之的一个原因。一个满腹奇谋，一个宽容信任，不计前嫌。唯有如此，汉王才得以成为汉高祖，陈平才得以成为佐汉俊杰。俗话说：人往高处走，水往低处流。登高远望，风光无限好，这是做任何事都必须具备的条件。

在汉初跟随刘邦时，陈平能识时务，但当刘邦死后，吕后专权，他一样能化险为夷，当那些立功之臣都受到吕后的打击甚至杀害的时候，唯有陈平安然无恙。

汉文帝刘恒

陈平曾以谋略协助刘邦建立西汉王朝，因此

被刘邦封为曲逆侯，汉惠帝刘盈死后，吕太后上台，吕氏开始专权。

陈平这时虽然担任丞相，但内心对吕后肆意专权十分不满，他知道吕后忌恨有才能的大臣，而自己的文武才能远在其他大臣之上，应该躲避吕后的锋芒，保住丞相地位，等待时机削弱吕氏的权力。

从此，陈平假装放浪形骸，整天沉溺在美酒女人之中。到上朝的时候，他唯唯诺诺，从不明确发表意见，表现出一副痴愚的样子，以免引起吕后讨厌，虽然位高权重，却百事不管。

后来，吕后打算将吕姓的人立为王，征求陈平等人的意见，生性直爽的王陵回答说：“高祖曾经杀白马订立盟约，规定凡是不姓刘的人当王时，天下人应联合起来讨伐。现在立吕姓的人为王，是违背先帝的誓约。”吕后大怒。

陈平的回答却令吕后喜笑颜开：“以前高祖平定天下之后，便拥立姓刘的子弟为王，现在是太后当政，想立姓吕的子弟为王，没有什么不可以的。”

吕后对王陵的话怀恨在心，剥夺了他的丞相大权，降职为太傅。王陵于是请求返回故乡，以生病为由辞去官职，在家里闭门不出，直到死在家中。

吕后

陈平受到吕后重用，吕后的妹妹吕嬃对此十分不满，不断在吕后面前诋毁陈平，说他“当丞相不管事，白天喝好酒，晚上玩女人”。

陈平知道此事后，心中暗喜自己表演得不错，而吕后越发对陈平没有戒心，竟对他说：“俗话说女人小孩的话千万听不得，我们这样的关系，完全不要害怕吕嬃的谗言。”陈平继续表演下去，吕后日益欣赏他的“忠厚”，又是封王又是封侯，以表示恩宠。

然而，吕后一死，陈平便与周勃共同策划，铲除吕氏势力，诛杀吕产、吕禄等人，平定了诸吕叛乱。陈平和周勃拥立汉文帝刘恒，恢复了刘氏天下，他们两人任丞相。

心得

西汉众多大臣中，最为足智多谋者，当数陈平。当年辅佐高祖刘邦时，频出奇计。后来大权在握，又能审时度势，不仅不滥用权力，而且设法制止了权力被非分之徒篡夺。其中原因，正在于陈平悟透了“因利制权”四个字。

权力的确可以为人带来众多方便与好处，自古至今都是人们欲求的重要对象之一。人说钱可使鬼，权力也可使鬼，它的诱惑是难以抵挡的。

然而，正如水可载舟，亦可覆舟一样，权力可使人野心膨胀，也可使人死无葬身之地。吕后越名分而专权，风光一时，恣肆一时，而其下场却是遗臭万年。

掌握在手中的权力，并不是一个可以随意使唤的奴婢，绝对的权力导致绝对的腐败，绝对的腐败导致身败名裂。因此，如何运用权力，大有文章可做。根据实际需要和不同的利害情况，灵活地运用权力，便叫做“因利制权”。

它所依据的是有利无利的原则。有利，则及时适当地加以运用，如陈平与周勃共除吕氏势力；无利，则暂时回避，以图东山再起，卷土重来，如陈平佯装放浪痴愚。

顶风开船，要付出加倍的力量和代价，风向顺利时，不及时张帆顺风而驶，机遇就将擦肩而过，悔之晚也。

4. 君择臣，臣亦择君

得人才者得天下，无论治国还是治乱，君要择有才能的能臣，有能臣帮忙天下才能太平；同样，无论忠臣还是名相，如果没有一个好的君主，就是再有才华，也是美玉藏于地窖而难以发扬光大。

马援，字文渊，是东汉初扶风郡茂陵县（今陕西兴平东北）人。少年时父亲就去世，依靠兄长为生。他胸有大志，同县人都对他另眼相看。他的长兄马况常说马援是大器晚成。马况病逝后，马援守了一年孝；他对待寡嫂极为尊敬，不正衣冠不敢入屋舍相见。

后来，马援成为扶风郡的督邮。有一次，他押送犯人到司命府，罪犯一路上反复哀求，马援觉得怪可怜的，便私自放跑了罪囚，他自己为了躲避官府追捕也亡命于北地郡。后来，王莽大赦天下，马援仍留居当地从事畜牧，当时有很多宾客来归附他。马援常对宾客们说："大丈夫处世应当有雄心壮志，穷当益坚，老当益壮。"几年后，马援因放牧而富裕起来，他拥有牛马羊数千头，谷数万斛。但是他却叹息道："人生积蓄财产，须要赈济亲朋好友，否则就不过是守财奴而已！"说罢，他便把自己的家产分给兄弟故旧，自己只是穿了身羊裘皮裤。

王莽末年，四方兵起。正好碰上割据陇西的隗嚣收揽人才，招收马援入幕，拜为绥德将军，参与决策。当时，公孙述称帝于蜀郡，隗嚣满怀疑虑，联结汉军还是联结蜀军一时不能决定，便派遣与公孙述素来相识的马援先去蜀郡，观察虚实。马援来到蜀郡，以为与公孙述会一见如旧，欢语平生。谁知公孙述却设置了豪华的仪仗队，见马援到来，先彼此作揖后，便送马援到客馆居住，一面又给马援制作了华丽的衣冠，授马援为封侯大将军。马援忙起座说道："天下久乱，雌雄未定，公孙不吐哺走迎国士。共图成败，反而修饰边幅，如木偶一样，这样怎么能久留天下义士呢？"回去后，马援便对隗嚣说："子阳（公孙述字）不过是井底之蛙罢了，妄自尊大，不知远谋，不如专意东方才是！"

建武四年冬天，隗嚣再叫马援奉书去洛阳城。到达京都洛阳，马援由中黄门引见宣德殿。刘秀笑迎道："卿遨游于二帝之间，今天见卿，真是令人惭愧啊！"马援忙顿首称谢说："当今时代，不但君择臣，臣亦择君啊！臣与公孙述是同县人，从小友善相处，上次臣去蜀中，相见时，公孙述所备礼仪极盛。今臣远来到宫，陛下难道不怀疑我是刺客奸人，礼仪为何如此简易呢？"刘秀笑道："卿非刺客，只是一个说客呢！"马援答道："天下反复，盗窃声名的人不可胜数。今日见到陛下如此恢弘大度，如同见到高祖，才知帝王自有真的哩！"刘秀便挽留马援住在洛阳京都，常常一起出游。过了几个月，刘秀才派大中大夫来歙，持符节送马援西归陇右。

马援回来后，隗嚣常与马援同起同睡，详细询问东方流言与京师得失。马援因此进言道："前次到洛阳，引见了十多次，每次与光武帝谈话都是从早到晚。光武帝确实雄才大略，与众不同，而且心怀坦诚，毫无隐蔽，豁达大度，与高帝智识相同。光武帝还博览经学，文辩无比真是古今罕见！”隗嚣反复说：“光武帝到底比高帝如何？”马援说：“略有不如，高帝无可无不可；今汉光武帝颇好政治事务，动必如法，又不喜欢饮酒。”说到此，隗嚣不满意地说：“依卿所言，比高帝还胜一筹！怎么说是不如高帝呢！”然而，隗嚣还是相信马援的话，派长子隗恂到洛阳去当人质。马援也携家眷一起到了洛阳。数月之中，马援并未得到要职。马援自以为三辅（辖境相当于今陕西中部地区）地区地广土沃，便上书请求屯田上林苑。刘秀自然准许。

后来，马援帮助刘秀击败了隗嚣。建武十一年夏，马援被拜为陇西郡太守，先后讨平陇西羌人、皖城李广。建武十八年，刘秀写玺书拜马援为伏波将军。刘秀常说：“伏波将军谈论用兵之道，与我不谋而合。”每有谋略，刘秀都重用马援。建武二十四年，六十二岁的矍铄老翁马援再次出征，在阵中病亡。刘秀听信了虎贲中郎将梁松的谗言，追夺马援的新息侯印绶。马援的棺柩运回来，妻子也不敢报丧。经前云阳县令朱勃上书讼冤，刘秀才允许马援归葬旧墓。

马援择君

到了永平初年，马援的女儿被汉明帝立为皇后。汉明帝画中兴名臣像于云台。东平王刘苍观看了中兴名臣的画像后，对汉明帝说：“为什么不画伏波将军像呢？”明帝笑而不答。待到永平十七年，马援的夫人去世，才为马援夫妇起造祠堂。

心得

在太平的天下需要认清时事，在动乱的环境中更要如此。马援胸怀大志，分散财物，择求明主，从容不迫，最终寻到了刘秀的头上。果然没有认错人。归光武帝后，也没有急功近利，而是搜寻时机，以自己的方式努力辅佐，最终为汉朝的中兴建功立业，功不可没。

君择臣、臣择君，当他们找到了共同利益的契合点，才能共谋大业，共创辉煌，实现彼此的利益。

5. 不要灵魂要乌纱

灵魂不重要，重要是能在朝廷上保住自己的乌纱，官大一级压死人，古代封建官场就是这样，善识时务者，宁要乌纱帽，灵魂不计较。

东汉胡广“一履司空，再作司徒，三登太尉，又为太傅”，周流四公，三十一年间，虽然几经波折，但始终高居“公台”不下，可谓是“善识时务的俊杰”。

东汉熹平元年（公元172年）三月，一位八十二岁的老官僚死于病榻。这一消息，惊动了上至皇帝，下至公卿百官。汉灵帝特派五宫中郎将“持节奉策赠太傅、安乐乡侯印授，给东园梓器，谒者护丧事，赐冢茔于原陵，谥文恭侯，拜家一人为郎中。故吏自公卿、大夫、博士、议郎以下灵数百人皆绰溮殡位，自终及葬”。这样高规格的隆重葬礼，自“汉兴以来，人臣之盛，未尝有也”。有幸享受这份殊荣的，就是胡广。

胡广，字伯始，南郡华容（今湖北潜江南）人，二十七岁察廉入仕。在长达半个世纪的宦海生涯中，胡广历事安、顺、冲、质、桓、灵六帝，先后担任过尚书仆射、地方郡守、大司农等要职。尤其是从顺帝汉安元年（公元142年）起，他“一履司空，再作司徒，三登太尉，又为太傅”，周流四公，三十一年间，虽然几经波折，但始终高居“公台”不下。其实，这并非因为他有治理国家的卓越才干，而是因为他以庸碌苟且为立身之本。

胡广初入仕途时，屡有谏章呈上，虽然都是些“柔而不犯”的文字，但毕竟说明他彼时尚能持正守职。但随着时间的推移，胡广饱览宦海沉浮和官场世故，日益变得圆滑起来，特别是他登上三公高位之后，完全蜕变成一个胆小如鼠、耽于利禄、锐于保身的庸碌苟且之臣。

本初元年（公元146年），外戚、大将军梁冀毒死了汉质帝后，又欲拥立幼疏之人为帝，以利于自己专权。太尉录尚书事李固对此忧心如焚，认为选立继嗣一事应该“询访公卿，广求群议”，不应由梁冀一人独决，于是便写信催促梁冀早日讨论此事。当时担任司徒的胡广及司空赵戒也在信上签了名。李固、杜乔等正直大臣拟立年长持重、以德行著称的清河王刘蒜，胡广起初也附和此议。但梁冀竭力主张立自己未来的妹夫刘志，双方争执不下。梁冀“意气凶凶而言辞激切”，在朝堂上大发雷霆，胡广等人见此“莫不慑惮”，立刻改变了以前的主张，口口声声地表示：“唯大将军令。”只有李固、杜乔二人昂然不屈坚持己见。梁冀随即以胡广接替了李固的太尉之职，拥立刘志为帝，是为桓帝。第二年，梁冀又将李固抓进监狱，定下死罪。李固临终前修书一封于胡广、赵戒，信中说：“固受国厚恩，是以竭其股肱，不顾死亡，志欲扶汉室，比隆文宣。何图一朝梁氏迷谬，公等曲从，以吉为凶，成事为败乎？汉家衰微，从此始矣！公等受主厚禄，颠而不扶，倾覆大事，后之良史，岂有所私？固身已矣，于义得矣，夫复何言？”面对李固的一腔正气之言，胡广等自惭形秽，无地自容，但仍昧着良心不愿出面相救。就在李固引颈就刑弃尸街头时，胡广又从梁冀手中接过了育阳安乐乡侯的印绶。人们就此事编了一首童谣在京师传唱：“直如弦，死道边；曲如钩，反封侯。”表达了对李固刚直不阿之举的敬佩和对胡广之辈“徇名安已”、“求生以害仁”的深恶痛绝。

为保全乌纱而阿附曲从权贵，对胡广来说并不是第一次，也不是最后一次。早在建康二年（公元145年）时，胡广就曾秉承当权宦官的旨意，上奏弹劾左冯翊滕抚，使这位不交权势的正直大臣被罢官。元嘉元年（公元151年）时，桓帝“欲褒崇大将军梁冀，使中朝二千石以上会议其礼”，胡广带头“称冀之勋德”，肉麻地把梁冀吹捧为汉代周公，建议桓帝封梁冀为王，“赐之山川、土地、附庸”。由于胡广不遗余力地献媚梁冀，延熹二年（公元159年）桓帝诛灭梁冀后，他便以“阿附”之罪被免官，减死一等，夺爵士，免为庶人。但这对胡广来说只是有惊无险，他在朝中多年，门生故吏遍布朝野，加上他和中常侍丁肃为儿女亲家，与宦官集团亦往来频繁，所以，很快就重新入朝为官。延熹九年（公元166年）五月，官至司徒，复封故国。胡广上任不久，太原太守刘瓆、南阳太守成瑨因得罪宦官而遭弹劾，定下死罪。依当时制度，此事还须三公审批方能执行。太尉陈蕃和司空刘茂明确反对，上书进谏，胡广迫不得已，也在奏书上签了名。桓帝见奏大怒，"有司承旨劾奏三公"。胡广立刻改口，"不敢复言"。后来陈蕃、刘茂均被罢官，而胡广却官职依旧。

在两次"党锢之祸"中，许多正直人士被捕杀，胡广则毛发未损，平安无事。不仅如此，他还在建宁元年（公元168年）接替被宦官杀死的陈蕃，担任太傅、录尚书事。他不以国家政务为念，一味趋炎附势，人们为此又编了一句歌谣来讽刺他："万事不理问伯始，天下中庸有胡公。"

心得

据《后汉书》记载，胡广"有雅才，学究五经，古今术艺皆毕览之"。他一生著述很多，弟子甚众，著名大儒蔡邕即出自他的门下。但作为一名政府大员，他却毫无节操，完全从保命保官的心理出发，奴颜婢膝地依附于外戚、宦官的羽翼之下，成了他们事实上的帮凶。说他是好党也好，说是毫无节操也罢，反正安安稳稳，做官一生，在九泉之下还享受隆葬礼，这也足够了。

第八章

中国的阉人权监

在中国，太监是地地道道的土“特产”，也是世界上独一无二的，就像泰国的人妖一样出名。

太监在中国古代又称为阉人、阉宦、内宦、内侍、内监、宦者等。

最早的太监没有社会地位，但随着社会的发展，他们的角色便越来越重要了，有时干预朝政，甚至独掌大权。

太监掌权，因其独有的特点，很少能干好事的，至于成就辉煌者，更是寥若辰星。大量的权监做尽了祸国殃民的坏事，其累累罪行，史不绝书。

1. 一块臭肉搅得满锅腥

在太监专权中，出现得最早最有影响的人就是秦朝的赵高，他的出现，改变了秦朝的命运，也改变了中国的一段历史。

赵高

赵高是赵国人，是赵国国君的宗族，其父因犯罪被处以宫刑，其母也被罚作宫奴，赵高兄弟也因此当了太监。后来秦始皇灭亡了赵国，赵氏兄弟也就被掳到秦国。

赵高很有心计，他发现秦始皇非常疼爱他的小儿子胡亥，他就想尽办法去接近和讨好胡亥，很快就博得胡亥的欢心。

秦二世即位之后，一味宠信赵高。赵高狐假虎威，滥用权威，干尽坏事，朝野上下，怨声载道，对他恨之入骨，却不敢明言。赵高自知结怨太多，生怕大臣在秦二世面前揭露他的鬼蜮之心和罪恶行径，因此便千方百计地割断秦二世与大臣之间的联系，甚至尽可能不让二世和大臣见面。

赵高为了架空秦二世，遂编造了一系列动听的谎言，说：天子之所以尊贵，是因为臣下只能听到他的声音，而不能亲眼看到他的容貌，所以天子才自称为“朕”。如今陛下很年轻，对朝政诸事未必都很熟悉，治国经验不足，却经常上朝理政，听群臣奏事，如果赏罚有所不当，大臣们立刻就会发现陛下的短处，这非但不能向天下显示天子的神明，反而会留下别人耻笑的把柄。愚昧的秦二世听了觉得有理，便问他应当如何行事。

赵高回答说：“我以为陛下今后应深居内宫不出，与我以及那些精通法律制度的近侍们常在一起，大臣们把奏章呈上以后，先在内宫商议，然后再作答复。这样一来，大臣们就不敢随随便便地把那些事非难定的事情奏报上来，而天下万民也都将称颂陛下是个英明的圣主了。”

秦二世认为这种做法既有利于维护自己的权威和尊严，又能给自己腾出更多时间去寻欢作乐。于是便完全听从赵高的安排，“乃不坐朝廷见大臣，居禁中”。赵高的权势，陡然扩大了许多。因为他是宦官，可以在深宫内院中与二世议事；而他又身为郎中令，可以堂而皇之地参与公卿议事，这种双重身份使他可以任意假传圣旨、谎报或隐瞒下情，结果很快就出现了“事无大小辄决于高”的局面。

秦二世三年（前207年），赵高被任命为中丞相，封武安侯。当时关东地区农民起义烈焰正炽，赵高预感到秦朝将亡，又见秦二世昏庸无能，便想自己窃国当政。为此，他又施展诡计，进一步架空秦二世。

有一天，赵高向秦二世献上一只鹿，但却口口声声说他献的是马，秦二世很觉奇怪，便笑问赵高是否看错了，何以会指鹿为马。赵高却一本正经地说，自己没有搞错，他所献的，正是一匹骏马。秦二世又问左右是鹿是马，结果他们有的默不作声，有的则附和赵高。“二世惊，自以为惑，乃召太卜，令卦之”。太卜在赵高的威逼之下，只好以假话回奏二世说，陛下每年春秋两次祭天，奉祀祖宗神灵时都“斋戒不明”，所以才会发生这样的惑乱。只有“依盛德而明斋戒”，才能恢复理智。秦二世听了，立刻就诚惶诚恐地离开了京师咸阳，来到上林苑（今陕西户县西）中进行斋戒。但赵高依然觉得上林苑离京师太近，担心自己行动起来不方便，还要把秦二世支得更远。正当他苦于找不到借口的时候，秦二世将一个误入上林苑的人射死。赵高闻讯，立刻计上心来。他先指使自己的女婿、咸阳令阎乐去找秦二世，说是不知是谁射死了一个人，却将其尸体移入上林苑内，请求他批准在上林苑中搜捕凶手。迫使秦二世承认此人是他所杀。赵高便煞有介事地吓唬他说：“天子无故贼杀无辜人，此上帝之禁也。”又说上天会因此不再保佑二世，并且还要降灾于他，建议他速速远离上林苑，另择他地祈祷祭祀神祇，以求免灾降福。迷信天命的秦二世听了赵高的话，不敢怠慢，赶紧离开了上林苑，移住望夷宫（今陕西泾县东南）去祭祀泾水之神。结果是天灾未降而人祸先至，三天之后，赵高发动兵变，不费吹灰之力就逼死了秦二世。

赵高的阴谋诡计，不仅使得秦二世完全失去了解外界真实情况的可能，而且还始终将他置于自己的严密监视和控制之下。秦二世虽然名义上贵为天子，但其实却是赵高手中的玩物和傀儡。可怜的秦二世一直到临死之前都未曾觉察到这一点，这固然是其昏庸愚昧所致，但也不能不说与赵高的阴险狡诈有关。他在秦二世面前，始终是一副忠信模样：他劝二世深居内宫，说是为了维护二世的威权；他劝二世远离京师，则是打着乞求上天的庇护保佑的招牌。从表面上看来，这全是忠君爱主的肺腑之言，根本没有掺杂一点个人的私心杂念。以秦二世之昏庸，他怎么可能想到赵高的居心不良，又怎么可能不对他言听计从呢？

赵高杀死秦二世后，就立了胡亥的哥哥的儿子子婴当秦王，赵高的这一建议，朝廷上下无人反对。虽然大家都明白赵高取消秦国的帝国实际上就等于宣布秦朝的灭亡，是为自己开新朝做准备，但也无人敢于发表不同意见。只是子婴非常清楚，赵高很快就会杀掉自己的。于是，子婴趁赵高来看他之机，埋伏好士兵，让自己的两个儿子突然出击，杀死了赵高。不久，刘邦率农民军攻入咸阳，子婴投降，秦朝灭亡了。

就这样，中国历史上的第一个封建王朝走完了其15年的短暂历程。

心得

俗话说：“拆墙容易，筑墙难”。一个王朝的建立要费尽心力，而一个王朝的覆灭却是轻而易举的事，要粉碎和瓦解一个王朝只需一个奸臣就足够了。而昏庸、懒惰的君主，又是滋生奸臣的沃土。奸臣赵高一计得逞，必然会一而再，再而三，权势的火焰越来越大，而群臣畏于权势，碍于性命也都退避三舍，明哲保身，虽有一两个刚烈之士，但终究寡不敌众，正是“一块臭肉搅得满锅腥”，秦朝的灭亡由赵高等人加速。

2. 陷人有术，保身有道

中国历史上第一个陷人有术而又保身有道的太监当数西汉元帝时期的石显。中国权监史真正成形，也许就是从那时开始。

凡是权监都是极会投机的人。石显是济南人，因为犯罪而被处以宫刑，收入宫中做了太监。当时，朝廷注重法治，赏罚很严明，一般的官吏都精通法律，石显觉得，要想有出头之日，就必须在法律上打主意，因此，他猛攻法律，又善于揣摩汉元帝的心意，由于他朝夕侍奉在汉元帝的身边，元帝经常问他一些法律方面的事情，石显的应答往往十分合乎元帝的心意，因而博得了元帝的欢心，提拔他做了中书令，掌握机要文献。

汉元帝当政的后期，因长期身体不好，不能经常上朝处理政事，必须在身边寻找一个既能体察他的心意又能朝夕不离左右的人，这就选中了石显。元帝一方面认为石显在宫日久，诸事熟稔，又精明能干，办事符合自己的心意，另一方面也觉得石显在朝中无亲无故，不会拉帮结伙，危及朝廷，所以对他十分放心，许多事情都交给他去办。可没想到石显也是个报复心极强的人，凡是得罪过他的人，他都不放过，而且能寻出所谓的法律依据，让人有苦说不出。结果弄得朝廷上下都视石显若虎豹，不敢与之争锋。

当然，反对宦官专权的正直大臣萧望之是石显想方设法对付的重要目标。

萧望之是汉元帝当太子时的老师，其正直与学问才干在当时都是名冠一时的，况且他还是汉宣帝指定的辅佐汉元帝的辅政大臣，他在朝廷的地位和元帝对他的依重是可想而知的。萧望之的仕途经历也很复杂。他是东海兰陵人，世代务农，后迁居长安之南的杜陵居住，因其学识渊博，见解超人，所以长安城内外的许多著名的学问家和政界人物都与他有交往。汉昭帝时，大将军霍光专权，霍光虽是尽心辅佐汉昭帝，怎奈人心难测，他怕人刺杀他，所以遇人求见总是先搜其身，再令两人扶持往见。这样虽然保证了霍光的人身安全，却极大地伤害了他人的自尊心。

一次，萧望之被推荐去见霍光，别的儒生都照例被搜被挟，等轮到萧望之，他却坚决不肯，且边走边说："我不愿见大将军了，不愿见大将军了。"差役们闻声扑上，强行搜身，萧望之就与他们大声争吵起来。霍光闻讯，就请萧望之直接进屋相见。进屋后，萧望之慷慨陈词："大将军辅佐汉室幼主，能以德化四海，使天下太平，所以全国的读书人争先恐后地为大将军效力，但现在儒生们要见大将军，却要一律脱了外衣，被搜遍全身，这可不符合古礼。过去周公辅佐年幼的成王时，为了接见贤能的人，洗一次头都来不及洗完，数次握干头发，吃一顿饭都来不及吃完，数次把饭吐出来，周公能如此礼贤下士，您与之相比，可就差得远了。"这番话虽使萧望之大大地出了名，却也因此得罪了霍光，虽未处治他，但没有任用他，而与他一起前往应荐的儒生全都做了官。

三年后，萧望之以考试甲等的成绩被派去看守花园的门，过去曾和他一起参荐的人有的当了大官，其作威作福的样子，一般人看了很羡慕，萧望之却毫无所动。一次，王仲翁揶揄地说："你不是不肯碌碌无为吗？为什么却当了什么事也做不出的看门官呢？"萧望之淡淡地回答说："我们是各遂其志啊！"

萧望之就是这么个人！

宣帝即位后，因器重萧望之的才能而想重用他，但因有霍光及其家族当时谋反，平乱后霍光死，其家因数次谋反而被族诛，更证明了当初萧望之的话是正确的，萧望之又因上奏章抨击一家大臣专权而闻名朝野，于是，汉宣帝就重用了他。

霍光

汉元帝即位后，萧望之满以为自己的这位学生要大展宏图了，可没想到宦官专起权来，于是他愤然上书说："管理朝廷的机要是个十分重要的职务，本该由贤明的人来担任，可如今元帝在宫廷里享乐，把这一职务交给了太监，这不是我们汉朝的制度。况且古人讲：'受过刑的人是不宜在君主的身边的。现在应当改变这一情况了。”石显看到了这一奏章，当然把萧望之视为仇人。他从此挖空心思地陷害萧望之。

萧望之的正直还引起了外戚的反感。有个叫郑朋的儒生，为了从萧望之这里弄个官做，就投其所好，上表攻击许、史两家外戚专权，萧望之接见了郑朋，给了他一个待诏的小官，后来却发现郑朋不是个正人君子，觉得很讨厌他，也就不再理他。等该考评升降官员的时候，与郑朋同是待诏的李官被提升为黄门侍郎，郑朋却原封未动，一怒之下，他反去投靠了与萧望之不和的史、许两家外戚。他编造谎言说：“我是关东人，怎知你们两家外戚的事呢？以前我上书劾奏你们，全是萧望之一伙人策划的。”郑朋心怀机诈，到处扬言说：“车骑将军史高、侍中许章接见了我，我当众向他们揭发了萧望之的过失，其中有五处小过，一处大罪。如果不信，就去问中书令石显，当时他也在场。”

其实这是郑朋的圈套，他想借此交结石显，果然，萧望之去向石显打听，石显正想鸡蛋里挑骨，此次萧望之送上门来，那是正中下怀。

石显首先找来郑朋，又找了一个与萧望之素有嫌隙的待诏，叫他们两人向皇上上书，劾奏萧望之搞阴谋，离间皇帝与外戚的关系，要撤车骑将军史高的职；然后，又趁萧望之休假之机，叫郑朋等上奏章。奏章交到元帝手上，元帝就叫太监弘恭去处理。弘恭是石显的同伙，本来就参与了陷害萧望之的阴谋，这么一来，也好逞计。

弘恭立刻把萧望之找来，对他进行询问。萧望之竟十分老实地据实回答，他说：“外戚当权，多有横行不法之处，扰乱朝廷，影响了国家的威望，我弹劾外戚，无非是想整顿朝政，绝非是搞阴谋，更不是离间皇上和外戚。”既承认了想整治外戚的事实，对这事实怎么理解，却是宦官们的事了。弘恭、石显在向元帝报告时说：“萧望之、周堪、刘更生三人结党营私，相互标榜吹捧，串通起来多次进攻朝廷上掌权的大臣，其目的是想打倒别人，树立自己，独揽大权。这样做，作为臣子是不忠的，污辱轻视皇上更是大逆不道。”请皇上允许我们派人把他送到廷尉那里去（“谒者召致廷尉”）。当时，元帝即位不久，看到奏章上“谒者召致廷尉”几个字，也不甚明白，就批准了这道奏章。

其实，“谒者召致廷尉”就是逮捕入狱。等过了很久，元帝见不到萧望之、刘更生、周堪等人，就问大臣们他们到哪里去了，听说这些人已被逮捕，大吃一惊，急召弘恭、石显追问，二人虽叩头请罪，毕竟是由自己批准，也不好责备处置，只是让他们快放了这三人，恢复他们的职务。石显一听计划要吹，急忙去找车骑将军史高，史高也很着慌，他知道，如果整不倒萧望之这些人，自己的日子会越来越难过。就急忙晋见元帝，告诉他说："您刚即位，老师和几个大臣就入了狱，大家以为肯定有充分的理由，现在您若把他们无故释放且恢复官职，那就等于自己承认了错误，这会极大地影响您的威望。"汉元帝年轻识浅，被史高一说，也觉得有道理，于是只下诏释放他们，但革职为民，不予任何官职。

但元帝毕竟还算良心未泯，过了几个月，觉得心里不安，再说也确实需要萧望之等人，就下了一道诏令，封萧望之为关内侯，食邑600户，进宫办事，其地位在朝廷上仅次于将军，并准备让他当丞相，这使石显一伙感到极度恐慌。正在这时，萧望之有一个做散骑中郎的儿子，名叫萧汲，没有通过父亲，就上书替父亲上次被逮捕入狱且削职为民的事喊冤，他以为皇上已重视萧望之了，可以平反昭雪前案，但他没有揣摩皇上的心理，反倒使得元帝恼羞成怒，立命有关官吏去审理此案。官吏当然是承揣上意，哪敢据实办理，就向元帝报告说："萧望之以前所犯过失是清楚明白的，不是别人陷害所致，现在皇上重新重用了他，他不感皇恩，却教唆儿子上书喊冤，诽谤皇上，这不是人臣的行为，对皇上犯有不敬之罪，当逮捕法办。"石显又添油加醋地对元帝说："萧望之当将军的时候，就排挤史、许等皇上亲近的大臣，想独揽大权，他仗着自己是皇上老师，利用皇上的宽厚仁慈，肆无忌惮地兴风作浪，那时候就该治他的罪，现在皇上封侯赐官，他不仅不感谢浩荡的皇恩，反倒心怀不满，纵子上书，实在太不应该。如果不送到监狱里让他清醒一下，将来朝廷怎么能用他呢？"元帝觉得萧望之年纪已大，恐怕不肯受辱，会自杀。石显说："上次入狱，他都没有自杀，这次犯的只是言语之罪，他更不会自杀。"这样，元帝批准了逮捕萧望之。

石显立即发了诏令，命人包围了萧望之的家，萧望之弄明了真相，说："我曾做过前将军，现已近70岁了，这样的资历和年龄，还要受辱入狱，再活下去，不是太卑鄙了吗？"于是让门客朱云拿来毒药，服毒自杀了。

石显害死萧望之的特点是见缝插针，既寻找萧望之的所谓纰漏，又借别

人之手，尤其借皇帝之手进行小题大做，最后自己并不落太大的责任，这就是他害人的“妙道”。

石显害死了萧望之，去了一个冤家对头，事情也做得很漂亮，甚至可以说是不露痕迹，但萧望之毕竟是极有名望的人，对他的死，大家议论纷纷，多少有舆论涉及石显。石显为了逃避罪责，保住自己，就精心策划，先从舆论最多的儒生堆里下手，于是，石显就极力向元帝推荐当时的大名士贡禹，让贡禹当上了御史大夫，石显还处处对他做出毕恭毕敬的样子。这么一来，关于他的舆论消除了，儒林之中多交口称誉石显举贤任能，使他博得了一个很好的声誉，人们再也不怀疑萧望之之死是由石显陷害造成的了。

心得

中国传统社会有个十分有趣的现象，就是政权不是在外戚手里，就是被宦官专权，这种现象在历朝历代都有过。石显以一个太监身份，却陷人于不声不响之中，把皇帝老儿的老师也置于死地，实在是叫人费解。但有一点可以肯定的是皇帝是一个昏君，才会有太监害人又专权的历史现象出现。

太监的名声虽然有点隐晦，但是太监的作用却不可忽视。太监多善阿谀奉承，处世圆滑，所以深得主子的欢心。太监不闹则已，闹则必会是天翻地覆，鸡犬不宁。

3. 玄宗之死与宦官专权

唐玄宗前半辈子过得红红火火，后半辈子养着一批批奸人庸人，就连太监最后都来欺负他，这就是李辅国“演义”。

李辅国（704—762）本名静忠，原是唐宫的一名小宦官。玄宗天宝年间，他被派往太子李亨的宫中服役，渐被信用。安史之乱爆发后，玄宗入蜀，李辅国力劝李亨分兵北上朔方，收河陇之兵以图复兴，后来又极力拥戴李亨称帝于灵武（今属宁夏）。为了酬答他的劝进之功，李亨（肃宗）任命他为太子家令，判元帅府行军司马事，使之成为唐代宦官掌典禁兵的第一人。李亨还特地将他更名为辅国，以寓托付国事之意。唐廷还都长安后，李辅国迁官封公，开始专权用事，日益骄横跋扈，连李亨也怕他三分。

至德二载（公元757年）十二月，七十三岁的太上皇李隆基回到了长安。他将传国宝玺正式授予李亨，带着“圣皇天帝”的封号回到了他即位之前居住的兴庆宫，在陈玄礼、高力士等人的陪伴下，过起了悠闲自在的日子。李亨对老态龙钟的父亲还算孝顺有礼，特地给他增派了一些宦官、旧宫人及梨园弟子，以减其寂寞。他们父子二人还不时相聚，共享天伦之乐。兴庆宫中有一座南临大道的长庆楼，李隆基为了消闲解闷，不时登楼观街景、看热闹。过往的百姓看到这位昔日的皇帝，往往都要舞蹈瞻拜一番，“呼万岁”，李隆基便“常于楼下置酒食赐之”，偶然也有朝廷或地方的官员去拜见。这些俱在情理之中的日常琐事并不引人注目，但李辅国看了，却有芒刺在背之感，坐卧不安。他担心李隆基有朝一日会复辟，于己不利，加上高力士等人视他如晚辈后生，“不为礼”，触犯了他的尊严，于是他开始“潜画奇谋以自固”。

李辅国的所谓“奇谋”，就是要除掉李隆基。上元元年（公元760年）六月的某一天，李辅国在肃宗面前诬陷李隆基等人说：“上皇居兴庆宫，日与外人交通，陈玄礼、高力士谋不利于陛下。今六军将士尽灵武勋臣，皆反仄不安。臣晓谕不能解，不敢不以闻”。这一番话，不光是恶毒地挑拨离间李隆基父子的感情与关系，而且还明显夹带着对李亨的武力威胁。李亨一看李辅国要逼迫自己向父亲问罪，不由得心中难过，哭着为李隆基辩护说：“圣皇慈仁，岂容有此！”李辅国见此，知道很难让李亨直接对李隆基下手，不得不后退一步，建议李亨以兴庆宫不安全为由，将李隆基迁于大内禁中之地看护，“杜绝小人荧惑之听”，他对肃宗说道：“陛下为天下主，当为社稷大计，消乱于未萌，岂得徇匹夫之孝！”李亨一则为李辅国的强硬态度所逼迫，二则也被他的挑拨说得心动，便以默不作声的方式向李辅国屈服。

李辅国最初曾想用“文”的方式来解决问题，以避免招来太多的责难。于是，他先假传圣旨，把兴庆宫中原有的三百匹马一下子调走二百九十匹，借此向李隆基发出信号，让他有个心理准备。然后，他又唆使一些将士到兴庆宫外“号哭叩头”，闹着让李隆基移居太极宫。李隆基知道李辅国没安好心，拒不答应，事情一时就拖延了下来。

到了七月间，李亨突患重病，李辅国唯恐皇上有个三长两短，李隆基会乘机复位，便决心不顾一切地采用“武”的方式来达到目的。他假借李亨邀请太上皇游览太极宫的名义，把李隆基诳出了兴庆宫。当李隆基、高力士一行刚刚走到睿武门外，就只见李辅国带领五百骑兵驰出城门，迅速将他们包围起来，李辅国骑在高头大马之上，气势汹汹地提刀而告：“皇帝以兴庆宫湫隘，迎上皇迁居大内！”李隆基受此惊吓，差一点摔下马去。高力士急忙上前呵斥道：“李辅国何得无礼！”让他下马再奏。李辅国不得已，只好依从。李隆基自知在劫难逃，便听任李辅国将自己带进了太极宫。

李辅国采用这种与绑架无异的手段迫使李隆基就范之后，仍然不肯善罢甘休，还要进一步迫害、折磨李隆基。就在李隆基移居太极宫之后的第十天，他就强迫陈玄礼退休还家；又给高力士加上个谋反的罪名，流放巫州。高力士出宫之前，再三哀求与李隆基见上一面，李辅国始终不允。李隆基的其他亲信、故旧，也先后被撵走。从此以后，李隆基就以七十六岁的艽艽老身被软禁于幽幽深宫之中，几乎完全与世隔绝。他“日以不怿”，在孤独、忧郁和老病之中苦苦挣扎了一年多，凄然死去。

心得

李辅国之所以要迫害李隆基，本是出自一己之私念。他是拥立李亨的主谋之一，又已经将李亨掌握在手，如果李隆基复辟，他很可能会命在旦夕。所以，尽管古稀之年的李隆基根本不可能再有什么力量登基，他的存在也是李辅国的心病，心病不除，则难以入睡。李辅国要防“患”于未然，不惜对一个老人横加逼迫，百般摧辱，他的阴险，他的狠毒，由此而暴露无遗。

4. 曲意逢迎的高手

说到曲意逢迎皇帝的心意，恐怕没有人能比得上晚唐的大宦官仇士良做得得心应手，又十分成功。他一生事六帝，每帝都能服侍得服服帖帖。

唐永贞元年（公元805年），即位仅几个月的唐顺宗李诵得了场大病，这下可忙坏了众多太医，纷纷被召进宫去为顺宗治病，但仍然对他的病情没有什么缓解。其实顺宗当时只是发高烧不止，但不知怎么搞的太医却怎么也治不好这个小病，时间一长，就给耽误了。没过一个月，唐顺宗竟因为这场大病而变成了哑巴，一句话也说不出来了。

最先知道这个消息的是宫里的太监俱文珍，他忙跑到太子李纯那儿，对太子说："太子，大事不好了，皇上出事了。"

太子道："公公，别着急，慢慢来，有什么话先喘口气再说，究竟是怎么一回事。"

俱文珍道："太子，皇上自病后一直也不见好转，但实在没有想到事情会发展到这一步。昨天我去服侍他用膳，问他对饭菜可否合味，他却指手画脚地说不出一句话，我一看吓坏了，不知怎么回事，陛下见我害怕，凄然一笑，叫我拿过笔和纸，写道：'我突然间不能说话了，你不要告诉别人，否则后果自负。'我当时吓得站也站不住，尿都快憋出来了，这不，一大早就跑到你这儿，你看该怎么办？"

李纯边听情绪也随着变化，先是喜忧参半，后来又喜多于忧，他心中马上就有了计策，对俱文珍道："公公，你想不想拥有享不尽的荣华富贵？"

俱文珍道："太子此话怎讲？"

李纯道："公公，目前是你立功的好机会，父皇哑了，此事不可传扬出去，否则将对国家有极大不利。目前唯一的办法是让父皇下诏，让太子我来监国，以后再让他传位于我。"

俱文珍又吓坏了："太子，这样做可是不忠之举，这样合适吗？"

李纯道："公公，这大唐皇帝宝座迟早是我的囊中之物，只不过是时间问题。我念你来向我报告这个好消息，才给你这个立功的好机会，你恐怕连这点小事也会想不清楚吧。"

俱文珍忙跪下叩头："太子，小人明白，小人一定按太子所说的去办。"

李纯道："好，我和你马上进宫，求见父皇。仇士良，你马上和我一同进宫。"

仇士良是他身边一位宠信的太监，同时，李纯让人传旨下去，说皇上因病不能上朝，特地罢朝3天，有事以后另行禀告。

李纯带进皇宫的人只有一个，即仇士良。他刚满24岁，进宫当太监不久，被分配给太子李纯，服侍太子。他生性乖巧，人又机灵，很会办事，深得太子李纯的宠信，李纯干什么事都带着他，他也死心塌地为李纯出谋划策，全心服侍。所以李纯在这个关键时刻自然忘不了他。仇士良一见太子的神情，神经马上绷紧了，凭他对太子的了解，他揣度太子今晚进宫一定是想逼皇上退位，自己想早日当上皇帝，他马上对太子说："太子，我们还有无必要带别的人和武器进宫，以备不测时急用。"

李纯道："不用了，再说带武器进宫也不方便，反正我们三个人对付父皇也是够了。你可要放机灵一点，可别让我看错了你。"

仇士良道："太子，小人明白，你放心。"

进宫后，俱文珍和太子将所有服侍皇帝的太监及宫人全部赶走了，于是唐顺宗病榻之前只剩下了他们三个人：李纯、俱文珍和仇士良。

李纯首先请安："父皇，你所患的小疾可有痊愈，孩儿十分挂念，特来探视。"

顺宗不说话，只是静静地看着他。他又瞥了一眼俱文珍，满眼都是恼怒的神情，他知道，肯定是俱文珍泄露了他的病情，太子李纯才急匆匆地赶来，他来必定不安好心。

李纯道："父皇，你还有什么吩咐吗？尤其是对我还有什么要求，你尽管讲，皇儿一定会牢记在心。"

顺宗还是不说话。

李纯又道："父皇，听说你不幸不能说话了，不知此事可否当真？"

顺宗这才点了点头，算是表示同意。

李纯道："父皇，你这一病，好多国事都不能处理了，再这样下去恐怕对臣民们无法交代，孩儿有一个想法，不知可否说与你听听。"

唐顺宗又点了点头，用准许的眼神示意他继续说下去。

李纯又道："为国家大事着想，孩儿想请父皇暂时休息一段时间，由我来监国。在这一段时间内，我一定派人到处寻求灵丹妙药，来医治你的病，你看怎么样？"

顺宗一笑，摇摇头，表示不同意他的做法。

李纯急了："父皇，孩儿监国是权宜之计，所有政策法令一如你出，决无更改，就好像你还在当皇帝一样，这有什么不好？"

顺宗一笑，还是摇摇头。

李纯更急了："父皇，你到底有什么意见，为什么不说出来，也让孩儿听听。"同时，他又向仇士良努嘴，叫他随时准备下手，只要顺宗稍有不同意让他监国。

顺宗指自己的嘴巴，又指指桌上的笔和纸。

李纯这才明白："父皇，孩儿一急倒忘了，你已不能说话了，好，等孩儿去拿笔和纸来。"

还没等他动手，仇士良已将笔、纸给拿了过来，并和俱文珍两人扶顺宗下榻，替他铺好纸。顺宗提笔写下了他的最后一道圣旨，说道："朕不幸身染恶疾，长期已不能处理朝政，这样于国于民不利，特此下诏，传位于太子李纯，望朝中文武大臣尽力辅佐，不得违背朕意。"

顺宗还另外写了几句话，是给太子李纯听的："纯儿，这个皇帝的位子本来就是你的，你今天不来，过几天我也会派人去召你来，传位于你，你今天来了倒好，免得我再去找你。你是个聪明的孩子，知道我哑了，想逼我退位，其实我心里很清楚你来的意图。与其让你监国，不如我马上传位于你，省下好多事，让你早日登上皇帝的宝座，我也乐得清闲，懒得去管那些似乎永远也处理不完的国事。不过以后你可要好好供养我，不能杀了我，我再怎么说也是你的父亲。另外，我请你杀了俱文珍，这个家伙太不忠了，以后恐怕对你不利。”

李纯看罢，心中大喜：“父皇，孩子一定尽力奉养你，让你颐养天年，你所说的事我一定照办。”

于是太子李纯立为皇帝，即唐宪宗，他马上杀死了俱文珍。这件事在历史上称为“永贞内禅”，这或许可以算是历史上最轻松地当上皇帝的例子，李纯兵不血刃得到皇位。

李纯称帝后，马上提拔仇士良为内给事，仇士良对皇帝更加察言观色，对宪宗的一举一动都细心观察，摸透了皇帝的心理和性格。宪宗有什么事要办，他总可以预先猜度他的指意，不待皇帝开口，就预先替他筹划周全，使唐宪宗感到称心如意，所以不久，他又被擢升为平卢、凤翔监军。

唐宪宗为太子时就对仇士良极为宠信，当上皇帝后，对他更是恩宠有加，所以仇士良更加骄横跋扈，有恃无恐。他从不把任何人放在眼中，除了皇帝之外。他心想，要想在朝廷中站稳脚跟，平步青云，一帆风顺，飞黄腾达，就必须依倚帝王的权势，必须想方设法博得皇帝的信任，进而有效地挟制皇帝而保全自己，到那时，他可就是一个人之下，万人之上的炙手可热的人物，还有什么人不可以随意踩在自己脚下呢。

于是他在出任内、外五坊使，官运亨通，名扬京城内外之时，也不忘了给皇帝也弄点好处，他每逢秋高气爽之日，由随从前呼后拥，到京郊去放鹰、狩猎，所到之处，都要巧立名目，搜刮钱财，他将这些东西大部分都送给李纯享用。

李纯一看仇士良在外面有这么好的东西可玩，便对仇士良道：“仇士良，你从哪儿搞来这么多东西，明天也带我去看看。”

仇士良正求之不得：“好，陛下，外面好玩的东西多得很，你要什么有什么。这些珍禽奇玩还是次要的，还有比这些更好玩的呢！”

李纯奇道：“那是什么东西这么好玩，你且说给我听听。”

仇士良道："陛下，你一个人长期在宫中，不知外面的世界有多么迷人，尤其是在民间有多少美貌的女子，都等着陛下去享受呢！"

李纯道："我还以为是什么好东西呢！原来是美貌的女子，我宫中的女子多的是，还用你在这儿哗众取宠，取悦于我？"

仇士良道："陛下这就错了，虽然宫中有佳丽无数，但这些都是大家闺秀中长大的女子，已没有民间女子的那种野味了，所谓家花不如野花香就是这个道理。你是没有尝过那种味道，自然体会不到其中的妙处。不过只要你想尝试的话，小人一定帮助你。"

唐宪宗被他说得心痒难搔："好，好，明天我就随你出去转一转，看你所说的是不是真的，如果你骗我，可别怪我对你不客气。"仇士良道："我怎敢欺骗陛下呢？明天你自己出去看看就知道了。"从此之后，仇士良按自己的计划，将唐宪宗一步步引入自己事先设计好的圈套，让他成天累月地沉湎于声色犬马之中，为此，他不惜极尽奢侈之能事，从而达到自己制约皇帝，进而巧妙地窃取朝权，而且非常顺利地就达到了这个目的。唐宪宗从此不理朝政，一天到晚受仇士良控制，他恨不得和仇士良换个位置，他羡慕仇士良的自由散漫及他那聪明的头脑，不知什么时候又蹦出一个新鲜玩法来吸引住他。

唐宪宗在仇士良的百般周到的侍奉下，终日只知吃喝玩乐，身体也越来越差，就想向秦始皇学习，长生不老。仇士良就按他的这个旨意到民间寻访方士，引入宫中，为皇帝炼制长生不老的金丹妙药，结果宪宗因服用大量的所谓"金丹丸"而中毒，于公元820年卧病不起，连大年初一的朝会都免了。

第二年，唐宪宗一命呜呼。唐朝中期的皇帝好像都没把皇帝屁骨坐热就把自己玩完了，所以仇士良在40多年的太监生涯中，侍候过6个皇帝，将每个皇帝都服侍得好好的，他专权20余年，共有2个藩王、1个皇妃、4个宰相死于他的圈套之中，从中可以看出皇帝对他是多么的信任，也说明他的曲迎之术的高明。

听听他给其他的太监们的经验传授，便可悉然。他说："我们这些人侍奉皇上，不要让皇上有闲暇时间，他一有闲暇就会看书，进而去接纳儒臣，再接受他们的意见。这样一来，他就增长了智慧，谋虑也随之深远。他不会再去追求吃喝玩乐了，也不会再宠幸我们这些人了。所以我们要千方百计地设法积聚钱财，供皇帝挥霍，终日让他沉溺于声色犬马，极尽奢侈淫靡之能事，使他乐而忘忧，不去顾及其他的事，这样他就会厌弃和贬斥经书学问，万事即可操纵于我们手中。”

心得

马屁的历史实在是够长，马屁的学问也实在是够深。而拍马屁绝对是太监的拿手好戏。这个世界上没有人听了奉承话不喜欢，皇上也不例外，当太监不动声色又甜如蜜的马屁拍中皇上时，那情景可以想象。自是皇帝高高兴兴成了太监手中的一枚棋子，想摆哪儿摆哪儿，赔了江山尚蒙在鼓中不自知，实在可悲！

5. 梁师成和童贯

北宋虽然没有出现犹如汉、唐那样酷烈的“宦官之祸”，但在徽宗时期还是冒出了两个为祸不浅的大宦官。一个叫做梁师成，一个叫做童贯。

梁师成（？—1126年）字守道，他为人阴贼险鸷，极善逢迎，因而深得宋徽宗的信任，官至太尉，开府仪同三司。他权势熏天，“凡御书号令，皆出其手”，为了营私舞弊的方便，他竟然“多择善书吏习仿帝书，杂诏旨以出，外延莫能辨”。靠着这一手，他不知私自提拔、任用了多少亲党。当时朝廷执政、侍从等贵官，出其门者不可胜记。蔡京父子谄附于他，宰相王黼对他事之如父，当时人都称他为“隐相”。

童贯（1054—1126年）字道夫，开封（今属河南）人。他官至太师，爵封郡王，权势也不弱于梁师成，当此之时，狐群狗党，“超附成市，侯王柄臣，多出其门”，其家的“厮养、仆圉官诸使者至数百辈”。当时人称他为“媪相”。

梁、童二人名列北宋“六贼”之中，都是作恶多端的奸雄，但二人又有所不同。梁师成多隐身内宫，而且还“习文法，稍知书”，算是以“文才”得势；而童贯则多显居外朝，不通文墨，他屡长枢密院，“握兵二十年”，可以说是以“武略”得势。

然而，梁师成“文才”是靠他“高自标榜”吹出来的，他本人实际上并“不能文”。他口口声声说自己的生母是苏轼的离婚之妻，硬是把这个大文士称为自己的先人，借此抬高他的身价。政和年间，他又假公济私，给自己弄了个进士出身，从此便“以翰墨为己任，四方隽秀名士必招致门下”，借机沽名钓誉。

无独有偶，童贯虽然长年主持军务，但却是个对领兵作战一窍不通的大草包。在他的功劳簿上列出的所谓功绩，往往弄虚作假，不是窃取了他人的胜利果实，就是他谎报出来的。那一桩为他带来莫大荣耀的所谓幽云之功，就是一笔假账。

五代时期，后晋的石敬瑭为了篡位当皇帝，把幽云十六州割让给了辽国，以换取辽的支持。北宋建国后，几次北伐辽国，企图收复幽云州县，但屡战屡败，只好望北兴叹。

政和元年（公元1111年），童贯出使辽国归来时，遇到了燕人马植。他向童贯提出与女真（金）结好攻辽，收复幽云的建议。童贯觉得此事有利可图，便说动宋徽宗，开始准备攻取燕京。

宣和二年（公元1120年），宋、金两国的使者最后约定：金取辽的中京大定府（今内蒙古宁城西南大明城），宋取辽的燕京析津府（今北京），灭辽之后，幽云等州复归朝，宋朝则将过去每年贡奉辽朝的岁币转奉金国，是为宋、金“海上盟约。”但由于宋朝忙于镇压方腊起义，金兵单独出击，于宣和四年（公元1122年）正月攻克辽中京，辽天祚帝逃往西京大同府（今山西大同），又被金兵打得大败。留守燕京的耶律淳乘机自立为帝。童贯、王黼看到辽国已呈分崩败亡之势，又“复议举兵”，宋徽宗与童贯为河东、河北路宣抚使，蔡京的儿子蔡攸为副使，统领十五万大军，浩浩荡荡地开出京师。童贯原以为辽国已面临灭亡的局面，只要北宋的大军一到，辽国便会不战而降，所以，他不仅不去做战斗准备，反而还下令，“如敢杀一人一骑，并从军法。”一路张贴黄榜，高悬“吊民伐罪”之旗，俨然已是得胜凯旋之师。结果宋军被辽兵打了个落花流水，狼狈败退。其后不久，耶律淳病死，燕京一片混乱，童贯便二次出兵，谁知又被辽国的残兵痛击而回。十五万大军不仅死伤过半，而且还损失了许多军需物资。童贯连败两阵，既感到无法向皇上交代，又彻底失去了战胜辽国的信心，便厚着脸皮向金国求助。

宣和四年十二月，金军以秋风扫落叶之势，一举攻占燕京。谁知金太祖却想将燕京占为己有，说什么“燕京自我得之，则当归我”。有个叫左企弓的还向金太祖献诗：“君王莫信捐燕议，一寸山河一寸金”，要金主乘机勒索宋朝。于是，金人提出可将燕京及其所属的六州二十四县交还宋朝，但宋朝除了要将原来给辽的四十万岁币交给金国以外，还需另将这六州二十四县的赋税如数交给金朝。童贯、王黼“欲功之速成”，同意每年另交一百万缗作为燕京六州的“代税钱”。金朝这才开始从燕京撤军，童贯和蔡攸便来到燕京，办理交割事宜。金人撤军之际，纵兵大掠，“凡燕之金帛，子女、职官、民户为金人席卷而来”。宋朝损兵折将，耗资巨大，而换回的仅仅是一座“城市邱墟，狐狸穴处”的荒凉空城。这就是童贯收复幽云的真相。但恬不知耻却又狗胆包天的童贯，居然把一系列败仗说成是胜仗，上“复燕奏”吹嘘自己的“不世之功”，并因此而晋封为广阳郡王。

心得

太监是中国宫廷一道奇特的“风景”，其实宦官专权和奸臣当道在本质上并没有什么区别，手段照样奸诈，照样恬不知耻。太监在成为太监的那一刻起就不再是正常的人了，他们变得深不可测。因为他们服侍于皇帝左右，他们比任何人都了解皇帝的每一点想法，所以他们与宦官奸臣所不同的只是太监利用起皇帝来更便利，因而也就更狠毒。

6. 擅借外力为己力的李莲英

在中国的权鉴史上，关于太监掌权就一定不能不说一个人——他就是李莲英。他在充满险恶的宫廷中，特别善于观察，宫中大小事情差不多没有能瞒得住他的。同时，他还有着自己的野心和“奋斗目标”，不会为了一个默默无闻低层太监“枉活一生”。他在宫中没一个知心的朋友，在许多年里一直是这样，他从不和别的太监说一句知心话。他还认真观察像安德海这样的大太监的一举一动，梦想着有一天能像他们一样，作威作福。而且他最终也得逞，并且使整个晚清王朝掀起了一番腐朽的风风雨雨。

李莲英

李莲英，原名李英泰，字英杰，刚进宫时叫李进喜，大约在同治十年（公元1872年）左右，慈禧太后赐其名为“莲英”。李莲英于道光二十八年（公元1848年）十月十七日出生在直隶（今河北）大城县。

李莲英9岁入宫，但他似乎比别的小太监“早熟”，他不仅伶牙俐齿，还善于观察，根据主子、师傅等人的眼色行事，并且能摸透主子、师傅等人的脾气，投其所好。

在宫廷中，李莲英第一个看透的奥秘便是说假话。他可以尽心尽力地服侍主子，伺候师傅和总管，但他决不轻易相信别人的话，对别人说的话，他总是认真揣摸，仔细盘算。在充满了尔虞我诈的宫禁中，他不仅学会了察言观色，也学会了在复杂的人际关系中随机应变。

慈禧是个非常爱打扮的女人，尤其“辛酉政变”后，自己的亲生儿子当了皇帝，“母以子贵”，被尊为“圣母皇太后”，和慈安皇太后并列垂帘听政，实际上是她独揽大权。由于位尊，爱美的要求就更加高了。

那时，京中满洲贵妇人，都很重视发型美，慈禧更是在发型上狠下工夫。因此宫内特设梳头房，专管她的梳头事宜。给她梳头的太监换了一茬又一茬，没有一个能称心如意。

慈禧的头发特别喜人，真是又黑又长，梳起来困难较大，何况她的脾气又怪。如果梳掉一根头发丝，轻者遭到毒打，重者充军发配，搞得人人自危。可是李莲英并不害怕这些，他认为这正是自己发迹的好机会。于是，他暗自下定决心学梳头，以便讨得慈禧的欢心，好往上爬。李莲英认真总结了梳头太监们的经验教训，找出了掉发的原因。为了迎合慈禧爱美的虚荣心，就必须刻苦学好手艺，在发型上狠下工夫。为此，他跑遍北京大小妓院和清音小班，仔细观察妓女们的发型和梳头要领，用心揣摩。自己还亲自动手为姑娘们梳头挽髻。经过一段时间的勤学苦练，终于掌握了各种发型的秘诀。然后又到北京最著名的大商店，买回几套得心应手的梳头篦子、梳子及京城女子发型图谱，藏在身边，用心钻研。

回到宫里，他见到慈禧说，奴才已学得一手梳头技艺，渴望侍奉皇太后。慈禧一听，喜出望外，立即让他给梳个新式发型。于是，李莲英挥动双手颤抖长发，使出全身解数，将连日来勤学苦练出的一手绝技全部施展了出来。他为了炫耀技艺，故弄玄虚，先将白香粉及上等香水弹散在头发上，然后运足内气，从头顶吹到发尾末梢，吹得长发滚滚飘动，散出一股股清香味，连慈禧也感到清香扑鼻，心情舒畅，不由自主地说了声“真香啊”！

周围观看的太监，个个惊得目瞪口呆，赞叹不已。原先那些梳头太监们不可思议的是，这样长且浓重的头发，我们梳时，无论怎样小心，都要掉发，为什么李莲英梳起来，竟然一根不掉？真是奇了。他们哪里知道这其中的奥妙！原先梳头太监们用的篦子是宫中特制的，密度太大，当然用这种篦子梳头，再高明的梳头师也难保不掉一根头发丝。如今李莲英用的篦子是在市场上买的大齿篦子，齿短缝大，而且李莲英又根据慈禧发长且多的特点，在梳头前先在发上用了滑润油，当然梳起来就顺畅多了，怎么会掉发呢？

慈禧

不久，李莲英就被提升为梳头房总管，成为慈禧身边的心腹红人。在一般人看来，慈禧的性情太难捉摸了。但是李莲英在给慈禧梳头的日子里，经过长时间的观察，慢慢地摸透了她爱美、爱表现、爱虚荣、爱听恭维话、气量狭窄、嫉妒刻薄和打击报复的性格。她有一句名言叫做：“谁叫我别扭一阵子，我就叫他别扭一辈子”。李莲英正是看准了这一点，为了保全自己，步步高升，对慈禧是逆来顺受，巧为周旋，恭维备至，毫不懈怠。俗话说：“伴君如伴虎。”稍有疏忽，就会惹下杀身大祸。而李莲英却不在乎这些，因为他对慈禧的内心世界摸得太透了，掌握了她的喜爱与要求，针对实际情况，为她排忧解难。而慈禧也觉得，自从身边有了李莲英，人生才有了乐趣。李莲英除了给她梳头外，还要陪她下棋、观花、玩牌、散步、谈古论今，投其所好，张口即来，谎话连篇，一副十足的奴才相。

自从同治皇帝亲政以后，两宫皇太后撤帘归政。慈安太后本是个憨直忠厚的女人，平生以祖训为怀，以正统观念支配着自己的言行，她懒于朝政，撤帘后如释重负，回到深宫享清福去了。慈禧却耐不得半点寂寞，她刚愎自用，野心勃勃，仍然以皇太后身份干预朝政，谁知自己的亲生儿子同治皇帝却我行我素，目无太后，根本不理慈禧那一套。当然慈禧不会善罢甘休。于是，她把李莲英找来，要他监视皇帝与皇后的行动。李莲英也并非省油灯，乘此机会讨价还价，提出了许多条件。说什么奴才自从进宫以来，就是侍奉太后的，太后叫奴才干啥就干啥。如今，奴才仅是个梳头房总管，怎么敢去过问皇上与皇后宫中的事呢？假如按太后的吩咐去办，皇上与皇后怪罪下来奴才是吃罪不起的，弄不好还会掉脑袋！

试想，慈禧是干什么的，李莲英的话一出口，她就完全明白了其中的意思。她权衡了利弊，为了能专权，她需要李莲英这样的奴才。不久，就把李莲英破格提拔为宫中大总管，特许他头戴二品红顶，插孔雀花翎，挂着只有亲王才能使用的金黄背云朝珠，服制如同王公一样。这是清朝二百年来破天荒之举。奴才李莲英平步青云，一步登天，成为传奇式的人物，他怎能不替主子出力卖命。李莲英不仅是慈禧的贴身宠儿，更是她的政治耳目。从此以后，朝中王公大臣，地方封疆大吏，谁要想飞黄腾达，升官发财，享受荣华富贵，都得到李莲英门下顶礼膜拜。只要重贿李莲英，就能使自己的权力欲望得到满足。

李莲英利用慈禧给他的权力，帮助慈禧兴风作浪，制造了一桩桩离奇案件。

光绪十二年（公元1886年），光绪帝年满16岁，按古人的规矩已是成年男子了，理应成为大清帝国名副其实的皇帝。慈禧太后非常不愿意将大权归还光绪。尽管当年慈禧太后曾许下过诺言："垂帘之举，本属一时权宜，唯念嗣皇帝此时尚在冲龄，且时事多艰，王公大臣等不能无所秉承，不得已姑所清，一俟嗣皇帝典学有成，即行归政。"但诺言仅仅是诺言，归政是归政，似乎两者在慈禧太后那里并无联系。为了牢牢把握朝纲大权，慈禧太后表面上表示归政于光绪帝，照顾一下面子，另一方面则更加牢牢地把住朝权不放松。

清光绪帝

朝中大多数朝臣深知慈禧太后的本性与为人，再三"恳请"，慈禧太后又"顺理成章"地决定再"训政"数年。这样，慈禧太后从"听政"又变成了"训政"，其实并无任何本质上的差别。

李莲英与光绪帝的关系是从光绪帝刚入宫时开始的。起初，年幼无知的光绪帝经常得到李莲英的关照，李莲英也想方设法取得光绪帝的欢心。光绪帝入学后，与他的一些老师，如翁同和、夏同善等人接触的机会增多，与李莲英接触的机会少了。李莲英害怕幼主疏远自己，尽量讨好光绪帝。光绪帝随着年龄的增长，逐渐明白了许多事理，也看透了李莲英的人品及作为。更有甚者，有一次光绪帝奉慈禧太后之命，第一次到天坛祭祀时，被李莲英当着文武百官的面训斥一顿，使光绪帝大丢脸面。光绪帝亲政后，尽管徒具虚名，但毕竟是"真龙天子"，受一个太监的气，实在让他无法容忍。此外，更加深光绪帝对李莲英仇恨的是，李莲英经常刁难光绪帝。

光绪二十年（公元1894年）十月初的一天，光绪帝下令当天巳时宫中文武百官及太监宫女等演练大礼。所有的人均准时到场，唯独缺少大权监李莲英。李莲英迟迟未到，光绪帝与他人鹄立三时之久。李莲英姗姗迟到，光绪帝新仇旧恨汇集心头，十分恼怒地训斥道："大胆的奴才，今日朕特发谕旨，定巳刻演礼，而你却未刻方至，令朕与文武百官鹄立三时之久。而今入殿不行请罪，反傲慢至极，不予惩罚，何以服众？”接着便传旨，杖责李莲英。李莲英机关算尽，八面圆滑，最后还是让光绪帝借由打了40大板。李莲英由此也加深了对光绪帝的仇恨。当然，他无法杖责光绪帝，但他可以利用同慈禧太后的特殊关系，竭尽挑拨离间之能事。

光绪是清王朝建都北京后的第九位皇帝，也是一个历尽磨难、坎坷一生的皇帝。他名义上是大清帝国君临天下的皇帝，但实际上却是一个被西太后操纵的傀儡，并没有多少实权。光绪帝在位34年，如果从一个真正意义上的皇帝而言，他一天实权也未掌握过。

戊戌变法失败后，光绪帝被以谋弑皇太后的罪名幽禁起来。李莲英领着一群太监把光绪帝带到慈宁宫右侧殿。他对光绪帝说，是奉皇太后之旨让光绪住在这里的。为了监视光绪的一举一动，李莲英派出了16名太监“服侍”皇上；为了不让光绪帝逃跑，据说是李莲英给慈禧太后出主意，把光绪帝囚禁在中南海的瀛台。光绪到瀛台后，李莲英又带领一批小太监把通向瀛台一个小曲桥拆掉，瀛台变成了一座孤岛，出入只能靠小船来往。从此后，光绪帝成了慈禧太后的一名囚徒，在瀛台这座孤岛上度过了整整十个春秋。在这10年里，只有庚子兵祸（1900年），慈禧太后出逃北京，携光绪帝西幸，光绪帝才算有机会离开孤岛一年。李莲英奉主子之命，负责看管、监视光绪帝。据说光绪帝被囚之后，先是仰天长叹，后又泪流满面。恰好被李莲英撞见，他幸灾乐祸地说：“皇上，这是老佛爷让你享清福啊！别难过呀！”这种颠倒了的主奴关系既说明了光绪帝身陷囹圄的困境，也反映了李莲英阴险歹毒。

被囚于瀛台的光绪帝完全落入了李莲英的魔掌，他的一举一动均在李莲英的严密监视之中，一个大清帝国的当朝皇帝竟然成了太监的阶下囚。虽然李莲英对光绪没有生杀大权，西太后也由于种种原因，暂时还不想处死光绪，但光绪却失去了自由，李莲英抓住这个机会报私仇，泄私愤，想方设法从精神上折磨他，生活上虐待他。光绪被囚禁后不久，李莲英传下主子的懿旨，撤掉了光绪的皇帝膳食标准。表面上看，每天都有一些小太监给光绪帝送来御膳提盒，可是盒里的内容却已不是“御膳”了，所装的点心和菜肴只是为了凑数而已。不管光绪吃还是不吃，每天都有人送来。有一次光绪染病口渴，想让太监送点儿茶来。看守他的太监回话说，没有皇太后恩准不敢送茶。光绪只能喝点儿白水。为了防止光绪在瀛台乱写乱画，也害怕光绪帝把被囚禁的困境通报给洋人，西太后命令李莲英把瀛台的纸砚笔墨全部撤走。

日复一日，月复一月，光绪帝在无限的孤独、惆怅、苦闷、忧郁、哀怨等各种精神折磨、肉体摧残中度过了一年又一年。长此以往，身心备受折磨的光绪终于染病在身，骨瘦如柴，30多岁的男人本正值青壮年，而这时的光绪却步履艰难，形如老态龙钟。光绪帝卧床不起时，仅有一个老太监在瀛台服侍他，隆裕皇后、瑾妃没得到慈禧的恩准也不能前来探望。慈禧太后虽然把光绪囚在孤岛，但又不想让他立刻死掉，她每天都让李莲英到这里看一看。

光绪三十四年（公元1908年），慈禧太后已经74岁了，年逾古稀的慈禧深有风烛残年之虞：年老体衰，力不从心。而这时，真正对慈禧的病患发自心底不安的是李莲英。他害怕慈禧太后死在光绪之前，一旦形成这种局面，复辟后的光绪决不会放过他。正是在这种前提之下，李莲英下狠心在他的主子归西之前，先设计毒死光绪帝。

李莲英最后下决心毒死光绪帝又与光绪帝的一段日记有关。光绪被囚后，十分苦闷，曾有一段时间记日记，把每天的生活情况记录下来。李莲英后来知道了这件事，其中一部分日记还传了出去，里面有这样一段话："我现在病得很重，但是我心里觉得老佛爷必定会在我以前死。若果如此，我必下令斩杀袁世凯与李莲英。"李莲英原原本本地把这件事告诉给了"老佛爷"，煽风点火地说："若是皇上在老佛爷之前死，那么各方面的事情就容易办了。"慈禧听清了李莲英话的深层意思，遂下令李莲英去"专心致志"地"服侍"皇帝。李莲英对主子的"良苦用心"心领神会，把光绪的饮食医药等一切大小事情统统包揽过来。自李莲英"服侍"光绪之后，光绪的病情不但没有丝毫减轻，反而一天天加重了。李莲英名义服侍皇帝，实际上是一个追命鬼，早在光绪死前很长一段时间，他就奉主子之命，为皇帝准备好了寿衣。光绪病情日渐加重，他心里明知是李莲英捣鬼却也无计可施。没有身陷囹圄，身体健康时他对李莲英尚无可奈何，而如今重病缠身，卧床不起，就更加无能为力了。李莲英十分"恪尽职守"，一天也不离开光绪，表面上是在照顾皇帝，实际上是在加速他的死亡。李莲英很快达到了目的，完成了使命，光绪帝在慈禧太后之前死去，也是在万分痛苦中走完了人生历程。

关于光绪帝的死因有几种不同的说法，当代历史学家认为，光绪帝确系中毒而死。而且是李莲英在征得慈禧太后同意后，在光绪食物里下了毒，毒死了光绪帝。

李莲英太监生涯50余年，可谓坏事做绝，恶贯满盈。他不仅与慈禧太后共谋害死皇帝、皇太后、皇妃，又通过各种手段网罗罪名加害王公大臣，而且对一般的宫女、太监这类宫中下等人物也加以迫害。宫中大小太监，除了他的几个亲信、同乡之外，其他太监稍不如意，即可能遭到李莲英的痛骂、杖责、毒打。在宫中，李莲英不止一次地有过将太监毒打致死的记录。

在李莲英罪恶的一生中，有过许多次血腥的、草菅人命的记录，他肆无忌惮的胡作非为，他人敢怒不敢言，相当多的人趋炎附势。

心得

李莲英可谓是把太监做到炉火纯青了。虽然他一生作恶多端，罪不容诛。但这也从另一方面反映了统治者的腐败和堕落，昏庸和无能，实在是到了不可救治的地步。小人的得逞往往就是一个王朝衰落开始的标志。

第九章

妓女可悲否?

妓女可悲否?

不可悲，可悲的是男人的忘恩负义，是男人的色眼眯眯。明明是男人自己有一颗骚动的心，却偏偏把可悲的下场和羞耻的脸面丢给女人。

翻开尘封的历史，许多身为秦楼楚馆的女人们，在出卖身体的同时，却把恩义情感也放进自己的血脉里，只可惜，自己的一片痴情总被无情的男人抛弃，甚至只是男人的玩物而已。

1. 多情自古伤离别

谢玉英，是宋真宗和仁宗两代的杭州名妓，她之所以能成名，与柳永的帮助是分不开的。柳永死后，她为了怀念柳永，而改名为柳萱。其痴情之心，人间少有。

谢玉英踏入青楼的时候，完全是一个文盲。由于没有文化，所以所处的妓院，就仅仅是一家普通的妓院，专操皮肉生涯。

这时，刚刚30岁的柳永从家乡来到杭州。他从20岁左右，就迷恋声色，出没秦楼楚馆，为她们填词写曲，把家产花得干干净净，是个多才多艺的风流浪子。

杭州有他的一位好友，名叫钱文良，开了一座绸布店，知道他贫困潦倒，特请他去杭州游玩散心。并给了他一些银子，让他到拱辰桥附近的一般妓院去散散心。他也毫不推诿，揣了一些银子来到拱辰桥边，恰恰走进了谢所处的这家妓院。

生性风流洒脱的柳永一进门就甩给鸨母二两银子。鸨母眉开眼笑，就把谢玉英叫出来了。

回到房中，柳永要求谢玉英给唱个曲儿。这谢玉英平日给客人唱小曲儿，已经是件常事，于是开口唱起来了：

南山脚下一缸油，
姐妹两个合梳头。
大姐梳个盘龙髻，
小妹梳个摇篮头，
哎呀我的哥呃，
姐妹好风流。

柳永一听，虽然词风俚俗，但音色纯正、嘹亮，不由心想：这真是个好苗子，可惜落在这平凡妓院家。于是，说道：“玉英，你有一副俏丽的容颜，一副津甜的嗓子，小凤凰跌落乌鸦巢里了，你，唉！落在这个地方，可惜了，埋没了你啊！你是一块刚出土的玉，只要经过琢磨，一定会成为一块玲珑剔透晶莹光泽的美玉。小妹妹，我求你莫把我当做一般的客人，就把我当成你的哥哥，我以后教你认字、识谱、学曲，这青楼之中，也要有几分专长，才能成为一代名妓，以后找个机会，到官妓中去。那里很少操皮肉生涯，只是陪官侍宴，如有机缘，找个适当之人从良，你看如何？”

第二天柳永便以每月一百两的价格包下了谢玉英。银子，当然是钱文良处借来的。从此，柳永就移住在谢的房中，用心教她读唐诗和晏殊、欧阳修等一些名家的词，并教她吹箫引笛和临池习帖。谢玉英天赋聪明，由于他精心调教，激发她的求知欲望，很快就有了长进。

晚间，两人虽一起同宿，但柳永恪守兄妹之约，真的做到了坐怀不乱，这样，更添了谢对他的爱慕之情。但人非草木，男女的感激之情，最容易转化为融洽的爱情，而玉英正是这样，对柳永，爱的种子在心里发芽生长，她把一片真情，深深地埋在自己心里。

匆匆两个月过去了，一天上午，钱文良兴冲冲地来到谢的住所，这是他第一次见到谢玉英。他与柳永一见面，便说：“贤弟，大喜，大喜！”

柳永见他这副喜悦的神色，不由随声答道：“唉，小弟是落魄江湖载酒行，一肩明月漾清风，又有什么喜事？”

“新任杭州太守李大人，正奉钦命，要一首描绘杭州风光的新词，还要谱制成新曲，以便招待金帮来汴京的特使。李大人他久慕你的才名，特将这桩事委付与你，因钦命甚急，限后天交卷，并要歌姬赶紧排练演唱，事成之后，予润笔银一千两，以贤弟之才华，我想是轻车熟路，一定绰有余裕，平白来了财喜，这种名利双收之事，难道不算一喜么？”

“啊，原来如此！”

钱文良告辞后，柳永回到玉英房中，玉英为他沏上了一盏香茗。柳永铺纸凝思，时而打开窗户向外张望，时而在室内踱步，时而闭目养神，时而用手敲击着自己的额角，像着魔似的苦思了一夜，写就了一阕新词，调寄《望海潮》，词曰：

东南形胜，
三吴都会，
钱塘自古繁华，
烟柳画桥，
风篇翠莫，
参差十万人家，
云树绕堤沙。
怒涛卷霜雪，
天堑无涯。
市列珠玑，
户盈罗绮，
竞豪奢。
重湖叠山献清嘉，
有三秋桂子，
十里荷花。
羌管弄晴，
菱歌泛夜，
嬉嬉钓叟莲娃，
千骑拥高牙，
乘醉听箫鼓，
吟赏烟霞。
异日图将好景，
归去凤池夸。

转瞬三天过去了，第三天清早，钱文良便雇了两乘小轿，请他们去到府衙，李大人一见柳永，便起身相迎，并紧紧地抓着他的手，连声说：“久仰三变兄的才名，今日有幸相识，并聆听你新的大作，真是三生有幸。”

“岂敢，只恐词曲不工，有负大人厚望。”

于是他便亲自吹箫，玉英慢启朱唇，用心演唱，真似乳燕出巢，新莺啼树，而且充满着激情，唱得音韵悠扬，迂回流畅，叫人一听，如同亲眼目睹杭州美景一般。词写出了杭州的特色，曲子使之更添风采，这位李大人精于音律、听着不由击节称赏：“词绝曲绝，唱得也绝，三变兄，你该换个名字了，三绝呀！三绝！”

“谬承大人夸奖。”他对身旁侍立的玉英用手示意：“玉英，还不谢过李大人！”玉英也极为精灵，俯身就拜，李大人一手赶忙扶起：“柳兄，你可真艳福不浅啊，她可是你的红袖？”

“哪里，她乃是平康一妓，沦落风尘，倚门卖笑，大人若是见怜，让她列入官妓，也好免却她专司皮肉生涯之苦。”“柳兄何不就纳她为妾？”“我比她年长20岁，况且我乃湖海一沙鸥，萍踪无定处，四海为家的人，岂能误她的终身？”

“啊……小弟明日即派专骑将柳兄此作赶送京都复旨，同时具一专摺，力保仁兄仕途得意。”

“小弟散荡成性，无意功名，多谢大人了。”

“仁兄如此奇才，焉能这般埋没，天下人才难得啊！”

“大人，小弟已经而立之年，功名确实看得淡了，只是这谢玉英之事？”

“啊，好，她入官妓一事，小弟遵命照办不误。”

“快拜谢大人提携的大恩！”

谢玉英当即纳头叩拜，李用手扶起后，吩咐设下盛宴，招待柳永。宴间，李大人雅兴正浓，柳永又叫玉英在席前清唱一曲，把个李大人乐得眼笑眉开，十分惬意，连夸唱得好，音色优美，音质清纯，听得出是得了名家指点，自己也下了工夫。玉英也高兴不已，连说：“大人过誉了。”宴毕，李知府果然如约送上润笔银一千两，并派专骑送柳、谢二人回家。

第二天，柳永分别玉英，随舟北上。临别前，玉英涕泣纵横，伤心难舍，柳永也心乱如麻，为之吟五绝诗句一首，以资别念：

北去两依依，
伤心鸟莫啼。
良宵浑是梦，
辗转化云梯。

他们两人正难舍难分，钱文良赶到江边设宴送别，柳永将他所得的《望海潮》的润笔之资一千两纹银交八百与钱，以还他的借债，另二百两纹银交给玉英，要她置些华艳时衫和日常生活用品并纸笔书籍等。他此时心酸万状，强作笑脸：“这是我做兄长的一片心意，送给妹妹作未来的嫁妆。”玉英此时只哭得泪人儿似的，泣不成声地端起酒杯为柳永送行：“哥哥厚恩，小妹终生难忘！此番进京，但愿春风得意，娶个贤德嫂嫂，伴你终身！”柳永只得凄然惨笑，举起酒杯一饮而尽，感情冲动，当场信手又写了一首“昼夜乐”之词，留给玉英留念，词曰：

洞房记得初相遇，
便只合，长相聚。
何期小会幽欢，
变作别离情绪？
况值阑珊春色幕，
对满目乱花狂絮。
直恐好风光，
尽随伊归去。
一场寂寞凭谁诉，
算前言，总轻负。
早知恁地难弃，
悔不当初留住。
其奈风流端正外，
更别有系人心处。
一日不思量，
也攒眉千度。

柳永到了京城，仁宗皇帝见了此词，也不由拍案叫绝，命教坊司按谱弹唱，果然词情婉转，清越超然，令人心爽神怡，如临仙境。仁宗龙颜大悦，宰相和吏部尚书都趁机赞誉这首《观海潮》的新词曲，仁宗心悦，当即将柳永封为进士。

这曲《望海潮》顿时传遍京师，柳永本人历来风流成性，这下又恰值春风得意，更加喜兴孜孜。妓院勾栏，仰其才名，争请他为之写新词谱新曲，歌楼舞席，竞传他的新声，京中名妓，也多以能结识柳永为荣。于是，小会幽欢，几乎是经常不断。柳永本是风流才子，不拘小节，因而他也不计较什么官箴，眠花宿柳，日以为常，不由惊动了一些所谓卫道士，于是争相上书指责。

这时杭州太守李大人，已知柳永与谢玉英感情甚笃，又听到柳永已被破例封为进士，仁宗皇帝也认为他是个英才，他便索性一个人情做到底，特派专人送谢玉英进京，陪侍柳永。

岂料乐极生悲，仁宗见了这些卫道士弹劾柳永的奏章，心中已有不快，也曾几次口谕，要柳永就当前国事申抒己见。而柳永因看不惯官场的腐败，索性不问政治，他既很少深入农村，不谙民间疾苦，对官场的腐败以及吏治的弊端谈不出个子丑寅卯，对国外的形势他也是从不过问，因而要以奏折独抒特见，却是无从下笔。仁宗本是个想有所作为的皇帝，见柳永只会词章，不问政治，兼之眠花宿柳，放荡不羁，一怒之下，革了他的进士功名，柳永不由失望之余，填了一首《鹤冲天》的新词，词曰：

黄金榜上，
偶失龙头望，
明代暂遗贤，
如何向?
未遂风云便，
争不恣游狂荡?
何须论得丧，
才子词人，
自是白衣卿相。
烟花巷陌，
依约丹青屏障。
幸有意中人，
堪寻访。
且恁偎红倚翠，
风流事，

平生畅。

青春都一晌。

忍把浮名，

换了浅斟低唱。

这首词一出，不由得轰动京华，竞相传唱，这些卫道之士，又抓住了这个把柄，上奏仁宗。仁宗一见此词，字里行间，隐约透露了柳永的不满情绪，遂御批曰：“既要浅斟低唱，何用浮名？”并降旨将他贬为屯田员外郎，勒令立即离京，仍赴江南，以了解农情为名，行放逐之实，并把谢玉英送入京师教坊。柳永致此，精神崩溃，这对他是极大的迎头打击，自己被放逐江南，这对他来说，无关紧要，因为自己无意功名，不管到哪里都好安身。苦就苦了玉英本已脱离苦海，这下又重入教坊，他感到痛心，而谢玉英更是悲伤不已。江边二人临别之时，他填了一曲著名之作《雨霖铃》，词曰：

寒蝉凄切，

对长亭晚，

骤雨初歇。

都门帐饮无绪，

留恋处，

兰舟催发，

执手相看泪眼，

竟无语凝咽。

念去去、千里烟波，

暮霭沉沉楚天阔。

多情自古伤离别，

更哪堪冷落清秋节。

今宵酒醒何处？

杨柳岸，

晓风残月，

此去经年，

应是良辰好景虚设。

便纵有千种风情,

更与何人说!

玉英一见此词，不由泪随声下，眼巴巴地望着船儿远去。回到教坊，也不由填了一首《忆秦娥》的词曲，抒发心中怀念之情:

寒蛩倦,

长空凄唳孤飞雁。

孤飞雁,

惊心惨变。

谁家庭院?

离情别绪千千万,

西厢牖户千秋怨。

千秋怨,

枕边残泪,

依依私恋。

柳永被贬后，更加放浪形骸，公然标起“奉旨填词柳三变”的旗号，但他郁郁不得志，最后郁闷而死。

柳永临死之时，床头金尽，仅有一床薄被遮身，玉英不由抚尸恸哭。有些青楼姐妹，为感柳永平日为人之随和与义气，与谢玉英合资将他隆重入葬。谢玉英为他立碑，在上面写着：“奉旨填词柳三变之墓”，碑下刻出“侍妾谢玉英泣立”，以托哀思。墓碑树好之后，她对墓深深拜了三拜，叫了一声：“哥哥，小妹随你来了！”其声凄切，碰碑而亡!

心得

谢玉英少年沦落青楼，红颜命薄。柳永的到来，给她带来无限欢悦。二人一见钟情，情投意合，同室唱词谱曲，同床尽云雨之欢，柳永尽得一青楼女子之身心。柳永寄情于青楼，仕途遥遥无期，一生填词吟唱，虽留下不少名篇，到头来死而潦倒，又是谢玉英，这一女子献资葬心爱之心，更以妾自称，后殉情而亡，谁言无情在青楼？美人关于英雄难过，于文人更难过。

有诗有词有佳人，对生性风流又文采斐然的柳永也不枉一生！而谢玉英虽沦落青楼，却幸与柳永相识相爱，薄命中也有真爱一场聊以慰藉!

2. 一曲当年动帝王

李师师是我国古代青楼艳史中，第一个受到皇帝宠幸的绝代名妓。她不仅色艺双全，名噪一时，而且慷慨飞扬，有丈夫气。她任侠豪迈，善于结交，有“汴京飞将军”的美誉。在她结交的各类人物中，有权极人臣的北宋王朝道君皇帝徽宗赵佶；有号称“词家之冠”的旷世名士周邦彦；有水泊梁山好汉燕青、宋江；有出身世家疾恶如仇的豪客吕将……

李师师虽然沦落烟花，名为娼妓，但是她名贱身不苟，位卑志不移，金国太子完颜戈罕掠婚——死而不从，即是她钟情的宋徽宗封她为明妃，请她进住皇宫，她仍以“位卑身贱，有辱皇室”为由，婉言谢绝。当时，有人称她是“攀龙不附凤”的奇女子，是“出淤泥而不染”的女丈夫。北宋著名诗人、苏门四学士之一的秦少游有诗赞曰：

李师师

远山眉黛长，细柳腰肢袅，
妆罢立春风，一笑千金少。
归去凤城时，说与青楼道，
看遍颍川花，不似师师好。

大宋神宗年间的某日黄昏，李师师生于汴京东二厢永庆坊染局杂匠王寅的四合院内，出生当晚，母亲就死了。

小师师不到十岁那年，王寅因承染宫内锦绢延期交货之罪，被逼税的吕耀踢死在染坊门口，无亲无故的小师师为了埋葬父亲，自卖身到镇安坊，随坊主李姥姥之姓，改名李师师。

几年后，长大成人的李师师以其绝佳的才艺，当仁不让地成为镇安坊的花魁。

一日黄昏，李师师正在后面庭院中观花戏鱼，忽见另一个妓女念月上气不接下气地跑来，向师师呼道：

“外面来了四个不得了的阔客，要立刻见姑娘。妈妈如今正在外面招待，请姑娘立刻整妆，他们要进来了。”

李师师听说有什么阔客，心里兀自不快。她生平顶讨厌那些铜臭熏天、可是又爱颐指气使的阔客，却不知她的妈妈为什么最欢迎这种人。于是，她的脸色一沉，向兰儿喝道：

“什么阔客！你出去告诉他们：本姑娘今天身体有点不舒服，谢绝一切客人！”

念月看了她的表情，伸了伸舌头，回身就跑出去。过了一会，李姥姥提着一个大包裹，脸带春风，笑眯眯地走进来，她一见李师师，就把包裹放在桌上，说道：

“我的好心肝！你千万不能拒绝这一个阔客人。你看，人家还不曾见你的面，就送来这么厚的礼，我们好意思拒绝人家么？”

李姥姥说完，随手打开了包裹，只见里面有上好的紫绒两匹，锦毡两张，名贵的瑟瑟珠一对，还有二十四两一条的白银二十条，这是何等隆重的见面礼！光从这笔礼物，就可以看出来者是何等阔绰的客人了。

李师师看着这些东西，一再拒绝去见客，但终于拗不过妈妈的软欺硬迫，答应接见一次这几个客人。于是李姥姥挥手叫侍儿香影出去把客人带进来。

说也奇怪，李姥姥分明说是有四个客人的，可是到了香影进来，跟在她身后的却只有孤单单的一个人。这人年纪看似四十来岁，颔下蓄了一把整齐的胡须，广额宽颐，红光满脸，一望而知是出身于豪富之家，他的衣裳穿得很名贵，态度在潇洒之中有几分大方。师师觉得仿佛在哪里见过他，一时却想不起来。

那人进来之后，很客气地向师师道寒暄，师师也粉颈低垂，似有几分羞怯。他们两人坐在一张矮几之上，谈了一会儿，那客人自称姓赵名乙，在京师里面做生意。他说他平日的工作很清闲，天天有许多的事要办，但也可以完全不办。最后，他还问师师是否欢迎他常来看她。

师师感到这个客人的问题很难作答，于是从壁上取下一具瑶琴，就在几前为他歌出一曲《万里春》，词曰：

“千红万翠，簇定清明天气。为怜他种种清香，好难为不醉。我爱深如何？我心在个人心里。便相看忘却春风，莫无些欢意！”

师师的歌喉，是汴梁第一的，她的歌句轻柔婉约，中人如醉。那客人听了，不觉为之击节叫绝。

可是，歌声才罢，只听得屋外人声鼎沸，鼓噪不堪。师师从楼窗上望出去，原来这时围墙之外，已布满了殿帅府的大批兵马。

师师看见围墙外的这一派紧张形势，心下登时怦怦乱跳，脸色迅速变得苍白。只听士兵们在外高声吆喝，要李家开门检查。只慌得李姥姥手足颤动，牙关打战，也不知出了什么祸事，就只晓得扑进李师师的房间里来，抱着李师师干着急。

正扰攘间，但闻围墙外霹雳一声，一座上好的乌漆大门，已被推破，一阵嘈杂的人声，跟着蜂拥而进，显然这是士兵们拥进来了。

师师房间里的那位客人，看来似乎很有修养。尽管外面闹得天翻地覆，他还是沉默地坐在一边，随手翻看师师收藏着的字画，半点动静也没有。及至听到大门破裂，这才显得有点矍然动容，他转过面来对师师说：

“外面吵得这样厉害，到底发生了什么事情？”

师师这时略微定了定神，答道：

“不瞒官人说，我们这些行院地方，常常会有些不三不四兵丁，到来寻事生端，只索他们几两银子，就可无事，官人你且在这儿坐着，让我出去打发了他们再来。”

客人听了她的话，眉宇间流露出一片惊异之色，他带点不平地对师师和姥姥说：

“京城里居然也有这等事情，你们不必给他银子，好在当今的殿帅高俅是我拜把兄弟，让我叫一个人出去替你们赶跑这些生事的兵丁便是。”

说完，他回头吩咐随侍在师师身边的小婢兰儿，让她到外面把他那几个同来的朋友叫进来。

师师眼见这个新来的客人居然有打抱不平之意，心下不禁半信半疑。她不知道这位客人到底实力如何，凭她李师师在京城里的风头，什么达官贵人没有见过？普通的兵士，万万不敢登门生事。这一次他们居然来了，想必是“来者不善，善者不来”。她觉得她不能不当机立断了，于是她匆匆向客人告罪，就径自跑出大厅去。

厅上，这时已经站满了士兵，形势紧张极了。为首的两个人，她依稀认得：一个是汴京里外缉察皇城使窦监，一个是开封府左右二厢捉杀使孙荣，两个都是要命的煞星，如今竟然亲自率队前来搜捕，可见情势的严重。

师师心下暗暗叫苦，耳畔只听得一声吆喝说：

“先把这个小妓女给我拿下来！”

士兵们听到命令，登时一拥上前，就要动手将师师逮住。师师见得来势凶猛，只好把心一横，脸上勃然变色，大喝道：

“姓孙和姓窦的，你们不得无礼！”

这孙荣、窦监两人，前些日子也曾追过李师师，可是师师从来不肯假以辞色，所以难免有点怀恨在心，如今得了军令，正是一个报复的好机会。他们相顾冷笑了一声，孙荣就上前假意向师师作了一揖，打趣她道：

“我们的好姑娘，平日我们哪里敢得罪你？可是，此刻却非请姑娘原谅不可了！”

孙荣话犹未了，旁边的窦监，早向兵丁叫道：

“还不动手替我把她拿下，更待何时？”

师师暗想此时已没有转圈的余地，唯有束手就缚。可是，谁也料不到事情到了这个地步，却忽然来了一个一百八十度的大转弯。

原来这时兰儿已经带了一个身穿蓝锦罩袍，腰系银灰丝带，浑身商人打扮的老头子出来。这人一见孙窦两人，就理直气壮地问道：

“光天化日之下，京师禁卫森严，你们率兵闯入民家，意欲何为？”

孙荣看见来人只不过是商人打扮，口气却居然如此凌厉，心下未免为之一愕。但是，他觉得自己不能被人吓倒，便扬一扬手上拿着的令牌，有恃无恐地说：

“我们奉殿帅高太尉手令，前来拿人。你是什么东西？敢来阻挡？”

那老头子听了他的话，不禁发起脾气来，厉声喝道：

“胡说！你们要拿的是什么人？”

“我们要拿的是一个行动诡秘的嫌疑犯，这个臭婊子就是他的窝家！”窦监在旁，忍不住高声代答。

这“行动诡秘的嫌疑犯”几个字，显然大大激怒了那个老头，他戟指指住孙窦两人，暴跳如雷地骂道：

“你们两个斗胆的奴才，难道脑袋不要了吗？这是什么地方，你们敢随便骂人？”

孙荣窦监两人，见他啰唆，便猛然把手一挥，喝令兵丁上前连老头子也一并拿下了。

正在这时，里边又跑出一个人来，向兵士们喝道：

“你们这群混蛋！还不赶快松手？万岁爷在里头休息，给你们吵得发起脾气来了，你们知罪吗？”

孙窦两人定睛看时，认得这人就是殿前最得宠的太监张迪，平日连殿帅高俅也得让他三分，这就使他们不能不战战兢兢，连忙在阶前俯伏下来，口呼死罪了。

两个气势汹汹的武官领着一群士兵罗拜阶下，这情景把个李师师当堂看得呆了，她意料到这是一件什么事情。她没想到自己艳名远扬，而徽宗以万乘之尊，居然乔装微服，到了自己的闺阁中来，这真教她不知如何是好。照常理说，一个身份低微的歌妓能够上邀帝主的垂青，已是不世的恩遇；然而，师师有她自己的想法：她一向自恃才华，虽则寄身风尘，却无时不梦想着找到一个年少有为的男子，彼此情志相投，携手做一番照耀人间的事业，所以她一向守身如玉，凭着她的天性聪明与手腕圆活，周旋于一班都门权贵之间，把他们玩弄于股掌之上，而自己卓然成为出污泥而不染的莲花。可是，她过去虽能摆脱达官贵人们的纠缠，如今来的是一个“九五之尊”，她能够逃得出他的掌握吗？

她的心情感到异常矛盾，呆呆地站在厅前，脸上泛出一个生硬的笑。这

时，殿前太监在恭敬地走到她的面前，赔着笑向她说：

“李姑娘受惊了！万岁爷还在里面等着你，请你先回去吧！这一批讨厌的东西，可以交给我们发落！”

师师回身谢过张迪，就领着兰儿离开了大厅。

李师师的房间里，这时已经摆上一席名贵的酒菜，宋徽宗含笑坐在筵前，细细从张迪和李姥姥两人拉开的立轴中欣赏李师师手画的一幅《雪海寒梅图》，口中赞叹不绝。他自己原是一个极具才华的画家，生平善于画马，此刻看了师师点染的梅花，不觉技痒，便随口说道：

“此画略嫌枯寂，他日若是我有空闲，为她在上面补上两匹骏马奔驰，那就更妙了！”

旁边侍奉的人，听了这话，无不点头道是。正在这时，兰儿和香影引着李师师回来，就在房帘外俯伏。李师师偷看刚才那一位豪客，觉得他果然眉宇棱棱，别有一种人主的威严，不禁颤声叫道：

“我主在上，臣妾李师师见驾，愿我皇万岁万万岁！”

徽宗猛然听得这样的官式叫声，不觉错愕，连忙跑到房门口把师师扶起，带她到华筵前面赐坐，同时薄责李姥姥和张迪说：

“我不是以天子的身份到这儿来的，怎么你们倒教师师行起宫礼来？这样硬生生地，我反而不高兴了。”

李姥姥和张迪两人，慌忙告罪。这时，大家都觉得应该退避了，便由张迪一挥手，带了李姥姥和两个中贵，一齐退出房外，只留兰儿香影两人，在席前侍候。

徽宗在灯下仔细再向师师打量，只见她鬓鬓如雾，笑靥如梨，星眸闪烁间，宛似包孕着人间的梦幻。他举起杯来，向师师劝酒道：

“卿家真是当今都下的第一美人，我在宫里早已听人说到你那红妆季布之名，如今见面，果然名不虚传，让我们先干了这一杯吧！”

李师师连忙敛衽离席，屈一膝向徽宗道谢，同时大口地喝干了一杯。徽宗大喜，把她从地上搀扶起来，笑道：

“卿家以后千万不要把我当做天子，我们都是爱写画的，你就把我作为你画中的知己好了。”

师师看到这个皇帝的态度倒还温文，就放着胆子，低头说道：

“臣妾既蒙不弃，许以相知，以后自然不敢过于拘谨。但是，臣妾如果有些什么违拗拂逆之处，也请主上千万开恩包涵才是！”

徽宗听了，连连大笑，伸手托起师师的香腮，叫道：

“好的，好的，你这聪明的女孩子，以后我事事依你便是。”说完，他举盏一连饮了三杯。

当夜，徽宗在师师殷勤劝饮之下，不觉大醉，他睡在师师的绣床上，师师却熏香鼓琴，彻夜为他敲响一曲清越的催眠调。师师的难关，就这样轻轻过去了。

到了第二天，鸡声初唱，徽宗这才酒醉醒来，由张迪、高俅等四人拥护还宫。临行的时候，他想起与李师师一场相见，却没有什么传情的信物相赠，便随手解下自己身上一条龙凤鲛绡直系带子，把它送给李师师。

李师师捧着皇帝赐给她的那一幅龙凤鲛绡，感到惘然若有所失。若是平常的女子，能够得到一个帝王的青睐，应该趋之唯恐不及。可是，师师却觉得昨夜的事是自己胜利了。她是一个有思想的女子，她明白自己的地位，她知道和一个身居九五之尊的天子谈爱情，是没有前途的。慢说她以一个妓女之身，不能长期接近帝王；纵使她真个能够入宫做一名妃嫔，然而，禁苑森严，与人生社会相隔绝，永远只做一个人的玩偶，这又有什么幸福可言呢?

宣和七年（公元1125年），金兵分两路大举南下。十二月末，越过中山府（今河北定州市）南下，离汴京仅有十几天路程。告急文书如雪片接踵而来，王室上下人心惶惶，一日数惊。在此国家危亡的关键时刻，徽宗皇帝心灰意懒无力回天，先下了一道“罪己诏”，而后宣告退位，让太子赵桓继承王位，是为宋钦宗。自己去当太上皇。徽宗一失权，人们对他的指责自然就多了起来，其中一条便是迷恋师师，好色误国。钦宗立即传旨查抄了镇安坊，没收了李师师的私产财物。为给徽宗留点面子，没有给师师赐死，而欲将她遣送云南永远不许返京。徽宗闻知大惊失色，立即想起师师曾向自己提出削发为尼的要求，便就此向自己的儿子陈述：父王已准予师师皈依佛门，与尘世无缘，何必再以法加身。从此，一代名妓李师师，就在北城慈云观内，真正做起了尼姑。

但是，事情并没有就此结束。宋钦宗靖康元年（公元1126年）闰十一月二十五日，金兵攻陷汴京；徽宗、钦宗以及后宫皇族嫔妃3000多人都做了金人的俘虏。这位风流一时的徽宗皇帝，在金国大将斡离不的押送下，坐着辘辘的牛车，听着朔风的呼啸，踏上了凄惨的艰难旅途。金国太子完颜戈罕，曾在汴京作为人质居住过一段时间，曾亲眼见过李师师，当时即为师师的姿色所倾倒，暗自发誓：日后有幸，一定要娶师师为妃。这次他作为战胜国的王子，自入汴京之日起，便派人四处查找李师师，但都一无所获。他也曾几次逼问徽宗，徽宗自然推作不知。恰在这时，卖国求荣的张邦昌却来向完颜戈罕告密，这样，李师师又被金兵从慈云观中搜出，押到了完颜戈罕的大帐之下。

戈罕认为，凭借他当时的地位和师师的处境，得到一个烟花女子的垂青是不成问题的。没料到师师一口回绝，并且很客气地说："贫尼乃出家脱俗之人，世间婚嫁之事和贫尼早已绝缘。太子名高位显，天下佳丽可以任选，何必在这绝世之人身上枉费工夫。"

戈罕不甘心，令张邦昌去劝解师师，遭到师师一阵痛骂。戈罕又施出残忍手段，师师一天不允婚，就在她面前残杀一名后宫嫔妃，张贵人和刘婕妤都相继被残杀。师师实在不能忍受这种煎熬，假意答应戈罕的要求，并提出三个条件：一要举行还俗仪式，重修慈云观；二要释放徽宗赵佶，准他还乡为民，并要亲自见他一面；三要按照汉家习俗进行婚娶。三个条件中，唯有放徽宗一条戈罕不敢做主，便急急地请求父王金太宗完颜晟。太宗立即准奏，还笑他儿子过于愚蠢，指令戈罕采取"前门放人，中途截杀"的手段来欺骗师师。

戈罕完全答应了师师的条件。在这一片欢声笑语中，师师身着一身僧尼素服，在金国的囚营内，见到了面容憔悴、衣冠不整的徽宗皇帝。二人相见抱头痛哭，在互相问讯之后，徽宗皇帝伤感地劝慰说："金人素无信义，焉能轻易放我，还望爱卿多加防范。"

"师师蒲柳弱质，得皇上深爱，乃三生之幸，只恨妾身生来命薄，不能伴君白首。今日诀别，只望陛下多多保重，来年清明，能在师师坟上焚香一炷，斯愿已足。来世有知再报君恩。"师师说罢哭倒于地。徽宗上前搀扶，未及扶起，也匍匐于地相视而哭，身边的狱卒侍卫也都洒下了同情之泪。

金国太子完颜戈罕，满怀欣喜地步入洞房，正要和坐在床沿的新娘打扮的师师亲近，师师突然从头上拔下金钏，向戈罕的喉咙刺去，戈罕眼疾手快一把抓住师师的手，夺过金钏，还没来得及责问师师，师师已用另一只手从耳上摘下金环，一口吞了下去……

李师师大难不死，完颜戈罕率金兵北还后，这位名噪一时的汴都名妓，就销声匿迹了。她先是漂泊到了临安，就在旧时好友罗惜惜所设的行院教曲为生，不久高宗也从建康迁都临安。李师师满以为高宗会励精图治，以谋恢复，但很快就失望了。与此同时，徽宗的死讯传来，她更是心灰意冷，便打消了死志，安心在这行院里度日，不过年华逐渐老大，于是伤心怨怼地毅然离开了这个山外青山楼外楼的临安，漂流到比较安谧的西南地带去。她从西兴渡过钱塘江到金华，从金华到玉山，乘船由信江入鄱阳湖，到南昌，再由南昌一直西进，到达潭州，然后由湘江北上，最后停留在从前叫做巴陵的岳阳城里。

若干年后，有人在湖南洞庭湖畔碰到过李师师，据说她嫁给了一位商人，容颜憔悴，已无当时的风采了，诗人刘子翠为此心生感慨，赋诗一首：

辇毂繁华事可伤，师师垂老过湖湘。

缕衣檀板无颜色，一曲当年动帝王。

心得

作为卷入皇室的妓女，李师师是独一无二的了。父母早亡，命运多舛，身在青楼，强颜欢笑，智救英雄，其爱情故事催人泪下。投身帝王，又演绎出缠绵悱恻的帝妓之恋，大义凛然，吞金抗婚，更显巾帼女子的英雄本色，那些卖国求荣，懦弱无能之辈当为之汗颜。

作为妓女命运多舛是可悲，但是李师师虽然沦落烟花，但贱身不苟，卑志不移让凡夫俗子们只有敬佩而亡了悲叹。

3. 不做曲江临池柳，为情而终身不嫁

作为风尘女子，多是曲江临池柳，这人折去那人攀，恩爱一时间，然而马湘兰却身在红尘，却是义薄云天，为情而终身不嫁，女中豪情，却非一般女子所能媲比。

马湘兰出身于书香门第、仕宦人家，父亲曾任湖南澧县县令，不幸被无道昏君赐死，八岁那年被黑心管家卖入妓院，她在投河自尽时被人救起，又进入了十里秦淮一高档妓院，马湘兰自幼聪颖，对诗歌、绘画产生了浓厚兴趣。被当朝文士王稚登（专教皇太子和王子们诗书的老师）慧眼识珠，后与院主聘请名师指导，马湘兰果然不负众望，成长为潇洒风雅、能书善画、会度曲，名震大江南北的“女中奇秀，一代怪才”！

马湘兰委身于王稚登后，一直痴心等着王正式娶纳于她，无奈王虽是当代大才子，始终没有勇气冲破社会偏见，以致使她在寂寞凄苦中度过了自己的一生。

马湘兰，原名守真，小字元儿，又名月娇，为秦淮名妓，生于明嘉靖丁未年（公元1547年），卒于明万历甲辰年（公元1604年），存年57岁。她潇洒风雅，能书善画，尤擅画兰，会度曲，远近闻名，著有传奇剧本《三生传》，已佚。

马湘兰自幼聪颖，三四岁时，就开始认字读书，她父亲擅长画画，她也从小对画产生了兴趣，跟着父亲学画，父亲见她有这方面的天赋，也就悉心点拨她，培养和提高她的兴趣。除学习画画的基本知识以外，还涉猎一些古典诗词和经史知识。

当时，由于明末的政治腐败，农民起义军的烽火已经点燃了大江南北，兼之在洞庭湖区也发生了渔民暴动，到马湘兰八岁那年，湖广连降暴雨，澧水陡涨，冲垮了不少堤垸，吞没了许多良田，她父亲是地方官，自然难辞其咎，被皇帝赐死，临死前把马湘兰托于管家。

谁知管家李四心怀叵测，不念旧情，带湘兰路经南京之时，把她卖入了一家妓院，赚了二十两银子，后又被鸨儿以四十两的身价卖给了马慕薇。马慕薇也开设了一家妓院，专门交接名士达官。从此八岁的马湘兰沦入秦淮上等妓院。

马慕薇把马湘兰带回她的院中以后，当马慕薇听到马湘兰说其父在她小的时候曾教她读书、写字、画兰，不禁喜逐颜笑，心中暗喜，想这次可捡了一个大便宜，因为她相信，

魏忠贤

经过几年的培养，马湘兰定成为秦淮一代名妓，看来这将是一棵摇钱树。

马慕薇替马湘兰找了名师王稚登。王稚登是当时朝廷的东宫侍讲，专教皇太子和王子们的诗书。

马湘兰学习了八年，也跟老师王稚登日久生情。她本性聪明再加上名师的指导，诗、画、字、曲各方面都有了飞跃的进步，深得当时旅居南京的文人们的赏识，他们评价说这是“女中奇秀，一代怪才！”尤其是在绘画方面，画的兰花栩栩如生，更是当时一绝。

关于马湘兰画兰花还有一段佳话流传呢。且说有一日马湘兰正准备赴情人王百谷的约会，正碰上当时宰相魏忠贤差人来向马湘兰讨要兰花图。马湘兰心想这老贼想得倒美，本要拒绝但她转念又一想，不行，还是要应付一下。一来，这老贼权倾天下，自称九千岁，比皇帝老子才少一千岁，要平了我的兰楼，可谓不费吹灰之力；二来，因为自己的心上人王百谷是东林党人，所以自己这里早成了东林党人的秘密据点，而东林党又是老贼的眼中钉、肉中刺，弄不好要闯出祸来；三来，我若不画，这个家伙也不会让我安生——他腰上还挎着剑呢！想到此，马湘兰灵机一动，招呼道：“官家是不是请先到客厅看茶，待小女子画好后立即交付官爷拿走。”

这位小喽啰便到客厅喝茶坐候，耐下性子等马湘兰画画。

官爷走后，马湘兰果然铺纸、研墨，并风风火火地忙了起来。不一会儿，一幅花姿生动，笔墨精到的兰花便画成了。

魏忠贤接过小喽啰讨来的兰花画，捧在手上，左看左爱，右看右爱，简直舍不得丢下。

因为马湘兰的兰花不仅笔法精妙，而且还能散发出一阵阵幽兰的馨香。若将画张挂壁间，久而久之，满屋子都会有一股子香气。

魏忠贤在南京别墅看着兰花，嗅着香气，真是心满意足。捧着这幅画，坐卧不离，他一下子连着欣赏了三天。

突然，他心生一念：东林党人不是经常笑话我粗俗不堪，胸无点墨么？这次，我一定要雅一回让他们看看。

于是，他命令手下喽啰去通知他们那帮爪牙，告诉留都文人，三天后雅集相府，开品兰盛会。

三天后，相府里果然热闹非凡，一大帮吹牛的，拍马的，抬轿的东西厂、锦衣卫的打手奴才们早早就等在相府客厅里，静候相爷亮宝。似王百谷这样想看热闹的，也有三两个。

见客厅里人已不少，魏忠贤觉得时候到了，只见他轻咳一声，旁边的一个奴仆连忙捧上一个长长的锦盒。

魏忠贤轻轻抚着盒盖道："奇文共析之，奇画共赏之。前日老夫得江南名媛马湘兰所献之墨兰，细细赏之，显然品味非凡，大有奇佳之处，今特召汝等前来见识见识。"

魏忠贤手下这帮爪牙，个个都是吃喝嫖赌的祖宗，他们谁不知道秦淮名妓马湘兰的大名呢。一听魏相爷竟称其为江南名媛，不由暗自好笑。

这时，只见魏忠贤轻轻打开锦盒盖子，慢慢展开画轴。

众人伸头一看，乖乖，真是一幅上品好画，只见几撇兰草，疏密有致，安排得当；几茎花莛，有花箭、花苞和正在怒放的兰花。整个画面极其生动。风儿一吹，那画上的兰花好像活了一般。大家看了，忙不迭地称赞不已。

魏忠贤又笑道："你们且慢言语，都细细地闻一回，这画儿还有一股子香气哩！"他说完，带头凑到画前，狠狠嗅了一回，然后吸着鼻子，满足地回味了半天。那神情好像画上的香气已溶入他的血液中。

不提也罢，经魏忠贤一提香味，众人这才记起刚才一进门时便闻到一股味，不过不是香味，而是一股子臊味。

其实，这屋子里的浓浓臊味，正是从这幅画上散发出来的。而魏忠贤三两天来，已习惯了这种臊（"香"）味罢了。

原来，马湘兰那日动笔作画时，灵机一动，想了个促狭的坏主意。

她先在痰盂里撒了一泡小便，然后就用自己的尿研墨画了一幅兰花，画好后，又在纸上洒了一些用茉莉花、夜来香等浓香花煮的香水。所以这画当时闻是香喷喷的。但几天以后，香水味一退，尿臊味便散发了出来。

而在这几天中，魏忠贤天天嗅这味道，自然已适应了画里细细散发的臊味。而其他人虽然闻到，又有哪个敢冒着掉脑袋的危险触这个霉头，说相爷的屋里有臊味呢！更何况，魏忠贤是个太监、阉人，平时最忌讳一个"臊"字。所以，这幅画后来一直挂在魏忠贤的卧房里。

尽管马湘兰和王稚登之间的感情越来越浓，但王稚登始终不敢正式纳她为妾，因为马湘兰尽管色艺超群，人间独秀，但毕竟是秦淮河上的一名歌妓，而王稚登却是正统的书香大雅，一代名士，最重要的还是当今皇帝与王子讲经书大义的老师。这一艳闻，如果传到宫廷，纵不见罪，他也会身败名裂！正由于王稚登的顾忌与软弱，马湘兰始终没进入王府的大门。

湘兰以后虽经一班好心的姐妹苦心相劝，要她另择新人，以免贻误终身，但她眼高心铁，听了只是凄然一笑。

由于王稚登的礼教与身份的约束，一直误了湘兰的宝贵年华，使她好多年在寂寞凄苦中度过，她内心的苦楚是可想而知的。

几十年过去了，到了万历三十二年（公元1604年），王稚登70岁了，正在他庆生辰的那天，业已五十多岁的马湘兰盛服淡妆，专程由南京去到苏州为他设宴祝寿，并倾几十年之积蓄，请了两个著名的昆曲名班，欢筵达旦，并为之写了一首诗：

举觞庆寿忆当年，
无限深恩岂待言。
石上三生如有信，
相期比翼共蓝天。

王稚登读罢不由感慨丛生，触动前情，老泪纵横，叹道："多才女子痴情妹，误你芳辰几十年，唉！礼数杀人，名分羁人，名利误人哪！……"

第二天，马湘兰含泪告别了王稚登，回转金陵，不到半月却一病不起，不久病逝于孔雀巷内。

王稚登听到马湘兰逝世的噩耗，悲恸不已，老泪纵横，挥笔写了一首"旁妆台"的曲牌，以申吊唁：

水云天淡，
衡阳断雁。
伤心徒自对钟山，
老去也枉泪眼潸潸
才华天处见，
独倚斜栏。

忆当年、几般夜色数幽兰，

今纵秋光不忍看。

就在写曲牌的当晚，一病不起，夫人邀医诊治，终不见效，不到半个月，竟也撒手九泉寻找马湘兰去了。

心得

马湘兰身于书香门第，仕宦人家，是聪明伶俐，可爱乖巧的千金小姐。却不料飞来横祸致使家破人亡，自己也被黑心管家卖入妓院，从此沦落风尘，命运自是另一番景象。这怎能不令人扼腕叹息?

但是，祸兮福倚，马湘兰进入秦淮高等妓院，承蒙名师指导，成为女中奇秀，一代怪才，再加上她沉鱼落雁之美貌，让她盛名远播，名震大江南北，以及她与一代名士王稚登的一世情缘，更是她心灵的慰藉，这不是所有女人都能得到的，但却是所有女人都渴望得到的。谁说红颜薄命?红颜恰是上苍恩赐于一个女人的无价之宝和幸运之石。

4. 忠肝烈胆不让须眉——柳如是

柳如是是秦淮八艳中才气最盛的妓女，出卖身体是出于无奈，她的博才多艺，曾令多少文人骚客汗颜。这样的女人，何曾可悲?

柳如是，原名杨爱，因家中贫寒，10岁便被卖入妓院归家院，开始了漂泊不定的卖笑生涯。另一以文采著称的妓女徐佛见她聪明敏慧，便教她弹琴作画，吟诗填词。杨爱天资颖慧，不久便掌握了各项技能。

没过几年，杨爱被解甲归田的吴江人周道登买入府内，因集专宠于一身，受到周府众姬妾的排挤，十四五岁时又重入娼门。改名柳如是。

重新流落红尘的柳如是，年纪也不过十四五岁，但却历经沧桑，远较同龄人成熟。她性情豪迈，常着男装，和男子称兄道弟，慷慨激昂，抨击时政，痛斥伦理纲常，被世人称之为“柳儒士”。

经常与复社、几社的名流相交往，成为他们谈诗聚酒的座上嘉宾。

厌倦了强颜欢笑的卖俏生涯，柳如是激起了对真挚爱情的强烈渴望，与“少年美材”宋徵舆陷入情网，但宋母的阻挠和宋本身的懦弱，柳如是痛心疾首，慧剑斩情丝，几社著名领袖陈子龙又走进了她的生活。

陈子龙学识渊博，享有“郑下逸才，江左罕俪”之美名。在同柳如是的交往中，早就对她心生爱慕之情，只因友人宋徵舆之故，他只得把这份感情深埋心中。且他又有了妻妾儿女，自然不敢心存奢望。陈子龙知柳如是远非一般妓女可比，所以对她异常敬重。

陈子龙的爱像甘露一样滋润了柳如是孤寂的心灵，给了她生活的勇气和信心，使她很快摆脱了失恋的阴影，又将自己的航帆驶向另一个爱的港湾。

自此之后，两人一唱一酬，往来频繁。到了崇祯六年（公元1633年）时，他们已经到了亲不可分的程度了，然而好景不长，这一年，陈子龙北上京师，准备应次年的会试。

但是陈子龙于崇祯七年（公元1634年）的会试中落第，为国效力的愿望一时成为空想。而后，两人同居。

陈子龙是个进取心甚强的人，虽然在会试中落第，但他仍然关心时局，发奋攻读，博览群书，他正在编纂《皇明经世文编》，柳如是就是他的得力助手，为他搜集资料，整理文稿，并誊抄工整，竭尽心力。

本来这对才子佳丽可以“永为皓首”了，但是他们的结合却遇到了许多阻力和麻烦。陈子龙早已有妻妾和女儿，尤其正室张孺人对柳如是格格不入，家庭矛盾激化；再则，陈子龙本是家境贫寒，而会试又落榜，境况窘迫。

所以，同年秋天，柳如是决定割爱离开陈子龙，重归盛泽归家院。

柳如是在风尘中苦苦求索知音而又屡次碰壁。

久经挫折之后，于崇祯十三年（公元1640年）冬终于找到了情投意合者。这就是钱谦益，他令柳如是慕名倾心，毅然驾舟来虞山半野堂拜访。

钱谦益，字牧斋，又字宗伯，江苏常熟人，明万历时进士。他见到柳如是时，十分惊奇，便到柳如是的船上回访，两人第一次相见。柳如是拿出近体七言诗就正，钱谦益十分欣赏其诗与书法，“相与絮语者终日”。这次相见，双方彼此都留下了美好的印象。柳如是在此度过了冬天，后送钱谦益至嘉兴鸳鸯湖，独自回松江。此时柳如是已情有独钟，决心嫁给钱谦益，说：“天下唯虞山钱学士始可言才，我非才如钱学士者不嫁。”

钱谦益也非常倾心于柳如是的学识才华与娇姿艳容，欣然表态：“天下有怜才如此女子者乎？我非才如柳者不娶。”两人相见恨晚，来往甚密。

次年，即1641年6月，年至花甲的钱谦益与年方二十四的柳如是于杭州西湖芙蓉舫中结为伉俪。当时钱谦益已丧偶，柳如是虽为钱妾，但深得其爱。钱谦益不惜挥耗重金，专为柳如是建造了一座绛云楼与我闻室。柳如是经过多年的奋斗，终于改变了任人蹂躏的社会地位，寻得了执意追求的真正的爱情和归宿。

崇祯十四年六月，一场特殊的婚礼在葺城舟中拉开序幕。这天，葺城的缙绅百姓听说钱学士娶亲，纷纷前来祝贺。新娘柳如是头顶红盖头，在喜庆的鼓乐声和众人贺喜声中隆重地进行了，三拜九叩之礼。当整个婚礼结束后，一对新人登舟离岸时，新娘的头巾才被揭开。顿时众人大呼上当，岸上一片哗然。缙绅们愤然攻讨，以为亵朝廷之名器，伤士大夫之礼统，恨不得以老拳相加。无奈舟已离岸，众人只得拾石块瓦砾愤而击舟。一时石如雨下，画舫堆满了瓦砾石片。但纵使缙绅再气恼不已，合卺之礼已经举行，这场婚礼的合法性便不得不被承认。舟外众人的叫骂攻讦，钱柳二人都置之度外，怡然自得。柳如是安坐妆台，描红点翠。钱谦益则痴情相望，并即兴赋《催妆诗》八首。两人终属大礼成婚，婚后柳如是被称为柳夫人。她在访半野堂后已改柳隐为柳如是，此时又易号为河东君。柳如是勇于冲破封建礼法的行为确实让人叹服，她的过人胆识在这场特殊的婚礼上表现得淋漓尽致。

崇祯皇帝即位以后，欲励精图治，力挽狂澜。于是着手铲除了魏忠贤阉党势力，改革弊政。但冰冻三尺，非一日之寒。明朝积累到现在，内忧外患，迭起交乘，已呈千疮百孔之势。阶级矛盾日趋尖锐，一场革命风暴最终爆发。李自成领导的农民起义军，所向披靡，大明政权处于风雨飘摇之中。

警讯不断传来，弄得江南人心惶惶。谈兵论战一时成为士大夫的主要话题。纸上谈兵者居多，真遇到事有用者却极少。这是多数江南士大夫所犯的通病。钱谦益也是如此。他自识自己有将帅之才，欲在明衰时一展抱负，曾上疏愿以花甲之年领兵出战。柳如是虽身为弱质，但在国家危急时刻，其才智、胆略以及拳拳报国之心令这些须眉男儿汗颜。虽病若西子捧心，但忧天下之心不辍。对于动荡的时局，柳如是忧心如焚，常与钱谦益“洞房清夜秋灯里，共简庄周说剑篇”。柳如是最敬重的女性是宋代巾帼英雄梁红玉，在金军进犯时与夫君韩世忠大破敌军，捍卫了大宋江山。柳如是以梁红玉自范，要为国家尽忠效力。

1644年，李自成攻陷北京，崇祯皇帝在景山自缢。全国陷入一片混乱之中。几十天后，形势又变，镇守山海关的吴三桂因农民军掠走其爱妾陈圆圆而大怒，遂开关降清。清军乘势入关，击败农民军，挥师入京，明朝正式灭亡。真可谓“痛哭六军皆缟素，冲冠一怒为红颜”。明朝遗老们逃往江南后，仍不甘失败，立福王朱由崧为帝，改元弘光，史称南明。江南士大夫都把复明的希望寄托在南明小朝廷身上，钱柳夫妇亦是如此。柳如是劝老夫君到南明效力，钱谦益也踌躇满志，欲一展平生之抱负。但令人痛心的是，南明小朝廷不光不积极组织抗清武装，反而畏敌如虎，苟且偷安。小皇帝朱由崧生性软弱，耽于酒色声伎。在清兵压境，危在旦夕之际，还因梨园殊少佳者而愀然不乐。政权落入阉党余孽马士英、阮大铖等人之手。抗清之事不兴，却忙于内部相互倾轧。东林党人与主战名将史可法主张废昏庸的福王，拥立潞王，并坚决主张抗击清军，从而同阉党势力相对垒。以马士英为首的阉党势力大肆剿捕东林人士，以求独揽朝纲。钱谦益为实现其入阁为相的夙愿，竟不顾名节，背叛东林党人，向阉党摇尾乞怜，从而受到人们的斥骂：“谬附东林，以为名高，既以患得患失之心，为倒行逆施之举，势力熏心，廉耻道丧，盖自汉唐以来，文人之晚节莫盖，无如谦益之甚者。”钱谦益之真实面目，可谓暴露无遗。

在钱谦益得到礼部尚书的官职后，柳如是亦随钱到南京赴任。

钱牧斋偕如是到任仅数月时间，南京沦入清兵之手。

城破之日，钱谦益徘徊不定，以他文坛泰斗，两朝元老，世代簪缨，又是礼部尚书之身份，国亡理应殉节，以示对明王朝之忠，但又舍不得这条性命和如花似玉的柳如是，可是柳如是却身着一品夫人的盛装，端着两杯美酒，表情淡漠的出现在他的面前：“尚书大人，钱郎！国事到了这种地步，来！我们夫妻一同干了此杯，然后双携同登仙界！”

牧斋这时心情更为沉重，一个青楼出身的女子，竟如此深明大义，愿慷慨殉难，视死如归，难道我作为东林巨子，文坛领袖，却降清辱身不成！？他接过酒杯：“人生自古谁无死，留取丹心照汗青！感谢夫人生死相随，成全我的大节，干！”举杯一饮而尽。

这时，柳如是也把自己杯中酒喝干：“老爷，尚书！最后的时间已到，这清清池水可比汨罗，同效屈原，投身水中，老爷，请吧！”

正在这时，身为忻城伯的赵龙闯了进来，大呼不可，并抓住本已就在犹豫的钱谦益说道：

“谦益兄，自古识时务者为俊杰，大明的江山已腐朽不堪，民心丧失，如今大清朝起而代之，我看这是应天顺人。清朝虽是满族人，但他们也是中华民族，炎黄子孙，我们中国自古乃多民族之邦，难道满族人掌权就意味着中华民族的灭亡么？谦益兄，我劝你不必迂腐，如今的大明江山，尤其是新拥立的福王其实是个大流氓呢！”

这几句话倒是使谦益身心一怔，他不由引起沉思。柳如是见他犹豫，绝望地看了这贪生怕死的人一眼，自己纵身跳入水中！牧斋不由大呼：“来人呀，快救夫人！”

一刹那，众家人均已来到，有几个会水性的投入水中，救起了已经奄奄一息的柳如是，钱谦益吩咐丫环，把她抬入房中，好生调治！

而他自己却同赵龙一起，去向豫王投降去了。

国难当头，丈夫变节，给柳如是以沉重打击。在钱谦益以降臣身份到北京授职，力邀柳如是同行时，她断然拒绝，并身着大红衣衫为钱谦益等送行。红色又称朱色，代表着朱明王朝，以此来羞辱这批降臣。

柳如是对钱谦益的屈节不满意。钱谦益降清后，虽捞了个一官半职，但也不顺心，时间不长便告老还乡。他常发泄不满，说：“要死！要死！”柳如是毫不客气，说：“公不于乙酉年（公元1645年）死，现在死，难道不为晚吗？”

在柳如是的影响下，返乡后，钱谦益也暗中参与了一些反清复明的活动。顺治五年（公元1649年）三月，江阴黄毓祺起兵反清，柳如是与钱谦益到海上犒师。钱谦益因支持抗清斗争而被捕。不愿以官太太入京的柳如是，这次以囚徒之妾的身份，冒死随夫入京，甚至发誓“上书代死，否则从死”。为了救出丈夫，她上下活动，打通关节，据说费30万金而得无罪放还。为此，钱谦益感激至甚，作诗赞颂“从行赴难有贤妻”。

关于柳如是入京救钱谦益，也有一个美丽动人的故事。

他们一行到了南京之后，钱牧斋被押入原刑部大牢钉镣收监。柳如是则四处活动，了解到负责审理此案的主要官员是曾任过明朝辽东总督的洪承畴，她冒着危险，登门求见，洪是好色之徒，他久慕柳的艳名，立即降阶相迎，几句寒暄之后，如是单刀直入问道：“洪大人，说我家老爷有叛逆之罪，不知有何凭据？”

洪承畴乃老奸巨猾之徒，他答道：“当然有凭据，无凭无据，怎能拘捕于他？”

“那妾身倒要请问，我家老爷深受新朝厚恩，他原是明朝的礼部尚书，桃李满天下，如大军进逼金陵之时，他要登高一呼，江南忠于明室之人，定会揭竿而起。为何那时他却步总督大人的后尘，效一个识时务者为俊杰，降顺大清，授为了礼部侍郎。如今他已风烛残年，已告假隐居水乡，不问政治，南明的江南义士，都耻他变节，与他断了往来，何况他又非武将出身，不谙兵家之事，光凭他人说他有叛逆之嫌，信口雌黄，这岂不是莫须有之事？大人也是前明封疆大吏，名称一时，荣膺新朝重任，请问大人，在江南一带，所谓欲反我大清者的众人之中，也有大人的旧部和门生，难道他们谋反，大人也该株连在内吗？此地应无三字狱，此事望大人三思！”

如是侃侃而谈，柔中见刚，褒中见贬，把这番话说完，起身告辞而去。

这番话也激起了洪承畴的三思，他不由暗中佩服柳如是的口才，果然名不虚传，他被她一席话说得身如芒刺，这是柳的柔中带刚的厉害之处，他由此愈益对她敬重和垂涎欲滴，他待柳如是走后，冷静思念，也觉仅凭叛徒一句供词，就拘拿钱谦益也未免显得草率，这样一来，洪承畴对钱谦益之事也不便落案。而这时，他恰又收到钱在狱中写给他的信，声称自己受了清朝厚恩，图报都来不及，且现已年逾七旬，走路都要人扶，哪还有其他的念头。洪承畴也念及旧日同僚之谊，将钱谦益判以无罪开释。钱谦益被无罪开释之时，洪承畴意味深长地对他说："老兄真艳福不浅，娶了这样一位有才华，有胆识的夫人，且好口才呢！我真为您羡慕！"钱被开释，柳如是激动地接他一同回家，重新团聚，钱也深感柳的智慧和勇气，以后对她更加敬重了。

柳如是从京城把钱谦益带回南京后，两人相依为命，情投意合，两人决定以诗词为子，共同携手走过余生。

康熙初年，钱谦益的嫡生长子接他进城去住，而柳如是仍旧住在红豆村。

过了两年，钱谦益得病，柳如是听说，便进城去侍候。没有过多久，钱谦益逝世，柳如是便留在城里守丧。

柳如是从一个风尘中的弱女子，找到了依靠。一旦遭到不幸，能够从容殉义，抵御强悍的凶徒，使后代能够得到庇护，因此，当地的人们都尊敬她。她的事迹，在她去世后被人们广为传颂。

柳如是的书法绘画，也为人推崇。当代著名历史学家陈寅恪先生评价说："河东君之书法，复非牧斋所能及。"可见造诣之深了。

柳如是博才多艺，她有勤奋刻苦的求知精神，加之聪明伶俐的天姿，学识与日渊博。特别是与钱谦益结合后，学识飞进。她26岁时，绛云楼建成，这是一座富丽堂皇的宏伟楼阁，藏有古今金石文字、历代书画珍品数万卷。"大江以南藏书之家，无富于钱"。柳如是利用这一极佳条件，博览群书，"考异订讹"，或"写青山，临墨妙"，埋头学问。钱谦益读史阅文，每遇疑问，"唯柳是问"。两人在研讨学问中，需要查找书本时，柳如是在数万卷中，便可随手翻阅，"百不失一"。柳如是在富裕的生活条件下，没有过那种醉生梦死的生活，而专心学问的精神是难能可贵的。

柳如是以自己卓越的学识才气和艺术成就、崇高的爱国情操和敢于追求真正爱情的执著精神而名列于才媛史册上。

心得

柳如是是她生活的时代造就的奇才。她的一生是不懈追求幸福和自由的一生，是不停息地反抗恶势力和奋斗的一生。她聪颖、美丽、博学、刚烈，是那个时代的骄傲，更是那个时代的悲剧，同时也是那个时代的一颗明星，一颗璀璨的明星，也是中国历史上一颗永久的明星；国学大师陈寅恪晚年，不顾病体，悉心研究柳如是，作《柳如是别传》，大加赞美、感叹，真是前无古人，后无来者。其风华绝代的英姿、卓越的学识才华与可歌可泣的事迹都足以令人感叹，令人敬仰。

5. 冲冠一怒为红颜？

美艳的陈圆圆哭了，妒火中烧的吴三桂发怒了，历史的进程改道了。曾经势如破竹的农民起义军溃败在一起桃色纠纷中，虎踞关外的清朝政权靠着一个男人的醋劲夺取了天下。

陈圆圆

谁能想到，倾情主演了这部历史闹剧的圆圆小姐本是一名良家女子，因为父亲的大肆挥霍导致家道中落，乖巧伶俐的圆圆被卖到了烟花场，在这个以色艺取人的风流舞台上，资质绝佳的她很快便声名鹊起，奈何红颜薄命，一心从良的圆圆偏偏被宿命折磨，辗转呻吟于多个色魔的床榻之上，饱尝了世间的宠辱悲欢……

暮年终于看破了名利，长伴青灯古佛，吃斋念经，以修来生清白之身。一代风云名妓，倏然消隐于昆明湖畔。

陈圆圆，名沅，字畹芬，江苏武进奔牛镇人。明末苏州名妓，与顾寿、董小婉、李香君等齐名。据记载，陈圆圆出生于一个普通的人家。

家境的贫寒和父亲的挥霍，使陈圆圆从小便领略了人生的艰辛与多变，而生活的无靠，把她由一个良家女子推向烟花柳巷的深渊。父亲死后，陈圆圆被卖到了苏州，成了一名歌妓。

流落到苏州的陈圆圆隶籍梨园，其时，她正当豆蔻之年，很快赢得了众星捧月之宠。由于她自幼生活在“父好歌曲”、家中“日夜讴歌不辍”的环境中，所以，很快以擅演南戏，跃居“梨园之胜”，艳名远播，成了一代名妓。

虽然陈圆圆有着甲天下的声色，过着客如云来、门庭若市的宠妓生活，但她和所有的风尘女子一样，无法摆脱低贱的社会地位。因而在追欢卖笑之余，她常常陷入红颜薄命的感伤。

董小婉

当时，陈圆圆也很想借广泛交际的机会，结识一些名士，出籍从良。

崇祯十四年，即公元1641年春，冒辟疆与陈圆圆初逢。

冒襄字辟疆，江苏如皋人。冒家为如皋望族，世代官宦，为官清正，诗书传家。冒襄睿智超人，风流儒雅。

到了及笄之年，陈圆圆便把自己完全托付给了冒辟疆。

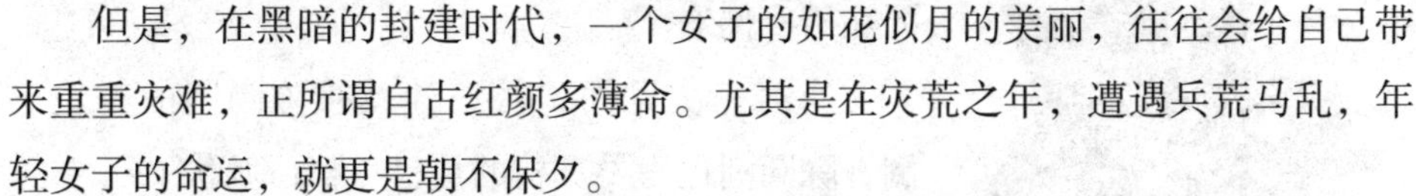

但是，在黑暗的封建时代，一个女子的如花似月的美丽，往往会给自己带来重重灾难，正所谓自古红颜多薄命。尤其是在灾荒之年，遭遇兵荒马乱，年轻女子的命运，就更是朝不保夕。

1642年，正当冒辟疆准备从外地赶回苏州与陈结秦晋之好的时候，祸从天降了。

冒辟疆到达苏州，陈圆圆被做过扬州把总的老色狼田弘遇叼走。

田弘遇的女儿被崇祯选封为贵妃后，田弘遇官封左都督，在皇亲国戚中飞扬跋扈，不可一世。

更可悲的是，佳人爱的是才子而不是田弘遇这个六十四岁的糟老头。此际此时的陈圆圆是多么想念冒辟疆，她并不愿去北京啊！但在“横塘双桨去如飞，何处豪家强载归”的境况下，陈圆圆只得自叹薄命，以泪沾衣而已。

也许命中注定自古红颜配英雄，绝代丽人陈圆圆的命中也会遇到自己的英雄，这就是在田家大院的歌舞场上演的一出英雄美人一见钟情的闹剧，这位英雄就是当时的宁远总兵统帅吴三桂。

年仅三十岁的宁远总兵吴三桂，从少年时代便投身戎伍，横戈跃马，驰骋疆场，已是身经百战威震辽东的名将，和皇太极、多尔衮多次交锋过。

吴三桂

宁远南临大海，东北两面都在清军包围之中，只有西面是到山海关的唯一通道。它是辽东战场上最后一颗钉子，清军是非要拔掉不可的。当时摆在吴三桂面前的是两种选择。要么献城投降，要么决一死战。

明朝廷如果不派大军出关支援，粮饷和军械不能保证供应，宁远是守不住的。但是，吴三桂拥有二十万大军，三万精骑，还有几员智勇双全忠于他的大将。除去镇守武昌的左良玉号称二十万军队外，再没有什么将领超过他的势力。他不仅是辽东战场上的统帅，而且将是支撑大明江山的擎天柱，可以像唐代中兴名将郭子仪那样，名垂青史。他的报国忠心，对侵略者的仇恨，封侯称王的抱负，都使他不会作投降的考虑。

正是在残酷战争之即，吴三桂受诏回京与陈圆圆在田府偶遇。

当第一次见面，吴三桂就被陈圆圆的美貌迷倒，陈圆圆也为吴三桂的英雄气概所倾伏。

多尔衮

不久，陈圆圆终于如愿以偿，做了吴三桂的爱妾。

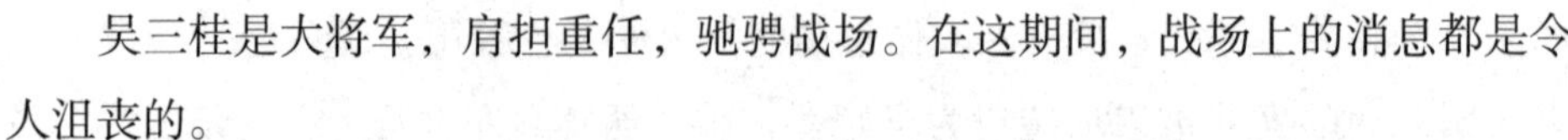

吴三桂是大将军，肩担重任，驰骋战场。在这期间，战场上的消息都是令人沮丧的。

当时李自成率领的农民起义军势如破竹，明朝已经到了苟延残喘的地步了。

在这里出现了一个关键人物刘宗敏，他与李自成南征北战，可以说李自成的成功有他一半的功劳。他戴一顶白色毡笠，身穿黑布箭衣，带着一身粗犷的豪气和一种胜利者的赫赫威风。他是个宁折不弯腰、敢作敢当的铁汉子，要干什么事九条牛也拉不回头。

刘宗敏知道吴三桂家有美人陈圆圆。当明朝已近西山的时候，刘宗敏趁吴三桂远在宁远，抱定必得美人才罢休的决心来到吴府，带领兵丁从吴府的前厅

搜到后院，搜遍内宅各处目的只为陈圆圆。

刘宗敏来吴府索取圆圆，是受一种强烈的欲望鼓动，他要看一看传说中的绝代美人究竟如何地美？他厌恶女人，还没有一个女人能打动过他的心。当他第一眼看到圆圆时就一阵惊心动魄，像岩浆聚积很久的火山突然爆发，命运注定不管付出多重的代价他必须得到这个女人。圆圆也在望着他，那目光充满绝望和仇恨。这位浑身刀疤箭痕百战疆场的“常胜将军”，离开腥风血雨、白骨森森的战场正走向倚红偎翠温香软玉的温柔乡。

当他去吴府索取之前，也想到了此举对招降吴三桂不利，但一见圆圆便什么都不管了。吴三桂不降没关系，可以用武力去征服，美人不能不要。

对于陈圆圆来说，心里极为怨恨：为什么命中注定要被抢来夺去？只怪自己容貌生得标致，招惹来许多灾祸劫难，如果毁了这花容月貌变成个丑女人谁还来抢。虽然不知道这位流寇首领将如何对她，但一定会用强暴手段逼她上床。她在被抓的那一刻就横下了心，准备一死守住贞洁，这样做才不负吴三桂爱了自己一场。死是一种解脱，想到这里她不再惊慌和恐惧，心情反倒平静下来。

让圆圆更没有想到的是，把她“抢”过来的刘宗敏虽是一个粗汉，但是并不是不讲道理。她甚至发现他身上有一种粗犷的野性魅力，更重要的是他并没有强迫圆圆做任何事。所以，陈圆圆也没有了机会去以死换取贞节的清白。

在山海关的吴三桂此刻正在犹豫、徘徊、举棋不定是接受李自成的招抚还是举兵反抗，他必须作出抉择。

他的前面是强大的清兵，过去敢于和清兵抗衡，因为背后有明王朝为靠山，现在靠山已经崩溃，背后变成比清兵还要强大的敌人——李自成的农民军。他认真面对前后皆敌、两面受制的危急形势。他的军事力量和任何一方都难以较量，作战必败无疑；逃往南方，陆路已断，渡海无船；中立更不可能，只有倒向一主。他是精于谋略的一代枭雄，从不利的形势中看到有利可图的机会，摄政王多尔衮和大顺王李自成都会以高官厚禄为条

李自成

件来对他招降，双方都要争取他，他可以权衡利弊，待价而沽。事实上清廷对他的劝降从未停止，不久前祖可法秘密到宁远来过之后，他和舅父祖大寿一直暗中有书信来往，清廷的封赏条件一次比一次抬高，许给他“必定封王，可长保富贵。”他虽然没有降清，这个门是为他开着的，只需跨出一步就行了。现在李自成派的特使又到了山海关，封赏条件也很优厚，还带来父亲劝他归降的亲笔书信。怎么办呢?

他还没有拿定主意。

怎能割舍得下陈圆圆啊！他在苦思冥想中，在降与不降的选择上，圆圆的身影一时一刻都没有离开过他。如今名花遭劫，已成为人质，他若拒不投降，将会失去他的心上人——一位绝代佳丽。他心中的天平安全倾斜了，什么都可以不顾，可以抛开，唯独不能抛下圆圆!

吴三桂又从曾与自己并肩作战的唐通嘴里得知了一些有关闯王和闯王招降的情况。

虽然吴三桂不尽满意，对他来说仍有风险，但为了全家和圆圆的安危，又不能不冒一次险。

受招降书的两天后，吴三桂率领三万精锐进京拜职，唐通、左懋泰和带来的人马留守山海关。

而历史是必然与偶然的组合。如果没有当时的偶然巧合，或者这一段就是另一种模样了。

情形是这样的：刘宗敏索去圆圆之后，又对吴府采取新的措施，派兵严密把守，无论家人奴仆一律不得外出，将吴襄囚禁府内，家财俱已查封。在那些惊慌混乱的日子里，奴仆翠娘和王兴儿倒有机会频频幽会，恣意寻欢，打得火热。为了做长久夫妻，两人商量好出逃计划，翠娘拿出几样金银首饰，买通守门的兵丁，于一天深夜双双逃出吴府。翠娘的娘家在滦州北乡石门镇，两人准备逃到那里躲起来，过安稳快活的日子。

天地很大又很窄。偏偏会有狭路相逢的偶然巧合，某种巧合往往成为历史转折中一个重要环节。翠娘如果不走滦州就不会遇见吴三桂，吴三桂就会一路急驰两天后到达北京，在紫禁城向李自成投降述职。史书上确有记载，这次“巧遇”使历史发生大的转折。

翠娘跟吴三桂在半路上相遇，把吴家被农民军占领、圆圆已经被刘宗敏囚禁的事，添油加醋地说了一遍。

吴三桂受到雷轰电击，这意外的变化，沉重的打击来得太猛烈了！不仅家遭惨祸，而且受到欺骗被诱上了钩，几乎自投罗网。胸中的怒火在熊熊燃烧，仇恨的波涛在汹涌翻滚，脸色已经变得铁青。他强压怒火，沉吟良久，眼前像彩虹一闪又幻出那个美丽的影子，不祥的预感使他不敢问又不能不问最关心的那个人的命运。当时他两眼直瞪瞪地望着翠娘，厉声问道：

“圆圆可安然无恙？”

“她已被贼军都督刘宗敏强占了！”翠娘接着讲了刘宗敏兵围吴府索取圆圆的经过。

吴三桂愤怒已极，猛然将面前几案推翻在地，须发顿张，头上金盔的盔缨颤动不止。大呼一声：

“我定将圆圆夺回，不杀刘宗敏誓不为人！”

诗人吴梅村用史笔写下当时的情景：

恸哭六军皆缟素，

冲冠一怒为红颜！

风也潇潇，雨也潇潇。花园里的垂柳在风雨中飘拂，海棠花残，牡丹凋零，吹落的花瓣陷在雨水里一片狼藉。夜色渐浓，景物已被黑暗和风雨遮掩，只有藏百楼内还透出明亮的灯光。

圆圆坐在楼下的客厅里，听着窗外的风声雨声。她不敢上楼就寝，因为刘宗敏每天晚上都要抽空来看她，有时候开夜宴饮酒，有时候坐上一会儿说几句话就走，从未提出留宿。今天是她住进藏春楼的第七个夜晚，准备一死的决心似乎动摇了，惊惧的情绪也渐渐消失，刘宗敏在她的眼中已不再凶神恶煞，他既是一个粗鲁的汉子，又是一位威武的将军。她从来不曾遇见过这样的人，不把她当做歌姬，不把她当做侍妾，而是堂堂正正要娶她做妻子，虽然不会说温柔缠绵的情话，却表露出真挚火热的感情。圆圆害怕了，一种不可抗拒的力量正

在征服她！

有位历史的哲人说过这样的话：“如果偶然性不起任何作用的话，那么世界历史就会带有非常神秘的性质”，而历史“发展的加速和延缓在很大程度上是取决于这些偶然性的”。大顺农民军的追赃助饷政策，有别于历代开国的封建王朝，体现了农民政权的阶级本质，如果他们不改变这种政策，不向封建政权转化，即使吴三桂投降了李自成，进了北京，迟早也要同他们分道扬镳，而陈圆圆的被夺，使这种结局提前发生了。也就是说，阶级本质的差异，是这一事件发展过程中潜在的必然性因素，而陈圆圆的被夺则是其中的偶然性因素，但是，它在关键时刻起了决定性的作用。

吴三桂怀着满腔愤怒，再次返回山海关。他直扑关门，向唐通所部发动突然袭击。由于变出意外，唐通等人毫无戒备。四月八日，被吴三桂“袭其守关兵殆尽，贼师负伤遁归”，山海关重新被吴三桂占领。这突如其来的变故，使山海关陷入一片恐怖的气氛之中。

吴三桂立即仿效战国时代楚国申包胥哭秦廷的方式，向清统治者借兵。通过祖大寿的疏通，他向多尔衮表示：

“敝遭不幸，李闯犯阙，攻破京师，先帝殉国，九庙成灰；全国臣民，痛心椎血。三桂身受国恩，报仇雪耻，责无旁贷。怎奈京东地方狭小，兵力微弱，祇能冒昧向贵国作秦廷之泣，望殿下予以一臂助力。”

多尔衮趁此大事要挟，强迫吴三桂率部投降，拱手让出大明锦绣江山。吴三桂此时也抱定了“且作七日秦廷哭，不负红颜负汗青”的想法开门揖清。

滑入降清抗闯，引狼入室的吴三桂按照多尔衮的意愿，下令全体官兵一律蓄发，手缠白布，接受多尔衮的调遣。

清兵入关后，多尔衮立即封吴三桂为平西王，作前锋向导，誓师出征，与李自成率领的农民起义军相遇于一片石（今河北临榆县北七十里）。

由于仓促应战，大顺军遭到严重挫败，损兵折将，尸横遍野，于四月二十六日败归。

回到北京，李自成下令杀了吴襄、吴襄妻祖氏、子吴三辅及其家人三十四名，枭吴襄首级于城楼示众。而陈圆圆则于乱中置身于一个平民百姓的家里。

四月二十九日，大顺军离开大内西撤。后来李自成自己也带了箭伤，一直退到西安。

吴三桂回到北京老家，不见圆圆，便四出探听，后来部将在一个小村里发现了她。

听说找到陈圆圆，吴三桂的喜出望外不言而喻。虽屡遭坎坷，陈圆圆风鬟雾鬓仍不减往日娇容。陈圆圆见到吴三桂已降清，更是百感交集，她淡淡地回答说：“月秋！你已不是大明的山海关总兵，而是建洲人的平西王了！”

吴三桂打算继续追击李自成。圆圆向他叙述闯王对她礼遇的经过，并说：“李自成是英雄人物，军纪严明。秋毫不犯，有些将士不听号令，他也管教得紧。他们之所以扣留我，目的是为了要招你投降，所以你不必再追击了。”吴三桂复得陈圆圆，目的达到，所考虑的倒是如何对陈圆圆安置一番，忙于“峡谷云深起画楼，陕关月落开妆镜”了。于是，吴部留在北京，等候清世祖的到来。

心得

一句“红颜祸水”流传了千年，并且一直被人坚信不疑，甚至被视作真理。难道真的是这样吗？难道女人生得漂亮就有错吗？男人们为了美女而做出了错误的决定，然后把历史的责任全部归结到这位女人身上或是她倾城的美貌上，难道这就是正确的吗？这公平吗？

世上有两种东西是不能选择的，一是容貌，二是出身。所以女人生得漂亮没有错，错恰恰在于那些为了得到美女而不惜一切代价的男人们，他们是敢做而不敢当的懦夫！

陈圆圆生就一个美人胚子，那不是她所能选择的。吴三桂爱上她当然也没有过错，自古英雄爱美人，这无可厚非。但是如果说是陈圆圆使历史的车轮改道了，那就大错特错了。没有谁有如此大的能耐，何若屈屈一个弱女子？

历史是偶然与必然的巧合，陈圆圆不过是一个偶然的因素，而恰巧是这个偶然的因素引燃了历史车轮改道的导火线，如此而已。又怎么能说冲冠一怒为红颜？红颜只是他发怒时正好握在手里的剑，他自己划破了手指，却把错归为剑的过错，难道这不荒谬吗？

6. 裙带易松，禀性刚烈——清末第一风云名妓赛金花

赛金花人如其名，娇俏玲珑，艳若桃李。虽自幼沦落娼门，以色相换取衣食无忧，但其骨子里隐隐然有男儿气。她性格刚强，敢爱敢恨，情之所至，贫富不拒。一生数次脱离苦海，品尝过柔情似水的恩爱姻缘，最后却总是背着克夫的骂名重操旧业。由妖冶艳丽的青楼名妓，到状元郎小妾、大清国公使夫人，再到平民之妇，革命党人的忠实伴侣，赛金花的一世情缘，堪称传奇中的传奇。

这位酷爱女扮男装的“赛二爹妈”，还有着一般人难以理解的爱国之心。当八国联军杀进北京城后的危难之际，赛金花凭借过去的露水交情和巧妙的床上攻势，彻底征服了联军主帅瓦德西，以一己之力拯救了众多无辜的平民，正是这招曲线救亡的美人计，使她成为煊赫一时的巾帼义士。

红颜易老，韶华已逝，暮年的赛金花遁迹于贫民窟，默念着往昔的荣光，却不幸在一纸债单的催逼下怅然西去……

赛金花

赛金花，原名傅彩云，其父原是徽州一名太守，洪秀全太平天国起义时，太平军攻占徽州，赛金花的父亲被义军杀死。其母便化妆带赛金花及一家人迁到苏州，以帮佣收入为生。不久，赛金花的母亲因惊吓、劳累，一病不起，魂追夫婿去了，仅留下年幼的赛金花和稍长的姐姐傅秀云。傅秀云看着年幼的妹妹，想起母亲临去时让她照看妹妹的遗言，无奈进入娼门，以卖笑所得，养活妹妹傅彩云。

彩云生性性急、好强，有心计，她小小年纪便和城

北洪员外的独子洪文卿相好，两人一有时间，便去外面野合，翻云覆雨，却也不亦乐乎。

然而，彩云知道，这样不是长远之计，要想发达，必须先中功名。于是一天，她郑重和洪文卿计：“文卿，我们不能这样了。你要想娶我，必须考中状元，否则今生永不相见。”说完，便一个人去了。文卿在后面又急又恨，却又知道彩云的脾气，于是一发狠，决定回家读书备考，从此，两人互不见面。

几年以后，洪文卿学成，参加当年的秋试。不久结果报出来，洪文卿中第了，并且是鳌头独占，头名状元，殿试之后，出巡各地，春风得意，家里当然得到了喜报，这下洪府更是门第生辉，声价十倍。公元1894年春天，洪文卿返回北京，忽闻父丧，乃告假归来。

这时的傅彩云，更为成熟了，15岁的年华，一口吴侬软语，委婉动听，亭亭玉立，仪态万千。她正在妖姿媚态的应酬宾客，笑容可掬，忽地，她的贴身丫环湄娘进来，与她悄语了一句，傅彩云立即对在座的客人们说：

“各位嘉宾稍坐，我有点事稍误片刻，立即就来。”

原来是一名河南绸缎商人用一千两银子把她包了。

傅彩云一个人在等他，然而，过了许久，也未见他来。

过了一个时辰，河上灯火稀少了，预定的贵宾却不见人影。子时又过声，傅彩云倚窗凭座，皓月当空，若隐若现的无数星座与皎皎的玉兔，投影于河面荡漾的清波，星光闪烁，水影婆娑，天上万里无云，清风徐徐，显得异常的宁静。

楼梯响了，声音清晰，只有一个人的脚步声，傅彩云却突然紧张起来，坐在床沿，像花烛之夜的新娘子，在心情激动地等着新郎，内心忐忑不定。

客人掀帘而入，修长的身材，使阁楼看来很矮狭，却见他略一巡视，便向床沿走过去，傅彩云所坐之处背光，且灭了灯光，看不见来人的面孔，但显然发现来客领下，有五绺胡须，判断年龄大约在三十以下。客人止步，沉声说：“为什么灭灯？”

傅彩云冷冷地说：“我丑得很，见不得人！”

“哈哈！花国状元，岂是浪得虚名！”

傅彩云大吃一惊，这声音是何等的熟悉，她全身像一股电流漫透，浑身颤栗，诧然间，不料对方突然伸出手，又说：“彩云，可唤三声彩云吗？”“呀！果然是他！”傅彩云惊喜若狂，一头投入对方的怀里，饮泣起来。

自然，这会儿的所谓阔绸缎商人，但是当今的状元——她的旧情人洪文卿了，他欣然将她抱起，走近窗口，月光照在傅彩云妩媚的脸上，梨花带雨，楚楚动人：“小妖精，你害得我差点中不了榜，夺不了魁！”

他缓缓地吻在她的唇上，和两年前那晚上一样，久久，他放下她，深情地说：“我好想你，简直魂梦不安！你告诉我，你是不是因为我才入娼？”

她哇的一声哭了，哭倒在文卿的怀中，他为她揩拭泪痕，并轻轻拍着她，只听她断断续续的哭诉着；“我等了你一年，姐姐满身是债，我不得已入了乐籍。但是，”她忽地玉腰一耸，两手搂着他的脖子，勾着他深情地一吻，破涕为笑，“我并不难过，因为我最宝贵的贞操，已奉献给你！”

窗外月色渐趋幽暗，不知何时已阴云四合，远远传来阵阵春雷。倏地，一声惊人的霹雳，吓得她紧紧地依偎着他，像吃奶的婴儿贴近母亲的怀中，文卿轻轻地拍着她：“别拍！雷不打人的！”她媚然一笑，纤纤玉手还紧扣着胸口，显然怕又一声霹雳袭来，刹那间，河上落下纷纷细雨。

翌晨，洪文卿回到家，做了一番安排，使傅彩云脱籍，并赠给傅秀云一万两银子，同时将“彩云画舫”卖掉，让他们在苏州安居下来。从此大郎桥巷，就做了文卿的外宅。二人打得火一般热。

却说文卿回到苏州，夫妻相见，自有一番欢庆。文卿提出要夫人随他一起出洋，夫人道：“当公使夫人就得按照外国风俗，见客赴会，握手接吻，妾哪里弄得惯那一套？”夫人还告诉他，她早已知道老爷已讨妾在外，正好作个贴身侍候之人。她正吩咐家人收拾新房，准备择吉迎回新人。文卿见夫人已将事情说破，便放了心。在夫人周到的安排下，彩云被接入府中，与文卿正式成亲。这一日夫人身着盛服，当着满堂亲友宣布：因她体弱，不能随文卿出洋，今日所娶新人就代替她的职分。公使夫人与一国观瞻所系，草率不得，她决定将诰命服饰，暂时借予彩云，待将来复命还朝时再还给她。这番言语立即受到亲友们称赞。行礼毕，彩云叩见文卿夫妇，大家送入洞房。夫人的安排，把文卿喜得心花怒放，对夫人感激万分。

洪文卿在苏州又停留了半月，偕同彩云返回北京；刚刚回京，新命发表了，奉旨出任德、俄、奥、荷四国钦差大臣。

于是，金花以公使夫人的身份陪同洪文卿去德国，并且一待就是三年。这期间，金花学会了德语和英语。凭自己的聪明善良乖巧和漂亮赢得无数人的喜欢，而她公使夫人的身份更受到了外国人的尊重。在那个完全与大清帝国不同的地方，金花活得如鱼得水，结识了许多朋友，见识了许多从没见而的场面，更重要的是她有了自己的女儿，名叫德官。总之这三年是她生命中快乐幸福的日子。

光绪十六年（公元1890年）秋，洪文卿出使俄、德、奥、荷四国钦差大臣三年任期已满，携带家眷金花、德官，以及馆属一千人马，奉调回国。

轮船靠近上海码头的时候，迎接洪文卿的大小官员，当地的富商头面人物，以及报馆的记者等等，整整站了一码头。

从国外回来以后，金花的日子并不好过，毕竟她只是洪文卿的一个小妾，处处受人欺负。

光绪十九年（公元1893年）八月二十三，洪文卿在北京前门外小草厂纱帽胡同病逝，终年55岁。

洪文卿丢下金花永远地走了，金花再也没办法在洪府待下去了。于是她离开了那个令她伤心的地方。不久就重出江湖操旧业，也有了后来的挺身而出救众生。

彩云离开洪府，并未带走多少财产，除了一些细软，便是她的过房婢妇湄娘。

傅彩云的出身本是官宦之家，但从小就沦落风尘，虽然一度攀升为状元夫人，如今却和自己喜爱的仆人生活在一起。

“或许是我的命不好。”彩云有天无限感慨地说。

“听说寒山寺来了一位游方和尚，算命很灵，小姐想不想去试试。”

彩云并不迷信，却很相信命运，就在当天，领着湄娘去算命，这一次，对她的一生，有决定性的影响，游方和尚给她的评语是：“终身命犯桃花，不可明媒正娶，否则克夫！”

一点不假，原本身体健壮的阿四，就无缘无故，在一天深夜死在傅彩云的身旁。

这件事给彩云很深的刺激，心一横，决定重张艳帜，使用闺名曹梦兰，将旧居重新装修，并打起“状元夫人”的旗号，一时王孙显要，趋之若鹜，但因此也惹恼了地方乡绅，由于洪文卿也是苏州人，便群起反对。彩云被逐往上海，同样遭太守府驱逐。

这时，彩云相识的一名恩客，他是浙江巡抚德晓峰，一名标标准准的满洲显要。

德晓峰很欣赏彩云的才华，更为她的美色所吸引，便打算收纳为妾，但彩云拒绝了。

“不是妾身不愿，只是命中带克，以免损了大人的前程。”

德晓峰很感动，便说：“好！我要到津山，我们抛弃名义，作为外室如何？”

彩云答应了。

在津山，德晓峰未停留多久，便偕彩云北上京城，但不久奉旨出巡河南，这次，彩云不愿再走了，德晓峰便留下一笔巨款，赠给彩云，酬谢她相知之情。

这时候的京师，因受南方佳丽的影响，北国胭脂的声誉，已趋向没落，恰好有一座颇负盛名的“金花班”妓院出让，彩云灵机一动，决定将“金花班”顶了下来，并重返上海，物色一班能操吴侬软语的雏妓携往北京，聘请老师教习歌舞重振旗鼓。

“金花班”开业了，拥有娇小玲珑的苏州美女，更响亮的招牌是“状元夫人赛金花”！

一时，“赛金花”的名号，震动九京，甚至连坐驾皇宫的西太后，也时闻其名。

李鸿章

光绪二十六年（公元1900年），义和团创导扶清灭洋，荒淫昏庸的西太后，听信邪说，猛力排外，发起暴动，焚教室、杀洋人、掘铁路、毁电信、整个京师，闹得不可收拾，导致八国联军之乱，破京师，连陷保定、张家口、山海关等地，西太后偕光绪帝逃往西安去了，指派奕劻、李鸿章与各国议和。

联军初期只是一项军事行动，但入京师之后，军纪败坏了，奸虏淫杀，无所不用其极，采取全面报复行为，一时北京成为恐怖之城。同时封锁水陆交通，使粮食断绝，饥饿与病疫接踵而起，京师一带，民不聊生，居住在京师贤良寺内的和谈代表李鸿章，更是一筹莫展。

天津同样被占领，金花班的雏妓们，被联军捉去大半，大门紧闭，人心惶惶不安。

“夫人！”管事对赛金花说：“京师的情况，更为严重，据说：联军统帅，怎么也不肯妥协。”

“德国是一个很顽强的民族，蛮不讲理。”一名雏妓，犹有余悸地说。

“这也怪不了外国人，都是白莲教害的。”

“偏巧又是德国人当统帅！”

众人你一句，我一句，赛金花却沉思不语。“市面上的店铺都被外国人抢光了，城头上到处都是死尸，城门上还贴着联军统帅的布告呢！”

“怎么说？”

“凡是反抗联军的，一概格杀。”

“那个统帅叫什么来着的？”

“瓦什什么的？”

“瓦德西！”赛金花双眸一亮地说。

“对！对！夫人！你怎么知道这个名字？”.

赛金花脸上浮起笑容，双眸一轮，随即说：“准备车辆！”

“夫人！”管事讶然地问：“您要去哪里？”

“北京！”

“不成！不成！出去不得，从天津到北京，都是德国兵。”

“不要紧，给我纸笔。”

大家相视一愕，但众人都知道，他们的夫人，向来有神通广大之能。因此，有人将纸笔准备好，赛金花提笔一挥，谁也不认识这螃蟹爬的字。

“夫人！这是什么意思？”

“驻德国公使夫人傅彩云！”赛金花缓缓地笑：“把它悬挂在马车上。”

管事有点相信了，立即备妥马车。说也奇怪，赛金花的马车一出现，德国兵纷纷让开，并向坐在马车上的赛金花，频频致敬，万劫余生的百姓们，无不啧啧称奇。

没想到这几个螃蟹爬的字，赛金花居然畅行无阻，一路上耀武扬威地到了北京，整个北京城都轰动了。

马车进入皇城，一名德国军官走了过来，向赛金花敬了一礼！用德语问："夫人！你要见谁？"

"瓦德西将军！"赛金花以纯正的德语说："他是我的老朋友！"

德国军官立即躬身肃手势并说："请到仪銮殿。"

"谢谢你，少校！"

赛金花向德国军官嫣然一笑，只见他立时喜形于色，浑身都有点轻飘飘之感。

仪銮殿中，瓦德西早已接获通报，他做梦也未想到，当年的旧情人，会在这个时候，出现在北京禁城，立即命侍卫，领赛金花直接进入内室。

六年了，两人终于又见面，瓦德西略略一怔，她仍是那样的美丽、高贵、如一朵盛开的玫瑰；艳丽、娇媚、吐露着芬芳，瓦德西忍不住张开双臂，赛金花如蝴蝶般投入他怀中，彼此拥吻，紧紧不放。

斗室春暖，在充满戏剧性场合下，一对久别重逢的异国鸳鸯，再度相聚。一个是意外的惊喜，燃起复炽的旧情了；一个是蓄意的挑逗，献上无限的娇媚和奉承。两人在一阵缠绵之后，拥卧在曾经属于帝王之尊的龙床上，彼此都有一种说不出的喜悦和感触。

自古以来，英雄难过美人关，尽管瓦德西也不是省油的灯，但是，自十三岁就懂人事的赛金花。以她玩弄男人的丰富阅历，和深晓男人心理的爱欲经验，终于降服了天性顽固的德国佬——瓦德西，他决定撤军。

这期间，一名风尘女子，表现了出奇的爱国情操，白日折冲于清朝和议代表与联军之间，并网罗地方人士，供应联军的食品；到晚上，她又必须以另一种柔情的姿态，使得瓦德西在石榴裙下称臣，作若干难以妥协的退让。

北京城在和议气氛中，渐渐恢复往日的繁华，人们感到赛金花的奔走和牺牲，没有一个人，轻视她曾经是一名乐妓，如今又以色相，迷惑一名侵略者的首领。

赛金花凭着和瓦德西的私人关系，使老百姓最大限度的减少了损失的事，不胫而走，人人皆知。

这一下赛金花的名声，更是震动朝野，她在关键时刻挺身而出，为朝廷立了大功，为百姓做了好事，是个了不起的女人，人们奔走相告，街头巷尾，酒肆花楼，纷纷传诵这一新闻。地方人士，募集了一笔巨款，打算捐给赛金花，希望她安享晚年，但无人能知赛金花藏在何处，她销声匿迹了。

金花救了万名百姓，成了巾帼英雄，女中豪杰。但她的命运注定是多舛的，婚姻注定是不幸的。纵然有心洗尽浮华，后来二次作嫁娘，不曾想落得个人财两空。

“民国”二十五年（1936年）十二月四日凌晨两点半，赛金花凋谢在北平天桥居仁里十六号中!

心得

赛金花一生屡遭婚姻的劫难，历尽人间沧桑苦难，到头来又落得个悲惨凄凉的暮年，为了钱，曲意奉迎，为了生存出卖灵魂，可悲否？可叹否?

可是，赛金花小小年纪就懂得忍痛割爱，逼她第一个情人成就了功名；困难当头，万民遭灾之际，她又不惜铤而走险投身相救；为了一份至死不渝的爱，从此与青楼无涉，隐姓埋名与寂寞相伴！其性之刚烈，爱之真挚，其爱国情操之出奇之悲壮，难道不更让人可敬可佩吗?